석학人文강좌
04

민중에서 시민으로

석학人文강좌 **04**

민중에서 시민으로 – 한국 민주주의를 이해하는 하나의 방법

2009년 7월 20일   초판 1쇄 발행
2010년 2월 8일   초판 2쇄 발행

지은이   최장집
펴낸이   한철희
펴낸곳   돌베개
책임편집   최양순 · 이경아
편집   조성웅 · 김희진 · 고경원 · 신귀영
디자인   이은정 · 박정영
디자인기획   민진기디자인

등록   1979년 8월 25일 제406-2003-018호
주소   (413-756) 경기도 파주시 교하읍 문발리 파주출판도시 532-4
전화   (031) 955-5020
팩스   (031) 955-5050
홈페이지   www.dolbegae.com
전자우편   book@dolbegae.co.kr

ISBN 978-89-7199-344-6 94340
ISBN 978-89-7199-331-6 (세트)

이 저서는 '한국학술진흥재단 석학과 함께하는 인문강좌'의 지원을 받아 출판된 책입니다.

석학人文강좌
04

민중에서 시민으로

한국 민주주의를 이해하는 하나의 방법

최장집 지음

돌베
개

책머리에

1

이 책은 우리 사회에서 민주주의의 문제를 논의하는 데 있어 평소 부족하다고 느껴지는 주제들에 대한 필자의 생각을 말하고 있다. 많은 사람들이 이명박 정부를 비판하는 데는 큰 열의를 보이는 반면, 정작 더 중요한 문제에 대해서는 상대적으로 덜 관심을 갖는 것으로 보인다. 그것은 개혁파나 진보파가 정부를 운영하거나 정부에 참여할 기회를 가졌음에도, 왜 정치적으로뿐만 아니라 사회적으로 또 경제적으로도 실패하게 되었나 하는 문제에 대한 것이다. 이 문제를 이해하려 하지 않는 한 한국 민주주의가 지금과 같은 한계를 넘어 발전하기 어렵다는 것이 필자의 생각이다.

스스로를 진보적이고 개혁적이라고 내세우는 사람들의 이야기를 들어보면, 지난 17대 대선에서 이명박 후보의 당선은 있어서는 안 될 일, 이해할 수 없는 일처럼 여겨진다. 어떤 이는 유권자의 무지를 한탄했고, 다른 이는 사회 중하층의 유권자가 이명박 후보를 지지함으로써 스스로 계급 배반의 투표를 했다고 질타했으며, 또 다른 이는 이명박 정부에게서 개발과 성장을 기대했던 대중의 헛된 욕망 추구 때문이라며 유권자를 조롱하기도 했다. 이런 관점을 통해서는 왜 한국 사회에서 정치에 대한 허탈감이나 냉소주의가 팽만하게 되었고, 왜 2008년 총선에서 46퍼센트라는 사상 초유의 낮은 투표율을 기록하게 되었는가 하는 문제를 이해하기란 어렵다. 게다가 이와 같은 문제 인식은 한국 민주주의의 위기를 가져온 실제 문제들을 보지 못하게 할 가능성이 높다.

　진보파나 개혁파들이 정치에 대한 관심을 갑작스럽게 회복한 것은 촛불집회가 절정을 지나던 때였다. 회의와 의심 때문에 대중보다 더 늦게 참여했던 그들은 한순간에 민주주의에 대한 절망과 냉소적인 태도를 버렸다. 그러면서 대중을 찬양하고 한국 민주주의가 일거에 새로운 비약을 이룰 것처럼 말하기 시작했다. 그 열광 속에서 촛불집회를 만들어 낸 한국 민주주의의 결핍 요인이 무엇인지, 촛불집회 이후의 상황은 어떻게 준비해 갈 것인지 등 실제 문제에 대한 논의는 또다시 간과되었다. 촛불집회의 영원한 지속, 확대에 대해서만 생각했고, 그 어떤 비판적 태도도 그들에게는 용납될 수 없는 듯이 보였다. 그러면서 점차 촛불은 신화가 되었고 '촛불시민'과 '촛불민주주의'는 새로운 시민, 새로운 민주주의의 이상적 모델로 받아들여졌으며, 결국 보통 사람들이 실천할 수 있는 민주주의의 내용으로부터 점점 더 멀어져 갔다. 촛불이 '촛불주의'가 되면서, 담론이 현실을 소외시키는 현상으로 이어진 것이다. 이 책은 촛불시위가 신화가 되기를 바라는 사람들에겐 실망스럽게 느껴질 수도 있다.

이 서문을 쓰는 지금 우리는 노무현 전 대통령의 충격적인 죽음과 이 사건이 몰고 온 민주주의를 향한 집단적 열정의 분출을 다시 한번 목도하고 있다. 촛불시위와 전직 대통령의 죽음은 엄연히 다른 사건임에도, 1년이 멀다 하고 발생하는 이러한 열정의 분출은 분명 한국 민주주의의 특징과 내밀한 관계를 갖는 것으로 보인다. 집단적 열정의 분출이란 길든 짧든 장기간 지속될 수 없는 까닭에, 시민들은 다시금 일상의 정치로 되돌아갈 수밖에 없다. 격앙된 집단적 감정을 경험한 후 일상으로 되돌아왔을 때, 시민들이 정치에 대해 느끼는 태도와 감정은 그렇지 않을 때보다 더 큰 무력감과 실망감이 아닐 수 없다. 이러한 실망과 무력감은 현실 정치로부터 발생하는 수많은 문제들을 일거에 바꾸고자 하는 성급함과 과격함의 정조와 공존하면서, 다음 단계에서 분출할 또 다른 집단적 열정의 씨앗을 뿌리게 된다. 그리하여 그 간격이 길든 짧든 열정의 분출과 문제의 현상을 온존시키는 일상 정치로의 회귀가 되풀이되는 하나의 사이클이 만들어지게 되는 것이다.

민주화 이후 한국 정치의 변화를 관찰하면서, 필자는 오늘날 서구 정치를 분석하는 연구자들이 현대 민주주의의 중요한 문제로 대중의 정치적 무관심이나 냉소주의를 지적하는 데 동의하기 어렵다는 생각을 갖게 되었다. 사회의 여러 차원에 팽만해 있는 문제의 크기만큼 이를 사회적으로, 집합적으로 해결할 것을 요구하는 좋은 정치에 대한 바람 또한 강렬하기 때문이다. 이러한 바람은 한국 사회에서도 쉽게 발견할 수 있다. 문제는 주기적으로 분출하는 집단적 열정이 아니라, 이를 정치적 자원으로 조직하고 제도의 틀로 흡수해 대안을 구체화시켜 해결하지 못하는 정치적 무능력 내지 현실 정치의 실패에 있다. 정당, 의회, 대통령과 같은 제도와 이를 작동시키는 리더십을 통해 문제를 구체적으로 해결할 수 있는 능력을 함양하고 발전시키는 일이 중요한데, 이를 위해서는 민주 정치에 대한 새로운 이해가 필요하다. 이 책이 여기에 기여할 수 있기를 바란다.

여기에 담긴 주장은 그간 필자가 꾸준히 강조했던 주제들이고, 민주주의에 대한 그 어떤 낭만적이고 목가적인 비전을 갖고 있지도 않다. 자신들이 원하는 것 혹은 이념적인 것을 투사해 사태를 설명하기보다는 현실을 있는 그대로 파악하고 이해해야 한다고 말하는 이 책에 대해, 뭔가 일거에 이루어질 급진적인 변화를 바라는 사람들은 지루하다고 느낄 수 있다. 그러나 사물을 그렇게 보는 사람에게는 이 책만이 아니라 인간의 삶 대부분이 지루할 것이다. 반면 느리지만 꾸준한 것의 가치를 중시하는 사람에게는 일상의 삶도 정치의 현실도 늘 새롭게 다가올 수 있다. 한 사람의 필자가 누군가에게는 지루할 수 있는 책을 내는 것은 용기를 필요로 하는 일처럼 느껴진다.

2

이 책은 2008년 1월과 2월 사이 네 차례에 걸쳐 진행되었던 강의 내용을 정리한 것이다. 여기에 비슷한 시기에 발표했던 두 편의 강연 내용을 포함시켰다. 목차를 보면 알겠지만, 주제는 크게 여섯 가지다.

첫째는 민주주의와 갈등의 관계를 이해하는 문제다. 민주주의를 어떤 이상적 가치나 목표로 구성하기보다 사회 갈등에 기초를 둔 정치체제로 정의하는 필자의 정치관을 강조하는 것이 주 내용이다.

둘째는 국가와 시민사회에 대한 문제다. 민주화 이후 정치학에서 가장 큰 변화라고 한다면, '국가론'이 갑작스럽게 사라지고 '시민사회론'이 과도하다 싶을 정도로 유행한 사실이다. 따라서 민주주의와 관련해 국가와 시민사회의 문제를 재조명하는 것은 여전히 중요한 과제로 남아 있다고 생각하는데, 이에 대한 필자의 생각을 정리했다.

셋째는 민주주의의 관점에서 경제 문제를 어떻게 접근할 것인가에 관한 내용이다. 필자는 그 핵심을 사회적 시민권이란 개념을 통해 접근할 수 있다고 본다. 민주주의는 시민권에 기초를 두는 정치체제이기 때문에, 시민권의 개념 안에서 사회경제적 내용을 포괄하는 것의 중요성을 강조하고자 했다.

넷째는 민주주의를 운동의 관점에서 접근하는 담론에 대한 필자의 비판적 생각을 말하고 있다. 운동을 강조하는 관점에서는 민주주의 역시 하나의 정치체제이고 통치체제이며, 시민과 정부의 분리 위에서 대표의 체제로 운영된다는 사실을 인정하기를 꺼린다. 민주화 이후 지난 20년 동안, 한국 정치는 사회적으로 강한 운동이 주기적으로 동원되었다는 점과 함께 정치와 경제 체제가 전반적으로 보수적 헤게모니에 의해 압도되었다는 특징을 갖는다. 이러한 현상은 운동권이 정치와 통치, 대표의 영역을 무시 혹은 회피한 것에 기인하는 바 크다고 생각한다. 이를 지적하면서 필자는, 이따금씩 거리에서 민주주의를 환호하는 것만으로는 현실의 민주주의가 가난한 보통 사람들의 삶을 개선할 수 있는 기제로 작동할 수 없음을 강조하고 싶었다.

다섯째는 광주항쟁에 대한 글로서, 반권위주의 민주화 투쟁의 시대가 아닌 민주주의를 발전, 심화시켜야 하는 시점에서 이를 어떻게 재해석할 수 있는가를 말하고 있다. 이 주제는 2007년 5월 18일 광주 전남대학교에서 열린 '5·18 민중항쟁 27주년 기념 국제학술대회'에서 발표한 강연 내용을 통해 다루었다. 한국 민주주의의 역사에서 가장 중요한 사건 가운데 하나인 광주항쟁의 의미를, 운동론의 관점에서만이 아니라 민주주의의 관점에서도 재조명할 수 있음을 말하고 싶었다.

여섯째는 이명박 정부를 탄생시킨 17대 대선 결과를 해석하는 방법에 관한 글이다. 2008년 1월 21일 '민주사회를 위한 변호사 모임'에서 발표했던 강연 내용을 수정한 것이다. 현실 정치의 중대 사건을 소재로 필자의 한국 민주주의론을 구체화하려 시도했다는 점에서 독자의 이해를 돕는 데 의미가 있지 않을까 생각한다. 나아가 이명박 정부하에서 진보파나 개혁파가 발전시켜야 할 경로는, 운동을 포괄하는 다양한 정치적 실천을 통해 '더 나은 정당 대안을 발전' 시키는 데 있음을 강조한다는 점에서 이 책의 결론으로도 가치가 있다고 생각했다.

3

끝으로 이 책의 출간을 가능케 해준 한국학술진흥재단과 돌베개 출판사에 감사한다. 그리고 강연에서 청중과 강연자 사이의 이해와 교감을 높일 수 있도록 훌륭한 사회를 맡아 준 숙명여대 여건종 교수, 종합토론에 참여해 날카롭고 창의적인 비판과 논평을 제공해 준 서강대 강정인 교수, 인하대 김명인 교수, 경향신문의 이대근 편집부국장에게 이 자리를 빌려 감사의 말씀을 드린다. 다양한 분야에 있는 사회자, 토론자들의 활기찬 토론을 통해 커다란 지적 자극을 받을 수 있었던 것은 필자에게 큰 행운이었다. 강의에 참석했던 모든 분들께도 깊은 감사의 마음을 전하고 싶다.

최장집

차례

1장

민주주의와 갈등

왜 민주주의는 갈등을 필요로 하는가?

I

왜 갈등인가

갈등을 어떻게 이해하느냐 하는 문제는 이에 답하는 사람들이 가진 정치적 관점이나 이념적 지향의 차이를 가장 분명하게 보여주는 하나의 척도일 수 있다. 많은 고전 이론들이 강조하듯, 정치의 본질은 권력의 문제를 다루는 데 있다. 권력의 문제는 어디에서 오는가? 권력은 갈등의 문제로부터 불러들여진다. 즉 권력은 상반되는 이해관계를 가진 집단과 세력들이 갈등을 표출하고, 이에 대한 경쟁과 타협, 중재와 통제가 이루어지는 과정에서 발생한다. 갈등의 문제가 없으면 권력의 문제도 없고, 권력의 문제가 없으면 정치의 문제가 존재할 이유는 없다. 그만큼 갈등을 이해하는 문제는 정치학의 핵심 가운데 하나라고 할 수 있다. 그렇다면 갈등의 문제를 어떻게 볼 것인가?

갈등 자체를 병리적 혹은 부정적으로 보는 관점도 있고, 갈등하는 어느 한 집단의 관점에서 상대를 적대적으로 보는 관점도 있으며, 갈등 없는 인간 사회를 꿈꾸기보다는 갈등의 불가피성을 인정하고 이를 어떻게 제도화할 것인가를 중요하게 생각하는 관점도 있을 수 있다. 예컨대 노사 갈등을 보자. 누군가는 노사가 갈등하기보다는 더 큰 국가적 목표를 위해 서로 협력해야 한다고 생각하면서 노사 갈등 그 자체를 잘못된 것으로 본다. 다른 누군가는 자본가의 관점에서 노동자의 요구를 비난하고, 또 다른 누군가는 노동자의 관점에서 자본가 없는 세상을 주장할 수도 있다. 이들 모두는 노사 갈등이 극복된 어떤 체제, 궁극적으로는 노사 갈등 없는 어떤 체제를 상상한다. 이와는 달리 이해관계를 달리하는 노사가 갈등하고 공존하는 것을 자연스러운 현상으로 이해하면서, 그 전제 위에서 이들 사이의 갈등이 공공의 이익과 병행할 수 있는 방법을 찾으려는 관점도 있다.

갈등 없는 세상을 꿈꾼다면 유기체적 사회관을 가질 수도 있고, 일원주의적인 국가 목표에 매진하는 전체주의적 관점을 가질 수도 있다. 노사 문제의 경우라면 노동을 생산 비용의 문제로 접근하면서 경제 성장의 가치를 최우선으로 삼는 신자유주의적 관점을 수용하거나, 반대로 자본가 없는 사회주의나 공산주의 체제를 지향할 수도 있다. 이것도 아니면 자유주의나 사회민주주의 혹은 코포라티즘과 같은 다양한 협의 양식을 통해 노사가 경쟁하면서도 공존할 수 있는 체제를 지향할 수도 있다. 이들 모두는 노사의 차이와 경쟁적 관계를 당연한 것으로 전제한다는 점에서 공통점을 갖는다. 이처럼 갈등을 이해하는 문제는 곧 정치관의 차이, 나아가 이념적 지향의 차이를 분기시키는 매우 중요한 출발점이 아닐 수 없다.

오늘날 보편적인 정치 이념 가운데 하나로 인정받고 있는 자유주의
는 갈등을 사회의 근본적인 성격으로 받아들인다. 자유주의의 철학적
기반인 자연권 사상에 따르면, 인간은 태어날 때부터 평등하고 자유
로운 사회 구성의 자율적 단위로, 그들 개개인은 인권 내지 시민권을
향유하는 존재다. 이와 같이 자유주의 이념의 대전제도 인간은 평등
하고 자유로운 권리를 가진 존재라는 인식 위에서 사회 나아가 정치
를 이해할 경우, 그 핵심은 이들 개인간의 갈등 문제를 어떻게 다룰 것
인가로 집약될 수밖에 없다. 평등한 자연권을 가진 개인이 동등하게
자유로우며 그러한 자유를 통해 자신의 의사를 실현코자 한다면, 서
로 다른 선호와 이해관계를 갖는 개개인의 힘과 힘이 충돌하는 것은
필연적이기 때문이다. 문제는 이러한 갈등을 어떻게 해결할 것인가에
있다.

자유주의 이념의 기반을 놓은 영국의 사회철학자 홉스Thomas Hobbes
는 공동체를 구성하는 개개인들이 계약을 통해 자연권을 공적 권위에
양도함으로써, 그들의 자유와 평등이 법과 권위의 제도적 틀 안에서
실현될 수 있다고 보았다. 홉스의 이론 체계를 통해 확인할 수 있듯이,
근대의 자유주의 정치철학이 물리(학)적 발상 내지 모델에 바탕하고
있다는 것 또한 주목할 만한 특징이다. 이탈리아의 정치철학자 노르
베르토 보비오Norberto Bobbio의 설명에 따르면, 자연권 원리와 사회계
약 이론에 기반을 둔 자유주의의 개인주의적 사회관은 아리스토텔레
스Aristotle로부터 유래하는 유기체적 사회관과 분명한 대조를 이룬다.

이러한 비교를 통해 자유주의의 한 축을 이루는 개인주의적 사회관의 특징을 보다 쉽게 이해할 수 있다. 유기체적 사회관은 개인보다는 사회에, 부분보다는 전체에 우선적 가치를 부여한다. 반면 개인주의적 사회관은 사회를 구성하는 개인과 부분의 독자적 가치를 인정하며, 이들 간 관계의 특성으로부터 사회의 성격을 추론한다.

갈등을 사회의 중심적인 구성 원리로 이해하는 사회관은 자유주의뿐만 아니라 그 대척점에 있는 마르크시즘에서도 확인할 수 있다. 이들 간에 차이가 있다면 전자前者의 경우에는 갈등이 타협을 통해 잠정적으로 해소될 수 있다고 보는 반면, 후자後者에서는 계급 갈등이란 화해할 수 없는 성격을 가지며, 따라서 타협의 대상이 될 수 없는 문제로 본다는 것이다. 민주주의의 이론과 제도는 전자와 같이 갈등은 타협을 통해 잠정적으로 해소될 수 있다고 보는 관점에 근거하고 있다. 갈등-타협이 민주주의 정치의 기반이라는 말은 갈등이 민주주의에 긍정적인 효과를 갖는다는 뜻을 함축한다. 그러나 모든 갈등이 정치공동체의 통합과 민주주의 발전에 긍정적으로 작용한다고 말할 수는 없다. 이 문제에 대해서는 본론에서 보다 상세하게 다루도록 하겠다.

갈등이 갖는 문제적 성격은 한국의 현실을 통해서도 확인할 수 있다. 한국 사회에서 갈등은 매우 부정적인 것으로 이해된다. 또한 그것은 부정적 의미를 갖는 이익 혹은 사익이라는 말과도 연결된다. '집단이기주의'라는 말에서 보듯, 사익의 분출과 그에 따른 사회적 갈등의 확산은 민주주의가 만들어 놓은 부정적인 현상 가운데 하나로 받아들여진다. 왜 갈등과 사익은 많은 경우 부정적으로 이해되는가? 이러한 관점은 서구의 유기체적 사회관과 유사한 것으로, 한국 사회가 물려받은 유교 문화적 전통과 냉전반공주의의 이데올로기적 영향, 그리고 권위주의체제하에서 형성된 국가주의적·민족주의적·도덕주의적 사회관과 무관하다고 말할 수 없다. 이러한 요소는 한국 사회에서 민주주의를 보수적으로 이해하게 만드는 이데올로기적 자원 내지 배경으로 기능하는 것들이다. 왜냐하면 오늘날의 민주주의가 자본주의적 시장경제의 토대를 갖는 정치공동체하에서 그로부터 발생하는 사회적 균열과 갈등을 다루는 특정 형태의 정치체제라 할 때, 갈등을 전제하지 않거나 인정하지 않는 민주주의를 상상하기는 어렵기 때문이다. 갈등 없는 무균질 사회, 청정 민주주의를 꿈꾼다면, 사실상 그것은 민주주의가 아닌 어떤 전체주의에 불과할 것이다.

한국 사회에서 나타나는 갈등과 관련한 일상의 언어나 태도를 보면, 갈등을 언급하기조차 싫어하는 분위기가 강하다. 학자들이 갈등을 다룰 때도 갈등 그 자체와 그것의 기능을 이해하려 하기보다는 어떻게 하면 이를 없애고 해소하고 극복할 것인가에 더 큰 관심을 갖는다. 대부분의 경우 그것은 미시적이고 정태적인 분석틀에 바탕을 둔 과정 관리process management나 사회집단간 협력 관계를 강조하는 거버넌스governance의 관점에서 갈등을 설명하거나 접근하는 시도들이다.

본론에서 다룰 내용은 위와 같은 갈등에 대한 일반적인 이해와는 매우 다른 관점에서 출발한다. 갈등은 정치에서 다른 어떤 것보다도 중요한 기능을 갖는다는 사실, 특히 민주화 과정에서나 이후 민주주의하에서 정치체제에 대한 참여로부터 배제되고 공동체가 산출하는 사회적 성과의 배분으로부터 소외된 집단의 조직화된 반대를 가능케 하는 기제라는 사실을 강조할 것이다. 민주주의하에서는 갈등을 통해서만 반대의 조직화가 가능하며, 갈등의 확대와 그에 따른 지지의 확산을 통해서만 이들 조직화된 반대가 정치체제 내로 통합되면서 자신들의 요구를 실현할 수 있다. 권력이 견제와 균형을 통해 독점적이고 독단적으로 사용되지 않고 시민들에 대해 책임을 갖는 방향으로 운영되는 것 또한 갈등 없이는 생각할 수 없는 일이다. 요컨대 민주주의는 사회세력간 갈등과 타협의 과정으로 정의할 수 있기 때문에, 갈등은 민주주의체제의 핵심 가운데 하나라 할 수 있다. 갈등이 억압되는 조건은 곧 정치가 약화되고 민주주의가 축소되는 환경을 말한다. 정치의 약화를 통해 갈등의 표출이 억압될 때, 갈등은 더욱 파괴적인 양상을 띨 수 있으며 그만큼 사회통합의 가능성은 낮아진다. 뿐만 아니라 갈등의 억압은 그 부수적 효과로서 이데올로기의 역할을 증대시킨다. 그리고 이것은 보다 파괴적인 갈등을 불러오는 원인이기도 하다.

갈등의 정치적 기능은 광범위하고 다양하기 때문에, 다음 절에서는 이에 대한 논의를 민주주의의 중심 문제와 관련된 다음의 세 가지 주제로 한정하고자 한다. 첫 번째 주제는 갈등은 사회적 힘들 간의 견제와 균형을 만들어 내며, 법과 제도의 토대로써 이들을 작동시키는 힘의 원천으로 작용한다는 것이다. 두 번째는 갈등은 민주주의 발전에 기여할 수 있는 것과 그렇지 않은 것으로 나누어 볼 수 있다는 설명이다. 세 번째는 갈등은 정당간 경쟁의 중심 소재로 기능한다는 내용이다.

갈등: 민주주의의 정치사회적 기반

(1) 민주화: 사회적 힘들 간의 충돌

갈등과 민주주의는 근원적 관계를 갖는다. 민주주의가 만들어지고, 사회적 힘의 관계를 일정한 규칙에 따라 틀 지우는 제도화가 이루어진 이후, 그에 따라 형성된 법과 제도가 실제로 작동하는 데는 그 원천으로서 갈등이 존재한다. 민주주의는 그것의 발생 과정에 있어 전복적 성격을 내포한다고 말할 수 있다. 왜냐하면 민주주의란 민주화 이전의 전제정이나 권위주의체제에서 종속적 지위에 있던 인민 또는 그 일부가 지배권력에 맞서 저항하고 도전함으로써 발생하기 때문이다. 민주화는, 민주주의에서의 통치권력이 계몽적 이성을 갖거나 자혜로움의 미덕을 갖게 되었기 때문에, 정의를 실현하는 데 있어 그 어떤 체제보다 민주주의가 우월하기 때문에, 민주주의가 정치적으로 보다 더 안정적인 체제이기 때문에, 또는 민주주의가 분열된 사회를 보다 더 잘 통합할 수 있기 때문에 발생하는 것이 아니다. 간단히 말해 민주주의는 구체제의 통치자들이 아래로부터 도전하는 세력의 힘을 제어할 수 없기 때문에, 기존의 권력을 포기하거나 양보한 결과로써 나타난다. 이 점에서 민주화는 지배세력과 도전세력 간 집단적 힘의 충돌이라는 정치적 갈등의 산물이다. 한국의 민주화 과정 역시 이러한 특징을 명료하게 보여주었다.

최초로 민주주의를 구현했던 고대 그리스 아테네의 민주화는 이러한 갈등 패턴의 원형을 보여준다. 고대 그리스 연구자인 고전학자 조시아 오버Josiah Ober에 따르면, 민주주의의 어원인 '인민 스스로의 통치' 또는 '인민의 권력'이라는 뜻의 '데모크라티아'democratia라는 말이 출현한 것은 기원전 508~507년경이었다. 이 시기에 발생했던 3일에 걸친 민중 폭동의 결과 전제정이 무너졌고, 이후 클라이스테네스Cleisthenes의 정치 개혁을 통해 민주주의체제가 만들어졌던 것이다.[1] 물론 아테네 민주주의의 성립은 이에 앞서 80여 년 전, 솔론Solon이 사회 개혁 정책의 일환으로 아티카 소농들의 부채를 획기적으로 탕감해줌으로써 이들이 시민이 되도록 하는 사회경제적 기반을 마련한 데 힘입은 바 컸다. 이처럼 아테네의 사례를 통해, 민주화라는 체제 변화는 민중의 반란이든 부채 부담에 허덕이던 소농들의 반란 직전의 동요든 민중들의 요구와 압력으로부터 나왔음을 확인할 수 있다. 이 문제와 관련해 최초의 민주주의가 오버가 말하듯 민중 반란에 따른 결과인지, 아니면 기존의 지배 엘리트와 민중 사이의 타협의 결과인지를 둘러싸고 고전학자들 간에 치열한 논쟁이 있었다고 한다. 아테네의 민주화가 혁명의 산물이냐 타협의 산물이냐 하는 문제는 고전학자들의 학문적 관심사일지는 몰라도, 민주화에 대한 논의에서 그것이 그렇게 중요한 문제를 차지한다고 생각되지는 않는다. 민주화는 일반적으로 이 두 과정 모두를 포괄하기 때문이다. 여기에서 중요한 관심사는 기존 체제를 변화시키고, 그리하여 그 결과가 민주화로 나타나는 계기는 정치적 갈등에 있었다는 사실이다.

(2) 공화정의 출현 : 사회세력간 견제와 균형

갈등에 관한 또 하나의 역사적 사례로 로마 공화정의 수립과 이를 통해 확립된 제도를 보는 것 또한 흥미롭다. 공화정은 여러 방식으로 정의할 수 있지만, 정치공동체를 구성하는 각각의 신분 집단 내지 사회세력들이 공공 업무를 관장하는 정치 과정에 적극적으로 참여해서 자기 역할을 수행하는 정치제도 혹은 이러한 제도를 통해 작동하는 정치체제를 일컫는 개념이다. 공화정의 제도적 양식에 대한 이론은 정치체제의 바람직한 모델을 탐구했던 아리스토텔레스의 이른바 '혼합 내지 균형 정체'mixed/balanced constitution/regime에 관한 논의로부터 시작해 로마의 경험에 기초한 폴리비오스Ploybios의 공화정 이론, 이를 다시 르네상스 시대 이탈리아 도시공화국에 적용했던 마키아벨리Niccolò Machiavelli의 공화정 이론, 그리고 이들 이론을 17~18세기 영국과 프랑스에 적용했던 해링턴James Harrington과 몽테스키외Montesquieu의 논의에 기반을 두고 있다. 로마 공화정의 사례에서 보듯, 혼합 정체는 행정 수반인 콘술Consul(2인)과 함께 귀족원Senate, 호민관Tribune으로 불리는 세 중심 기구가 각각 왕, 귀족, 평민이라는 사회를 위계적으로 구성하는 세력들을 대표하면서 이들 제도에 의존해 정치를 관장하는 체제로, 그것은 세 개의 서로 다른 통치 원리가 한 정체 내에 균형적으로 혼합되어 있음을 뜻한다. 한국 사회에서 공화정이 특별한 의미를 갖는 까닭은 한국 헌법의 구조 또한 이러한 공화정의 균형 정체 모델을 기반으로 하기 때문이다. 이는 한국 헌법의 준거가 되었던, 오늘날 미국의 정치학자들이 매디슨적 민주주의Madisonian democracy라고도 부르는 미국 헌정체제의 이론적 원천 가운데 하나가 공화주의였다는 사실로부터 비롯된 것이다. 이런 이유에서 한국 헌법의 제1조 1항은 "대한민국은 민주공화국"이라고 규정하면서 공화주의와의 연계를 천명한다. 그러나 실제에 있어 공화주의 혹은 공화정의 이념과 가치가 얼마나 한국의 현실 속으로 들어와 있는지는 여전히 불분명한 상태다. 다만 적어도 제도적 원리에 관한 한, 공화주의가 미국 헌법의 경우와 마찬가지로 한국 헌법에서도 중요한 지주支柱 가운데 하나로 남아 있음을 부인하기는 어렵다. 공화정으로부터 도출되는 견제와 균형의 원리, 이를 제도적으로 구현한 삼권분립의 원리는 여러 민주주의 국가의 헌법이 그러하듯 한국 헌법의 근간을 구성하고 있기 때문이다.

그렇다면 민주주의의 제도적 근간을 이루는 공화정의 원리와 사회 세력간 갈등은 어떤 관계를 가질까? 아테네 민주주의와 같이 순수한 인민 스스로의 통치체제는 아니라 하더라도, 로마의 정치체제가 민중적 요소를 아우르는 귀족정으로 변화되고, 나아가 공화정으로 발전하는 데 기여했던 가장 중요한 요소는 평민의 대의기구라 할 호민관제도의 창설이었다. 티투스 리비우스Titus Livius의 『로마사』는 아테네 민주주의가 성립되던 시기와 인접한 기원전 510년경 민중의 대표기구인 호민관제도가 어떻게 창설될 수 있었는지, 그리고 이후 이 제도가 어떻게 발전해서 공화정이라는 정치체제를 확립하게 되었는지에 관해 상세히 서술하고 있다. 리비우스에 따르면, 귀족과 평민 간의 계급 갈등이 로마 정치를 움직이는 핵심적 동학이었으며, 그 과정에서 호민관제도와 평민평의원concilium plebis이 설치되어 귀족들의 자의적 행동으로부터 시민을 보호하는 기능이 제도화되었다. 즉 통치 엘리트들이 평민들의 반란에 대응해 그들의 불만을 달래면서 그들의 요구를 수용한 타협안이 호민관제도의 창설로 나타났다는 말이다. 클라이스테네스가 실행했던 민주주의를 위한 제도 개혁이 기존의 400인 위원회를 폐기하고 500인 평의회boule의 설치를 가져왔던 경우나 프랑스혁명이 기존의 삼부회를 폐지하고 국민의회를 창설했던 경우와 마찬가지로, 로마 공화정의 발전 역시 민중 반란의 결과물로 나타났던 것이다. 마키아벨리가 자신의 공화주의 이론을 정립해 놓은 책 『리비우스의 로마사 첫 10권에 대한 강론』(줄여서 『로마사 강론』)은, 제목 그대로 주자의 『사서집주』四書集註와 같이 원래의 텍스트에 대한 해석 형식으로 구성되어 있다. 이 책에서 마키아벨리는 외부 세력의 침입에 취약한 조그만 도시국가로 출발했던 로마가 대외적으로 어떻게 세계 최강의 국가가 되었으며, 대내적으로는 어떻게 평민을 포함한 시민들이 자유를 누리는 정치체제를 건설할 수 있었는가 하는 문제를 제시한다. 그리고 그 역시 그 답은 귀족과 평민 간의 갈등이 만들어 내는 동태적 균형에 있다고 말했다.[2]

(3) 삼권분립: 사회적 힘의 반영에서 기능적 분할로

일반적으로 우리는 '삼권분립'과 '견제와 균형'이라는 말을 동의어로 생각하면서, 상호 대체代替 가능한 말로 사용하는 경우가 많다. 그렇게 말한다 하더라도 틀린 것은 아니지만, 그렇다고 그것이 정확한 이해에 바탕한 용법이라고 말하기도 어렵다. 삼권분립의 어원과 제도적 원리는 견제와 균형에서 나왔다. 아리스토텔레스로부터 마키아벨리에 이르기까지 견제와 균형은 공화주의의 핵심 원리다. 그것은 하나의 정치체제를 구성하는 여러 사회집단 내지 계급들 사이에서 어느 한 집단이나 계급이 권력을 독점하거나 자의적으로 행사하는 것을 다른 사회집단이나 계급이 견제할 경우에만, 피지배적 위치에 있는 시민과 민중이 자유를 누린다는 내용을 담고 있다. 만약 이념으로서의 공화주의가 민주주의에 기여할 수 있는 바를 찾는다면, 그것은 정치체제 내에 존재하는 어떤 조직화된 이익이나 집단이든 정치 참여를 통해 정당한 지위를 획득할 수 있다는 가치가 존중되고, 그럼으로써 이들 간 상호 견제와 균형이 실현되어 귀족과 같은 상층 집단이 다른 집단에 대해 일방적인 지배를 관철할 수 없게 하는 데 있다. 공화주의 이론에서 말하는 자유 개념으로서의 '비지배'non-domination 원리는 바로 이를 두고 말하는 것이다. 이것은 일찍이 파두아의 마르실리우스 Marsilius of Padua가 언급했던 "잘 훈육된 동물은 갈등적인 요구에 반응해서 움직일 수 없다"는 말의 의미와도 부합하는 원리다.[3] 이와 달리 공화주의가 공동체의 목표를 효과적으로 구현하기 위해 사회의 여러 구성원과 집단에게 요구되는 일정한 덕목을 강조하는 데 사용된다면, 그것은 사회세력간 견제와 균형이라는 그 자체의 원리와 충돌하는 결과를 가져올 수 있다. 요컨대 갈등이 있기 때문에 견제와 균형이 발생하며, 견제와 균형 때문에 시민적 자유의 공간이 형성되는 것이다.

한편, 삼권분립은 미국의 헌법에서 그 전범을 찾을 수 있다. 1787년 헌법 제정 과정의 중심적 지도자였던 제임스 매디슨James Madison은 몽테스키외로부터 많은 영향을 받았다. 당시 매디슨이 수용했던 몽테스키외의 삼권분립 이론은 당대 영국의 혼합 정체를 경험적 모델로 해서 시민들의 대의기구인 의회가 입법권력을 통해 국왕과 귀족이 관장하는 집행권력을 견제한다는 원리를 담고 있다.[4] 견제와 균형은 표면상으로는 집행부 권력과 입법부 권력 사이에서 나타나지만, 그 제도의 이면을 들여다보면 왕과 귀족을 한편으로 하고 평민을 다른 한편으로 함으로써 사회세력간 정치적 갈등에 의해 뒷받침된다는 사실을 알 수 있다. 바꿔 말해, 몽테스키외가 제시했던 삼권분립에 관한 아이디어만 하더라도 그 원리는 기본적으로 사회적 힘의 관계를 반영하는 것이었다. 그런데 이와 같은 견제와 균형의 원리가 오늘날 우리가 일반적으로 사용하는 삼권분립으로 제도화된 것은, 미국 헌법에 명시된 바와 같이 정부를 세 개의 기능적 부서로 분할해 이들 간 견제와 균형이 이루어지도록 한 데서 비롯되었다. 이는 제도적 원리에 관한 발상의 전환을 보여주는 경우라 하겠다. 이로써 국가 혹은 정부의 통치 집단이 자신을 선출하고 대표로 만들어 준 투표자에 대해 수직적으로 책임지면서 서로의 권력을 제한하는 견제와 균형의 원리는, 선출된 국가권력을 기능적으로 분할해 상호 견제토록 하는 수평적 책임성의 원리로 전환되었다. 그럼에도 불구하고 여러 정치학자가 지적하듯 삼권분립의 현대적 원리가 구현된 수평적 책임성은 국가권력이 투표자들에 대해 책임지도록 하기에 충분하다고 말할 수 없다. 집행부든 입법부든 사법부든, 국가권력의 기능들이 사회적 세력 관계를 반영하는 방식으로 견제와 균형이 이루어지지 않는다면, 기능적으로 분화된 권력 혹은 부서들 간의 관계만으로 정부가 시민에 대해 민주적 책임성을 갖도록 하기는 어렵기 때문이다.

(4) 대중정당의 형성과 발전: 갈등의 민주적 변환

민주주의 발전의 역사는 갈등을 부인하는 것으로부터 이를 수용하고 제도화하는 과정으로 이해할 수 있다. 이는 미국 헌법을 제정하는 데 주도적인 역할을 담당함으로써 오늘날 미국 민주주의에 대해 매디슨적 민주주의라고 부를 만큼 큰 영향을 미쳤던 매디슨의 정치 경력을 통해서도 확인할 수 있다. 헌법 제정 당시 버지니아 주의 대표로 참여했던 매디슨은 영국과 유럽 대륙의 공화주의 이념을 수용한 다음

공동체 전체를 위한 공익의 가치를 강조하는 논리에 의거해, 미국 헌법의 중심 목표를 사회 내 갈등의 원천이 되는 '파벌의 폐해'를 방지하는 데 두었다.[5] 그러나 헌법을 통해 민주주의에서 정당의 원형이 되는 파벌의 가치를 부정했던 그는 이후 연방정부가 수립되고 미국 민주주의가 정치적으로나 사회적으로 빠르게 발전하기 시작했던 전환점에서 제퍼슨Thomas Jefferson과 함께 미국 최초의 정당인 민주-공화당을 창건했다. 매디슨이 처음 자신이 제시했던 이론에 반해 스스로 파벌을 만드는 데 참여했다는 사실은 미국 정치사의 아이러니 가운데 하나다. 오늘날 민주주의의 핵심 제도로 인정받고 있는 정당이 과거에는 얼마나 부정적이며 반체제적인 집단으로 인식되었는가는, 17세기 말 영국에서 처음으로 출현했던 정당에 대해 핼리팩스Lord Halifax가 "최선의 정당조차 그 나머지 시민들에 반하는 일종의 음모일 뿐"이라고 언급한 데서도 확인할 수 있다.

정당 이론의 개척자인 뒤베르제Maurice Duverger는 정당의 기원과 발전을 분석하면서, 정당을 '내생정당'과 '외생정당'이라는 두 가지 개념으로 분류했다.[6] 최초의 의회제도는 지방의 명사나 토호 같은 귀족 엘리트들에 의해 주도되고 발전했다는 사실을 감안할 때, 이들의 의회 조직이 기존 체제로부터 기원한다는 의미에서 이는 내생정당이라고 부를 수 있다. 이에 반해 외생정당은 기존의 의회체제 밖에 있던 잠재적 정치 엘리트들이 기존 엘리트의 지배권력에 도전하기 위해 참정권을 갖지 못한 다수의 일반 대중을 조직하고 동원해 그들의 권리를 요구한 데서 그 연원을 찾을 수 있다. 현대 정당의 대중정당적 성격은

19세기 후반에서 20세기 초반에 걸쳐 정치 참여로부터 배제되었던 주요 사회집단의 지지를 획득한 정당들, 이를테면 사민당이나 노동당 같은 좌파정당과 이들의 경쟁 상대였던 기독교민주당과 같이 사회적 기반에 뿌리를 둔 정당의 출현을 통해 현실화되었다. 조직적으로 중앙 집중화되어 있고, 이데올로기적으로 응집적이며, 원내 정당에 대해 덜 종속적인 대중정당 모델은 이들 외생정당이 발전한 결과다.

한편, 정당 이론의 고전으로 평가받는 립셋Seymour M. Lipset과 로칸 Stein Rokkan의 사회균열 이론은 갈등이 발생하는 사회적 기반 내지 맥락이라 할 수 있는 사회균열을 중심 변수로 해서 정당의 출현과 제도화를 설명한다.7 그들은 중심 대對 주변, 국가 대 교회, 농업 대 산업, 자본 대 노동이라는 주요한 사회균열이 역사적으로 전개되어 온 패턴을 중심으로 유럽 각국의 정당 발전과 정당체제의 분화를 분석한다. 여기서 특별히 강조할 수 있는 내용은 마지막으로 나타났던 자본 대 노동의 균열이 20세기 초반 이래 현재에 이르기까지 적어도 유럽 국가들에서는 그들 정당체제의 보편적 특성을 구성하는 중심 균열로 기능한다는 사실이다. 유럽사를 통해 전개된 네 개의 대쌍적 갈등 구도에서 전자는 기존 권력이나 기득 이익을 대변하는 세력이고, 후자는 정치 참여로부터 배제된 피지배적인 위치에 있는 도전세력이다. 이 점에서 정당에 관한 이들 두 이론은 민주주의의 핵심 원리를 보여준다. 첫째, 정당을 중심으로 하는 민주주의의 역사는 이들 정치적으로 적대적인 양대 세력간 갈등을 동력으로 발전해 왔다. 둘째, 유럽의 역사가 보여주듯이 기존 체제로부터 배제된 세력들은 갈등을 매개로 정당을 조직했고, 이를 통해 사회 내로 통합될 수 있었다. 즉 민주화를 가져왔던 갈등–통합의 과정이 민주주의의 전개와 발전 과정에서도 작동하는 것이다.

립셋은 한때 민주주의에서 전개되는 정당 및 선거 활동을 '민주적 계급 투쟁'으로 특징지은 바 있다.[8] 그의 논리를 따라가 보면, 다음과 같은 결론을 도출할 수 있다. "모든 현대 민주주의에서 서로 다른 집단들 간의 갈등은 기본적으로 '계급 투쟁의 민주적 변환'을 대표하는 정당을 통해 표현된다. 정치적 갈등을 야기하는 사회적 균열은 언제 어디서나 존재한다. 그러나 이러한 갈등은 폭력적이며 파괴적인 양태로 나타나는 것이 아니라, 질서 정연한 헌정적 표출을 보장하는 제도에 의해 순치된다. 여기서 정당, 선거, 의회는 혁명 없는 갈등의 기반을 제공한다."

마셜Thomas Humphrey Marshall의 시민권 이론도 이러한 갈등–통합의 성격을 띠고 있다. 시민권 이론은 시민권을 계급 갈등의 맥락에 위치시킬 때만 그 의미를 분명하게 이해할 수 있다. 시민적 권리–정치적 권리–사회경제적 권리 역시 역사적으로 전개되어 왔으며, 사회에서 배제되었던 계급에 대해 단계적으로 시민권의 담지자와 그 내용이 확대되어 사회 내로 통합되는 과정을 이론화한 것이기 때문이다. 레이몽 아롱Raymond Aron 또한 보다 온건한 논리로 유사한 내용을 말한다. 그는 계급 투쟁이라는 말 자체에 거부감을 가지면서 자본주의 사회에서 '보상받기 어려운 투쟁'이라는 뜻을 부정하고, 이를 잘사는 계층과 그렇지 못한 계층 간의 건전한 경쟁 관계로 표현한다. 그리고 민주주의는 갈등을 인정하지만, 갈등의 당사자들을 달래기 위한 것이 아니라 그들이 서로에 대해 전투적으로 행동하지 않도록 만드는 체제라고 말한다. 다른 맥락에서 벤딕스Reinhard Bendix는 유럽의 역사적 경험에 기초해 계급 갈등이란 체제의 변혁을 가져오기 위한 것이 아니라 체제로부터 배제된 집단이 체제 내로 통합되기 위한 투쟁이었다고 평가한다.[9] 여기에서 계급은 어떤 의미를 갖는가? 그것은 갈등이 해소되기 이전 정치·사회적 관계 속에 있는 집단으로, 민주주의 정치 과정에서 주요한 행위자로 기능하며 시민권을 획득한 후에는 공동체의 구성원인 시민으로 통합되는 존재라 말할 수 있다.

3

두 종류의 갈등

(1) '투쟁'과 '논쟁', 그리고 체제 유지에 대한 합의

갈등이 민주주의를 창출하고, 유지하고, 발전시키는 데 필수적이라 하더라도 모든 갈등이 민주주의에 긍정적이라고 말할 수는 없다. 민주주의에 유익한 갈등도 있고 해악이 되는 갈등도 있다는 말이다. 마키아벨리는 『로마사 강론』에서 갈등이 갖는 효과를 논하면서, 긍정적인 효과를 발휘하는 갈등을 '논쟁'disputando으로 부정적인 효과를 발휘하는 갈등을 '투쟁'combattendo으로 명명했다.[10] 그에 따르면 로마 공화정에서 나타났던 갈등은 논쟁의 성격을 띠는 반면, 당시의 플로렌스에서 나타났던 갈등은 투쟁의 성격을 띤다는 것이다. 그는 갈등이 무장을 통한 대결로 퇴행하는 경우야말로 공화국에 가장 치명적인 위험을 가져다주기 때문에 이는 비판받아 마땅하다고 말한다. 반대의 경우는 고대 로마에서 찾을 수 있다. 로마 공화정의 경험은 갈등이 플로렌스와 같이 한 집단의 지배를 보장하는 법으로 귀결되는 것이 아니라, 분쟁하는 두 집단의 요구를 통합해서 이를 통해 공공선을 보장하는 법으로 귀결되는 모습을 보여준다. 여기서 마키아벨리는 그것의 결과가 개방적이며, 그럼으로써 도시의 팽창과 더불어 강대한 국가를 만들어 내는 갈등의 효능에 대해 말하고 있다. 물론 갈등이 이러한 결과를 만들어 내는 데 있어 일정한 소란스러움을 피할 수는 없을 것이다.

갈등과 통합의 관계에 관한 설명은 민주화 이행론의 선구자인 덩크와트 러스토우Dankwart Rustow의 논의에서도 찾아볼 수 있다. 러스토우는 제3세계의 민주화와 함께 이를 다룬 본격적인 연구들이 나타나기 훨씬 이전인 1970년에 민주화 이행에 관한 선견적이고도 개척적인 논문을 발표했다.[11] 그는 민주화를 당시의 지배적인 견해였던 합의 모델이 아니라 갈등에 초점을 둔 동태적 모델에 바탕해서 설명한다. 요컨대 민주주의의 발생은 앞에서도 언급한 바와 같이 갈등의 산물로서 반체제 세력이 대중 동원을 통해 기존 체제에 도전함으로써 나타난 결과물이라는 말이다. 이러한 설명에도 불구하고, 그 역시 갈등을 오로지 긍정적인 것으로만 이해하지는 않았다. 그는 민주화로부터 민주주의의 안정적인 제도화로 나아가기 위해서는 정치공동체의 통합을 보장하는 사회적 합의가 필수적이라고 이해했다. 즉 민주주의는 공동체가 권위주의적 획일성과 같은 극대화된 합의 상황과 내전이나 분리독립 같은 극단적인 적대 상황 사이의 어떤 중간 지점에 걸쳐 있는 상태에서 발생하고 제도화된다는 것이다. 합의 상황으로 지나치게 기울거나 반대로 공동체를 무너뜨릴 만한 갈등이 발생하는 조건에서는 민주주의가 가능하지 않지만, 그렇다고 갈등을 배제한 채로 민주주의가 건설될 수도 없기 때문이다. 민주주의는 잠정적으로 형성된 다수에 기반해서 통치되는 정치체제기 때문에, 이 체제를 붕괴시킬 수 있는 보다 강력한 갈등에는 취약할 수밖에 없다. 러스토우가 제시하는 민주화의 배경 조건은 정치공동체의 통합성에 대한 일정한 합의, 즉 국가적 일체성을 유지하는 것이다. 민족 독립 투쟁이나 분리독립 운동과 같이 국민국가 형성을 둘러싼 대규모의 이념 대립이 발생하는 조건에서 민주주의를 기대하기란 어렵다는 말이다. 그가 말하는 민주주의의 조건은 한국에서 해방 이후 분단국가가 제도화되는 시기에 왜 민주주의가 성립되기 어려웠는지를 잘 설명해 준다.

(2) '나눌 수 있는 갈등'과 '나눌 수 없는 갈등' : 갈등을 통한 타협

앨버트 허쉬만Albert O. Hirschman은 갈등의 종류 및 그 효과와 관련해 이전의 논의보다 정교하고 체계적인 설명을 보여준다.[12] 그는 민주화 이후의 평상시에 갈등이 어떻게 민주주의를 작동시키고 건강하게 발전시킬 수 있는지를 설명하기 위해 갈등을 '나눌 수 있는 갈등'과 '나눌 수 없는 갈등'의 두 범주로 구분한다. 자본주의 시장사회에서 나타나는 상당수의 갈등은 서로 다른 계급, 부문, 지역이 사회적 생산물을 어떻게 나누어 가질 것인가를 둘러싸고 전개된다. 이들 영역에서 발생하는 생산물의 가치가 아무리 크다 하더라도 그것은 기본적으로 나눌 수 있는 성격을 갖는다. 왜냐하면 이로부터 발생하는 갈등은 누가 더 많이, 누가 더 적게 갖느냐에 관한 문제기 때문이다. 이에 반해 나눌 수 없는 갈등은 이것이냐 저것이냐, 갖느냐 못 갖느냐의 이분법적 대립을 둘러싼 것으로, 인종·언어·종교 등의 문화적 차이를 따라 발생한다. 시장경제가 잘 발달된 미국 같은 나라에서도 낙태나 종교, 인종 문제와 같은 나눌 수 없는 갈등을 쉽게 찾아볼 수 있다. 물론 나눌 수 없는 갈등이라고 해서 전적으로 협상 불가능한 것은 아니기 때문에 이와 같은 구분이 언제나 분명할 수는 없지만, 그럼에도 불구하고 두 갈등의 성격과 효과는 뚜렷한 차이를 갖는다. 갈등, 특히 나눌 수 있는 갈등이 정당과 의회에 바탕한 타협의 예술을 통해 해소될 수 있을 때, 화해할 수 없는 계급 갈등을 상정하는 마르크시즘이 얼마나 큰 효용을 가질지는 의문이다. 허쉬만의 설명은 한국의 정당정치에 대해서도 큰 함의를 갖는다. 한국 민주주의가 보통 사람들의 삶의 질을 향상시키는 데 기여하기 위해서는 나눌 수 있는 갈등의 긍정적인 효과를 이해하고 실천하는 일이 중요하며, 그것은 곧 정당의 몫이기 때문이다.

이러한 관점에서 오늘날 한국의 정치 현실과 이데올로기적 프로필을 검토해 볼 수 있겠다. 여기서 문제가 되는 것은 위에서 말한 두 범주의 갈등이 상호 작용하는 경우다. 한국 사회의 중요한 정치적 갈등 내지 균열은 두 수준에서 전개된다. 하나는 나눌 수 있는 갈등으로 사회경제적 자원의 분배를 둘러싸고 전개되는 계급·계층·부문 간의 이익 갈등이고, 다른 하나는 나눌 수 없는 갈등으로서의 민족 문제, 즉 대북·통일 정책과 한미 관계를 둘러싼 이념적·이데올로기적 갈등이다. 후자의 경우와 관련해 한국의 민족주의는 과거 보수적 민족주의와 혁명적 민족주의로 나누어져 그 이데올로기적 갈등이 전쟁으로까지 발전했던 역사적 경험을 갖고 있으며, 이는 오늘날까지도 극히 적대적인 좌우 갈등의 토대가 되고 있다. 물론 한국의 민족주의는 독도 문제나 일본 역사 교과서 문제에 대한 대처에서 볼 수 있듯이 한일 관계에서만큼은 반일민족주의세력임을 자임할 정도로, 적어도 외양적으로는 동일한 전투적인 태도를 보여 왔다. 그러나 민족 문제와 관련된 대북 관계나 한미 관계에서 한편은 상대를 냉전수구세력으로 몰아세우면서 스스로를 탈냉전평화세력이라고 말하고, 다른 한편은 상대를 친북좌경세력이라고 공격하면서 자신은 자유애국주의세력임을 강조한다. 운동권 담론에서도 이른바 계급 문제와 민족 문제는 그들을 화해하기 어려운 두 흐름으로 분할했다. 이로 인해 민주노동당은 이른바 평등파와 자주파의 양대 분파로 나뉘어 수차례에 걸쳐 당내 갈등을 빚었으며, 이는 결국 분당이라는 사태로 귀결되고 말았다. 여기서 강조하고자 하는 바는 한국 사회에서는 탈냉전이 냉전반공주의를 약화시킴으로써 정당정치와 담론에서 사회경제적 문제를 둘러싼 합리적인 대안들 간의 경쟁 구도를 가져오지 않았다는 사실이다. 여전히 우리는 냉전반공주의와 그에 대응하는 급진적 민족주의 간의 갈등 구도를 목도하고 있다는 말이다. 게다가 이러한 갈등 구도의 정치적인 효과는 극히 한국적인 양태로 나타난다. 즉 그것은 서구와 같이 사람들의 실제 생활에 가장 큰 영향을 미치는 시장경제나 생산체제와

관련된 사회경제적인 문제가 좌우 정당 간 갈등의 중심축으로 자리
잡지 못하게 만들고 있는 것이다.

민주화와 탈냉전 이후에도 좌우의 이데올로기적 갈등은, 나눌 수
없는 갈등으로서의 민족 문제 내지 냉전반공주의로부터 비롯되는 문
제를 중심으로 전개되고 있다. 이는 두 가지 효과를 낳는다. 하나는 한
국 사회의 모든 정치 갈등을 냉전 시기에 경험했던 이데올로기적 양
극화 속의 극한적인 대립과 유사한 방식으로 이데올로기화한다는 것
이다. 이 과정에서 갈등은 경쟁자들의 공존을 전제로 하는 것이 아니
라 상대의 절멸을 바라는 담론과 수사, 정조와 심성을 불러일으키면
서 정치를 극한적 대립으로 몰아가는 경향을 갖기 쉽다. 다른 하나는
민족 문제를 둘러싼 갈등이 지난날 냉전반공주의의 헤게모니를 온
존·지속시키면서 사회경제적인 문제를 둘러싼 차이, 즉 나눌 수 있는
갈등을 둘러싼 좌우 스펙트럼상의 정치세력화와 그에 바탕한 경쟁을
억압한다는 점이다. 이 문제는 비단 진보 대 보수 같은 전체 정치 영역
에만 해당되는 것이 아니다. 그것은 민주노동당이나 진보신당과 같은
진보파 정당 내에서도 그들의 담론이나 정치관에서 현실의 사회경제
적인 문제에 대한 관심을 지워 버리거나 억압하는 효과를 낳고 있다.

(3) 상호 교차하는 균열 : 갈등 관리의 이론과 제도

정치의 실천적·제도적 측면에서 나눌 수 있는 갈등으로서의 사회
경제적인 문제를 다루는 좌우 대립, 좌우 경쟁이 긍정적 효과를 갖는

다 하더라도, 그것이 현실에서 극단적인 대립으로 발전하거나 파괴적인 효과를 가져올 가능성을 완전히 부정하기는 어렵다. 이 문제와 관련해 립셋은 허쉬만의 이론과는 다른 관점에서 '서로 가로지르는 균열' 또는 '상호 교차하는 균열'cross-cutting cleavages이 사회집단간의 극단적인 대립과 그에 따른 사회 해체를 제어하는 효과를 갖는다고 설명한다.[13] 상호 교차하는 균열은 서구 사회에서 시민들이 일반적으로 하나의 사회계급에 속할 뿐만 아니라 인종, 종교, 성, 지역 등의 다양한 사회적 범주에 속함으로써 동시에 여러 사회적인 소속을 갖게 된 결과 나타나는 여러 균열이 서로 교차하는 현상을 일컫는 개념이다. 게오르그 짐멜Georg Simmel 같은 갈등 이론의 개척자 역시 상호 교차하는 갈등이 한 사회에서 중심적 갈등이 증폭되면서 만들어지는 사회 해체와 폭력의 위험성을 막는 기능을 한다고 해석하고 있다. 루이스 코저Lewis Coser는 짐멜의 연구를 기초로 그 내용을 명제화한 저서 『사회갈등의 기능』에서 이 문제를 다음과 같이 말하고 있다. "적대적인 집단들 간의 상호 의존성과 그들로 구성된 사회의 상호 교차하는 갈등은 서로를 상쇄시킴으로써 사회를 통합하는 데 기여하며, 그럼으로써 하나의 주요한 균열을 따라 사회가 해체되는 것을 방지하는 효과를 갖는다."[14]

교차 갈등 개념은 특히 냉전 시기에 걸쳐 마르크시즘의 영향하에서 자본과 노동 간의 계급 대립이라는 단일 축이 가져오는 강도 높은 갈등을 완화하는 데 기여하는 논리라는 점에서 큰 호응을 얻었다. 그러나 교차 갈등은 일반적으로 갈등이 다층적으로 존재하고 널리 퍼져 있는 민주적 시장사회에서 나타나는 특정 종류의 갈등 양상에 불과하다. 교차 갈등에 대한 논의는 서구의 사회과학자들이 사회의 여러 갈등 양상 중 하나의 변종에 초점을 둠으로써 은연중에 갈등을 파괴적인 것으로 이해하고, 그들 사회에 존재하는 갈등의 특성이나 정도를 부정적으로 인식하면서, 그로부터 거리를 유지하고자 했던 결과로 이해할 수도 있다.[15] 그럼에도 불구하고 립셋이 말하듯이 교차 갈등이 갈등의 다층성과 이에 따른 소속감과 충성의 약화가 정치적 선택에서 흔히 발생하는 감정의 고양과 공격성을 완화하는 데 긍정적으로 작용한다는 논리를 부정하기는 어렵다. 다른 한편 이 개념과 논리는 정당의 내부 구성과 정당체제, 연립정부 형성, 투표 행태 등의 여러 분야에 널리 적용되었다.

여기서 교차 갈등의 논리를 잘 보여주는 하나의 사례를 살펴볼 수 있겠다. 1980년대는 거의 모든 유럽 복지국가들이 신자유주의적 경제 정책을 많든 적든 수용하는 일대 개혁의 시기였다. 영국의 대처 정부, 프랑스의 미테랑 정부는 그 대표적인 사례다. 그러나 같은 시기 독일에서는 이렇다 할 신자유주의적 개혁이 이루어지지 않았다. 왜 이런 결과가 나타났을까? 1983년 독일에서는 슈미트Helmut Schmidt가 이끌었던 사민당 정부가 선거에서 패배하고, 기민-기사연의 승리로 이들 두 정당이 자유민주당과 연정을 구성해 의회의 절대다수 의석을 갖는 콜 정부가 수립되었다. 총선 당시 기민당의 공약도 그러하거니와 시장자유주의를 표방하는 자유민주당과 함께 연립정부를 구성했기 때문에, 언론에서는 콜 정부가 신자유주의적 시장 개혁을 추진하는 제2

의 대처 정부가 될 것이라는 전망이 많았다. 그러나 결과는 정반대였다. 기민당의 선거 공약에 신자유주의를 추진하겠다는 내용이 포함되어 있었고, 콜 정부가 그러한 정책을 시도했음에도 불구하고 신자유주의 개혁이 이루어지지 않았다는 사실은 흥미로운 사건이다. 그렇게 된 중요한 원인은 기민당의 내부 구조와 관련되어 있다. 독일에서는 사민당이 노동운동과 노동자를 중심적으로 대표하는 정당이지만, 그렇다고 사민당만이 노동자를 대표하는 것은 아니다. 기민당은 대표적인 '포괄정당'catch-all party으로서 다양한 사회계층의 지지를 받고 있으며, 여기에는 노동자들도 포함되어 있다. 기민당에 가입해 있거나 이를 지지하는 노동자들이 사민당에 속하지 않는 이유는 사민당의 반종교적 정치관 때문이다. 이런 까닭에 기민당에는 노동자들의 이익을 대표하는 '사회위원회'CDA가 당내에 강력한 분파를 형성하고 있었으며, 이들은 당내 중심 세력인 친시장-친기업적 분파의 압력에 대응해 정부의 신자유주의적 개혁 시도를 저지했다. 이 경우 신자유주의 개혁을 둘러싸고 기민당이 사민당만을 대상으로 경쟁을 벌였더라면, 전자가 의회 다수를 차지했기 때문에 개혁이 가능했을 것이다. 그러나 갈등은 당 내부에서 발생했고, 그것은 개혁을 저지하는 데도 효과적이었다. 여기에서 주목할 만한 점은 독일 사회의 대표적인 두 균열, 즉 종교와 계급 균열을 정치적으로 조직한 기민-기사연과 사민당 간의 정치적인 갈등이 이데올로기적 양극화로 분화되면서 갈등의 강도가 크게 높아지는 방식으로 나타나지 않았다는 사실이다. 두 중심적 갈등은 기민당 내 사회위원회에서 보듯 상호 교차하는 방식으로 제도화되었고, 이것은 신자유주의적 개혁과 관련한 사회적 갈등을 완화하는 메커니즘으로 작용했다.

위에서 소개한 허쉬만과 립셋의 갈등-통합 이론은 다음과 같은 두 명제로 요약할 수 있다. 첫째, 사회경제적 갈등은 나눌 수 있는 성격을 가지며, 이로 인해 적대자 내지 경쟁자들 간의 타협 가능성이 나타나게 된다. 둘째, 사회는 단일 갈등 축을 중심으로 양극화되기보다는 서로 다양한 갈등들이 상호 교차함으로써 갈등의 강도가 완화될 수 있다. 이들 두 이론은 서로 다른 가정에 바탕하고 있지만, 공히 갈등과 통합의 변증법적 관계를 설명코자 했다는 점에서 현대 민주주의 정치 이론의 전범이라 할 수 있다.

4

갈등과 정당간 경쟁의 동학

(1) 갈등 : 정당간 경쟁의 소재

현대 민주주의는 정당을 중심 메커니즘으로 해서 작동하는 정치체제다. 정당정치는 민주주의와 동일시할 수 있을 만큼 민주주의에 핵심적인 제도적 실천이라 할 수 있다. 물론 시민들의 수많은 요구와 의견, 사회의 다양한 이익과 가치를 정부 내지 국가에 투입하는 제도적 기제 가운데는 정당뿐만 아니라 특수 이익을 조직하고 대변하는 이익 집단이나 사익 또는 공익을 증진코자 하는 운동도 존재한다. 게다가 오늘날의 정당은 지난 세기에 비해 그 역할과 영향력이 축소되었다고 주장하는 학자들도 있고, 정치 현실 또한 크든 작든 그렇게 변한 부분이 있는 것도 사실이다. 그럼에도 불구하고 정당은 여전히 민주주의 정치의 주요 행위자로서 그 중심 기능을 수행하고 있다는 사실을 부정하기는 어렵다. 무엇보다도 정당은 후보를 선출하고 유권자들을 동원함으로써 선거를 조직하며, 선거 경쟁에서 다수를 획득할 경우에는 정부를 구성해 국가를 관리하고 통제하는 권한을 위임받는다. 이런 과정을 통해 정당은 대의제 민주주의의 핵심 원리인 대표와 책임성을 구현하는 중심 조직으로 기능하는 것이다.

이러한 정당간 경쟁의 소재가 바로 갈등이다. 정당은 다양한 사회 구성원들의 서로 다른 이익과 가치로부터 기원하는 갈등을 동원해 다수의 지지를 확보하고자 경쟁한다. 그렇다 하더라도 정당이 사회에 잠재된 모든 갈등을 동원할 수는 없기 때문에, 사회의 수많은 갈등은 정당간 경쟁을 통해 일정한 선별 과정을 거칠 수밖에 없다. 이러한 과정을 거쳐 동원되는 갈등은 정당이 실제로 얼마나 광범한 시민들을 포괄해 그들의 민의를 대변하는가, 얼마나 많은 보통 사람들에게 참여를 허용하는가, 이를 통해 보통 사람들이 자신의 권익을 실현하는 데 얼마나 많은 기회를 부여하는가를 설명하는 중심 변수가 된다. 이것은 샤츠슈나이더E. E. Schattschneider가 제시한 갈등 이론의 중심 주장이기도 하다.[16] 그는 정당간 경쟁을 구성하는 갈등이 어떤 내용과 성격을 갖는가, 그러한 갈등이 얼마나 많은 사회 구성원들을 포괄하는가, 정치인과 정당은 갈등을 어떻게 정의하고 어떻게 동원해서 다수의 지지를 확보하고 그럼으로써 권력을 획득하는가 하는 문제를 중심으로 정치 변화의 동학을 설명한다. 여기서 정당간 차이의 기준이자 유권자 동원의 소재가 되는 갈등 혹은 경쟁의 축은, 이들 경쟁하는 정치인과 정당이 사회의 갈등을 어떻게 정의하고 동원하는가 하는 문제의 함수로 이해된다. 그리고 갈등에 대한 정의와 그 결과로써 형성되는 갈등 축의 내용과 성격은 민주주의 정치체제의 주권자인 시민이 얼마나 효과적으로 선출된 정부를 통제할 수 있는지를 결정하는 핵심 변수가 된다. 흔히 민주주의에서 시민은 최고 권력의 원천인 주권자로 정의되곤 한다. 이것은 현실에서 실제로 그러하다는 사실을 의미하기보다는 당위의 차원에서 인간이 이성적으로 계몽된 시민이 될 때 그러하리라는 이상과 목표를 말한 것으로 이해할 수 있다. 따라서 현실의 대의제 민주주의를 평가하는 기준은 인민 내지 시민이 어떻게 자신들이 선출한 대표를 통해 정부를 효과적으로 통제할 수 있는가 하는 문제로 귀결될 수밖에 없으며, 이러한 의미에서 현대의 민주주의는 인민에 의한 통치가 아니라 인민의 동의에 바탕한 통치체제다. 물론 대의제 민주주의의 제도적 조건만으로는 인민의 동의조차 온전히 보장되기 어렵다고 말할 수도 있다. 주기적으로 몇 년에 한 번씩 치러지는 선거와 투표는 광범하고 막강한 영향력을 갖는 정부의 권력과 권한을 통제하기에는 너무나 조야하고 빈약하다는 주장을 쉽게 부인하기는 어렵다. 그럼에도 불구하고 샤츠슈나이더가 민주주의의 주체인 시민을 '절반의 주권자'semisovereign people로 정의한 것은 현대 대의제 민주주의의 한계를 인정하기 위함만은 아니다. 오히려 그것은 인민에 의한 직접 통치를 불가능하게 하는 현실의 제약 조건을 감안하면서도, 그에 대한 대안으로서 인민의 동의에 의한 통치가 어떻게 정당과 그들 간 경쟁에 힘입어 시민의 의사를 구현할 수 있는지를 강조하기 위한 개념이다. 현대 민주주의에서 정당이 시민의 의사와 이익, 요구와 가치를 대변하지 못할 때, 주권자로서의 시민은 한없이 무력할 수밖에 없다. 그러나 정당이 사회의 다수를 관여케 하는 중요하고도 폭넓은 갈등을 중심으로 경쟁을 벌일 때, 시민이 정치에 관여할 수 있는 기회는 크게 확대되고, 이를 통해 주권자로서의 권리를 행사할 수 있게 된다. "갈등과 경쟁이 민주주의를 움직이는 엔진"이라는 명제는 바로 이러한 이해에 바탕한 것이다. 사회적 약자와 소외 계층을 포괄하는 다수 시민의 주권은 사회의 폭넓은 갈등과 이에 기반한 정당간 경쟁이 존재하는 조건에서만 실현될 수 있다.

2008년 미국의 대통령 선거, 그중에서도 민주당의 후보 경선 과정은 갈등과 경쟁이 어떻게 이제껏 정치에 무관심했던 다수의 시민들을 정치 참여로 이끌어 내면서 민주주의에 활력을 불어넣을 수 있는지를 보여주는 좋은 사례다. 민주당 경선에서 바락 오바마Barack Obama의 등장은 선거 경쟁의 전체 판도를 크게 바꾸어 놓았고, 힐러리 클린턴Hillary Clinton과 오바마 간의 치열한 선두 다툼은 미국을 넘어 세계의 관심사로 부상한 바 있다. 후보 경선의 강력한 경쟁자로 오바마가 등장하지 않았더라면, 클린턴 후보가 민주당 주류 세력의 지지를 등에 업고 기존의 당내 역학 구도를 온존시키는 수준에서 경선이 마감될 가능성이 높았다. 대통령 선거에서도 상대당인 공화당이 민주당과 유사한 양상을 보이면서 두 당의 주류 세력이 경쟁을 벌였더라면, 결과는 어느 당 후보가 당선되든 기존의 정치 양태가 공고화되는 방향으로 귀결될 공산이 컸다. 그러나 오바마는 흑인 같은 소수 인종과 사회적 약자, 가난한 사람들에 대한 보호와 인권 중대, 미국-이라크 전쟁 종결을 포함하는 대외 정책의 전환, 환경 문제에 대한 적극적인 대처 등 변화를 강조하는 이슈와 정책을 제시하면서 젊은이들과 무당파 유권자, 흑인층의 폭발적인 지지를 동원했다. 그가 말하는 "과거와 미래 사이의 선택"It's a choice between the past and the future이라는 슬로건은 부자와 빈자, 청년층과 노년층, 여성과 남성, 지역과 지역, 백인과 흑인, 그리고 기독교와 여타 종교 및 무신론자들 간의 기존 갈등을 재정의하면서, 이들에게 새로운 위치와 견해를 갖게 하는 갈등 구도의 전반적인 변화를 의미하는 것으로 이해할 수 있다. 이를테면 인종간 갈등의 경우 백인과 흑인이 문제가 아닌 미국 경제의 빈부 격차와 교육을 포함하는 사회제도의 문제로 정의되어, 각 주state의 특성에 한정된 주 정치의 이슈에 지나지 않았던 문제가 이제 대선판 전체에 영향을 미치는 전국적 중대 이슈로 부상하게 되었던 것이다. 오바마의 도전은 힐러리에게 예상되었던 기득권에 안주하는 안정적 전략에 변화를 가져왔고, 이에 따른 민주당의 변화는 공화당의 변화를 불러일으키면서 변화의 연쇄 작용을 만들어 냈다.

미국의 지난 대통령 선거 과정은 새로운 후보의 부상과 이를 통한 갈등과 경쟁의 확대가 어떻게 정치적으로 대표되기 어려웠던 젊은층·무당파·흑인 등을 투표장으로 이끌어 내고, 그 과정에서 어떻게 새로운 이슈와 의제들이 제시되며, 이를 통해 선출된 정부는 이러한 의제들을 어떻게 정책으로 만들게 되는가를 보여준다. 미국에서는 갈등에 대한 새로운 정의가 경쟁의 확대를 가져왔고, 경쟁의 가열화는 그동안 대표되지 못했던 사회집단들을 투표장으로 불러들여 투표율을 상승시켰으며, 이들 새로운 유권자 집단은 정치의 중요한 행위자로 부상함으로써 현재 미국 정치의 기득집단들은 심대한 도전에 직면한 상황이라 말할 수 있다. 우리는 이와 같은 미국의 사례와 대비되는 선거 과정을 2007년 12월에 있었던 한국의 17대 대통령 선거에서 찾아볼 수 있다. 한국의 지난 대선은 현임 정부에 대한 부정적인 평가가 파괴적일 만큼 선거 전반을 주도하는 양상을 보였다. 이로 인해 대선 과정에서 중요한 사회경제적 갈등이 정치적으로 표출되고, 이와 관련된 대안들 간의 경쟁을 통해 유권자들이 광범위하게 동원될 수 있는 기회는 사전에 봉쇄되고 말았다. 투표 결과에 대한 확실성이 높아질수록 경쟁 가능성은 줄어들었다. 경쟁이 약화된 조건에서 그간 정치적으로 표출되지도 정책 의제로 제기되지도 못했던 이슈들이 대중의 관심 속에 후보 선택의 기준으로 자리 잡기는 어렵다. 새로운 갈등과 이슈가 등장하지 못한 상황에서 보수적인 기득집단에 대한 도전과 변화를 기대하기란 불가능한 일이다.

(2) 사회균열과 정당체제 간 관계의 두 모델

앞에서 언급했던 립셋과 로칸의 유럽 정당체제에 관한 이론은 사회균열이 정치적인 갈등을 만들고, 이러한 갈등이 정당과 정당체제의 제도화를 가져온다는 주장으로 사회균열과 정당체제, 바꿔 말해 사회적 내용과 정치적 형식 간의 긴밀한 인과관계를 상정하는 사회학적 모델을 대표한다. 이에 반해 미국의 정당과 이익집단에 관한 분석을 토대로 한 샤츠슈나이더의 갈등 이론은 사회적 균열로부터 출발하는 인과의 효과보다는 정치가 갖는 능동적인 측면을 강조한다는 점에서 립셋-로칸의 모델과는 상반되는 접근을 보여준다. 샤츠슈나이더에 따르면, 사회의 수많은 갈등 가운데 립셋과 로칸이 말하는 지배적 균열의 발생 순서, 즉 중심-주변, 국가-교회, 산업-농업, 자본-노동의 균열을 따라 정당이 이들 갈등을 대표해야 할 필연적인 이유는 없다. 그가 보기에 사회에서 발생하는 수많은 구분, 차이, 갈등, 균열 가운데 특정 갈등이나 균열이 정치적 우위를 갖는 까닭은, 정당들이 선거 경쟁에서 승리할 수 있는 다수 연합을 창출하기 위해 그러한 갈등에 초점을 두고 대중을 동원한 결과일 뿐이다. 이 논리에서는 정치인과 정당이 선거 승리를 가능케 하는 다수파 연합, 즉 최상의 정치 연합을 창출하기 위해 어떻게 갈등을 정의하고 이를 기반으로 어떻게 유권자들을 동원하느냐 하는 그들의 능력이 가장 중요한 변수로 기능한다. 요컨대 정치인이 권력을 획득하기 위해 그들 간 경쟁의 주요 소재로 삼는 갈등이 그 시기 그 사회의 가장 중요한 사회적 구분 내지 균열로 부과된다는 것이다.

   립셋-로칸과 샤츠슈나이더의 이론이 대조적인 이유는, 그들 이론이 기반한 경험적 소재의 차이에서 기인하는 바가 크다. 그것은 민주주의의 두 고전적 모델을 구성하는 유럽과 미국의 정당정치가 보여주는 차이에서 비롯된다고 말할 수도 있다. 따라서 전자는 유럽 국가들에서 안정적으로 구조화된 사회균열을 기반으로 이들 균열이 정치체제로 수용되는 과정을 통해 유럽 정당체제의 계급정당적 성격을 설명하며, 후자는 다양한 사회세력의 존재와 이들 간 갈등의 유동성이 높은 미국의 조건에서 정당이 이들 조직화된 이익들 간의 연합을 통해 다수를 형성코자 경쟁하는 다수 연합의 전략과 기술을 설명한다. 립셋과 로칸의 사회학적 모델은 유권자의 선호를 구성하는 사회적 갈등 내지 균열을 바탕으로 정당 대안이 구성된다는 것, 즉 유권자의 필요에 따라 정당이 조직된다는 가정을 전제로 한다는 점에서 일종의 수요자 중심 이론이라 할 수 있다. 반면, 샤츠슈나이더의 정치학적 모델은 정당 대안이 유권자의 선호를 형성하거나 이를 제한할 수 있다는 가정을 바탕으로 구성된 이론이라는 점에서 공급자 중심 이론이라 하겠다. 전자는 사회의 균열과 갈등에 기반해서 유권자들의 이익과 요구를 대변해 줄 정당이 필요하기 때문에, 즉 사회의 수요에 대응해 정당이 만들어진다는 의미에서 수요자 중심적이며, 후자는 경쟁적인 대안 제시를 통해 시민–투표자의 선호를 정의해 주는 정치인의 리더십과 정당 조직의 역할을 강조한다는 의미에서 공급자 중심적이다.

샤츠슈나이더의 이론은 앞에서 짧게 언급한 바와 같이 한국의 지난 17대 대통령 선거 과정과 결과를 이해하는 데도 큰 효용을 갖는다. 지난 대선의 결과에 대해 보수적인 언론과 선거에서 패배한 인사들은 유권자들이 보수화되었다고 평가하곤 했다. 나아가 구집권파의 여러 인사나 그 지지 그룹 사이에서는 지난 선거에서 나타난 유권자들의 선택이 반드시 민주주의의 가치에 부응했다고 말하기 어렵다거나 반드시 합리적인 것은 아니라고 말하면서, 유권자들의 비민주적·비합리적인 태도나 가치에 책임을 돌리는 경우를 자주 보여주었다. 과연 그러한 설명은 타당할까? 유권자들의 투표에 영향을 미치는 이념적 지향이나 가치 정향이 5년을 주기로 변화해 왔다는 주장을 뒷받침할 만한 체계적인 연구 조사는 존재하지 않는다. 정치학과 사회학 이론에 비추어 볼 때, 투표 정향이 그렇게 짧은 주기로 변화한다고 말하기는 어렵다. 따라서 지난 선거 결과의 원인은 다수의 유권자가 보수화되었다는 평가로부터 연역하기보다는 선거에서 유권자들이 선택하게 되는 대안 구조에서 찾는 것이 보다 높은 타당성을 갖는다고 하겠다. 즉 협애한 이념적 스펙트럼에 갇힌 채로 조직되고 경쟁하는 정당 체제가 유권자들의 선택지를 좁게 만든 것이 더 중요한 원인이라는 말이다.

최근 들어 경제학에서 사용되는 개념이나 시장 논리를 통해 정치를 설명하는 방법이 유행하면서, 많은 사람들이 선거 경쟁을 시장 경쟁에, 유권자를 시장의 소비자에 비유하곤 한다. 그러나 투표자와 소비자의 선택은 매우 다른 가정과 논리를 갖기 때문에, 이러한 비유는 현실 정치에 대한 정확한 이해를 오도하기 쉽다. 상품시장에서 선호는 대부분 그가 시장에 가서 상품을 구매하기 전에 결정된다. 이와는 달리 선거시장에서 유권자의 선호는 정당체제라는 선택 구조 내에서 형성되고 결정된다. 지난 대선에서 우리는 실로 많은 사람들이 어느 후보에게 투표할 것인가를 두고 어려운 고민에 빠진 모습을 볼 수 있었다. 이는 지난 대선의 결과가 대통령 선거사상 가장 낮은 투표율로 나타난 것의 주된 원인이기도 하다. 정당 및 투표 이론에 따르면, 정당체제의 이념적 분화 정도가 낮거나 정당간 이념적 거리가 좁을수록 투표율은 떨어지는 경향을 보인다. 선진 민주주의 국가에서 정당은 서민 대중의 요구와 이익을 실현하는 대표적인 정치 조직으로 기능하는 반면, 한국의 경우 정당은 노동과 사회적 약자 및 소외 계층을 수용하지 못하고 있다. 일반적으로 서민이나 노동자, 소외 계층으로 구성된 사회경제적 하층 집단은 경제적 자원이 풍부하고 교육 수준이 높은 상층 집단에 비해 자신들의 이익과 요구를 조직하는 데 더 많은 어려움을 겪는다. 이를 감안할 때 정당은 이익집단이나 운동과 달리 기본적으로 다수의 지지를 획득하기 위해 경쟁한다는 점에서 사회의 계층적 차이를 완화 내지 극복할 수 있게 하는 조직적 대안이다. 그럼에도 불구하고 이들 하층 집단이 자신을 대표할 만한 정당을 찾을 수 없다면, 그들이 투표에 참여할 유인은 그만큼 줄어들 수밖에 없는 것이다.

이와 관련해 샤츠슈나이더가 강조했던, 현대 민주주의에서 인민은 다만 "절반의 주권자"일 뿐이라는 말은, 한국 민주주의의 경우에서도 시민의 지위와 역할을 현실적으로 이해하는 데 도움을 준다. 민주주의를 이상(주의)적이고 도덕적이며 희구적인 관점에서 이해하는 많은 사람들은 민주주의가 요구하는 시민의 이념형 역시 그와 같이 규범적이고 이상적인 기준에서 정의하고 설명코자 한다. 그렇게 형상화된 시민상은 공익에 복무하고, 사회 윤리를 함양하며, 시민으로서 마땅히 가져야 할 덕성과 의무를 실천하는 민주시민이다. 이러한 정의에 따르면 시민이 민주적이지 못하기 때문에, 무엇이 정의고 도덕인지 모르기 때문에, 무엇이 사회 윤리에 합당한지를 이성적으로 판단하지 못하기 때문에, 민주주의적인 태도와 가치에 대한 의식이 약하기 때문에, 개인적인 취미나 여가·소비 생활에만 관심을 갖고 공적 이슈를 다루는 정치에 대해서는 냉소적이거나 무관심하다는 것이다. 지난 대선 결과에 실망한 구집권파와 적지 않은 개혁파 인사들 역시 이러한 시민상을 기준으로 보수적 야당에 승리를 안겨 준 시민·투표자 다수의 판단에 문제가 있다고 평가하는 듯하다. 그러나 지난 선거 결과의 문제는 선택을 행한 유권자에 앞서 그들이 어떤 선택의 가능성을 갖고 있었는가에서 답을 찾는 방법이 보다 현실적이며 합리적이다. 유권자들이 보여준 정치에 대한 판단력을 문제 삼았던 정치분석가들과 학자들에 대해 샤츠슈나이더는 다음과 같은 말을 남긴 적이 있다. "인민을 위해 민주주의가 만들어졌지, 민주주의를 위해 인민이 만들어진 것은 아니다. 민주주의는 평범한 사람들을 위한 것이다. 학자연하는 이들이 인민의 자격을 인정하든 말든 상관없이, 그것은 평범한 사람들의 요구에 민감하게 반응하도록 고안된 정치체제"다.[17]

시민들이 정치 과정에 참여해서 주요한 행위자 집단을 구성하고, 그러한 참여 결과가 그들의 이익과 요구를 실현하는 방향에서 일정한 결과를 만들어 내는 과정은 민주주의에 기대되는 기본적인 메커니즘이다. 갈등은 그것에 직접 또는 간접적으로 관련된 시민들의 참여를 이끌어 낸다는 점에서 민주주의를 작동시키는 중심 동력이라 할 수 있다. 이와 같은 이해에 바탕할 때, 한국 정치에서 갈등의 범위에 대한 이해는 매우 중요한 의미를 갖는다. 갈등의 범위란 얼마나 많은 사람들이 갈등에 참여 내지 관여하는가를 뜻하는 개념이다. 어떤 사안과 관련해서 갈등이 발생하고 그 갈등에 점점 더 많은 사람들이 추가로 관여하게 될 때, 즉 갈등의 범위가 넓어질 때 그러한 갈등을 둘러싼 힘의 균형은 변하며, 그 결과 또한 달라질 수밖에 없다. 여기서 갈등에 관여하는 정치 조직들 간의 경쟁은 한편으로 갈등의 범위를 더욱 넓혀 갈등을 사회화할 수도 있고, 다른 한편으로 그 범위를 좁혀 갈등을 사사로운 문제로 만들 수도 있다. 갈등을 사회화하고 이로부터 다수를 형성해 정부를 수단으로 그와 같은 다수의 힘을 관철하는 정치제도가 정당이라면, 갈등을 사적 영역에 묶어 둠으로써 정부의 관여 없이 사회 내 강자들의 이익이 실현되도록 하는 조직은 압력단체라고도 불리는 이익집단이다. 갈등의 사회화가 가장 넓은 범위로 확대되어 공동체 전체를 포괄하게 될 때, 그것은 모든 시민을 정치에 관여케 하는 상황을 만들어 내지만, 그렇지 않고 그것이 제한·변형·축소·좌초될 때 갈등은 국지화되거나 사적인 관계의 영역으로 퇴화하게 된다. 갈등이 사적인 문제로 남아 있을 때, 곧 보다 많은 사람들의 관여를 통해 다수의 힘이 작동하기 어려운 조건에서 이익집단은 갈등의 결과를 자신들에게 유리한 방향으로 끌어낼 수 있다.

민주화 이후 한국의 상황은 이와는 다소 상이하다. 한국의 경우에는 특수 이익을 대표하는 이익집단도 중요하지만, 그에 못지않게 재벌, 특히 삼성과 같이 개별적인 거대 기업집단이 막강한 영향력을 행사한다. 이는 한국에서 법의 제정·개정·적용이 자주 이들 단일 거대 기업을 위해 혹은 그들을 대상으로 하는 경우가 많다는 사실을 통해서도 확인할 수 있다. 갈등의 범위를 축소함으로써 자신들이 우위를 갖는 사회경제적 자원을 일방적으로 행사하고 그로부터 이득을 보는 집단이 사회의 강자들이라고 할 때, 갈등의 사회화로부터 이득을 얻는 집단이 사회적 약자임은 말할 것도 없다. 뿐만 아니라 갈등의 사회화는 보다 많은 이해 당사자들을 정치에 관여케 함으로써 정치 과정에서 이루어지는 권력의 행사를 투명하게 만들며, 법 앞의 평등을 포함하는 법 적용과 집행의 보편성을 구현하는 데도 기여한다.

(3) 한국 정당체제의 특성: 보편적 균열의 부재

넓게는 민주주의, 좁게는 정당체제의 관점에서 볼 때, 한국 정치의 두드러진 특징 가운데 하나는 민주화 이후 20여 년이 지난 오늘까지도 노동을 대표하지 못하는 정당체제가 지속되고 있다는 사실이다. 노동에 기반한 진보정당으로서 민주노동당을 고려에 넣는다 하더라도 이러한 평가는 크게 달라지지 않는다. 민노당은 제도권 내에서 영향력을 발휘할 만큼 충분한 의석을 가진 유력 정당relevant party이 아니라는 점에서, 노동운동을 통일적으로 대표하지 못할 뿐만 아니라 그 최대 지지층이 중하층 노동자라기보다 중산층 이상의 대졸 화이트칼라라는 점에서, 그리고 그 중심 이념이 노동자와 서민 대중의 생활과 직결된 사회경제적인 문제보다는 민족 문제라는 대외적 이슈에 기울어져 있다는 점에서 여전히 모호한 성격과 위상을 갖고 있다. 게다가 민노당의 실험은 때늦은 등장과 때 이른 소멸 가능성을 안고 있어 그 전망 또한 불투명한 상태다.

일찍이 립셋은 미국에서는 유럽의 선진 자본주의 사회에서 일반적으로 확인할 수 있는 노동자 계급정당이 발전하지 못했다는 사실에 주목해, 미국 정당체제의 특성을 '미국 예외주의'American exceptionalism라는 개념을 통해 설명한 바 있다.[18] 민주화 이후 한국의 정당체제가 과연 미국 모델을 따를 것인지 아닌지 확신을 가지고 말하기는 어렵다. 그러나 한국 민주주의가 진보정당 없는 정당체제로 귀착될 것인가 아닌가 하는 문제는 학문적으로나 실천적으로 매우 중대한 관심사가 아닐 수 없다.[19] 앞에서 립셋-로칸의 사회균열 이론과 샤츠슈나이더가 제시한 갈등 이론의 경험 사례가 각각 유럽과 미국임을 언급한 바 있지만, 지금 한국의 경우는 그 어느 모델에도 속해 있지 않은 상태다. 이들과 달리 한국의 정당체제는 정당간 경쟁의 양상을 가장 일반적으로 표현하는 좌와 우라는 갈등 축이 형성되어 있지 못한 것을 특징으로 한다. 이에 대해 누군가는 한국의 정당들도 엄연히 좌와 우로 나누어져 있으며, 열린우리당이나 민주당을 좌파정당으로 한나라당을 우파정당으로 간주할 수 있다고 주장할지도 모른다. 그러나 김대중 정부 하의 민주당, 노무현 정부하의 열린우리당을 좌파정당이라 말하기는 어렵다. 한국은 1997년 IMF 금융 위기 이래 줄곧 신자유주의적 경제 정책을 적극적으로 수용하고 집행해 왔다. 이를 근거로 할 때, 정치에서 가장 중요한 사회경제 정책과 이를 뒷받침하는 이념의 기준에서 열린우리당이나 민주당을 좌파정당으로 볼 수는 없다. 보수적인 언론이나 정치인, 일부 기업집단 등에서는 이들이 좌파정당으로 호명될지 모르나, 객관적인 기준에서 그러한 용법은 현실을 호도할 뿐이다.

이 문제는 이탈리아의 정치철학자 노르베르토 보비오의 주장을 통해 보다 쉽게 이해할 수 있다. 1980년대 말 유럽에서 동구 사회주의가 해체되고 그 후 신자유주의적 세계화의 물결이 대세를 이루면서 '역사의 종언'이 운위되던 시대적 분위기에서, 좌와 우의 대립 축은 더 이상 필요하지도 유효하지도 않다는 견해가 팽배해 있었다. 이런 분위기가 최고조를 이루었던 1990년대 중반 보비오는 『좌와 우: 정치적 구분의 중요성』를 출간했고, 이 책은 이탈리아와 유럽의 베스트셀러가 되었다. 원래 좌와 우라는 정치적 은유는 프랑스 혁명 초기 의회에서 개혁파는 왼쪽 좌석, 보수파는 오른쪽 좌석에 앉았던 데서 기원했다. 이러한 구분은 특정 이념이나 계급적 관점에서 나온 것이 아니라 대표들이 앉은 좌석의 위치라는 공간적 구분에서 유래한 것이다. 이것이 자본가 대 노동자라는 계급·계층적 구분을 중심으로 이념적 급진성과 보수성을 상징하게 된 것은 뒷날의 이야기며, 특히 자본주의 대 사회주의라는 이념 대결로 나누어진 것은 마르크시즘의 영향과 냉전의 결과물이라 할 수 있다.

보비오는 후쿠야마Francis Fukuyama가 말하는 냉전 종결에 따른 좌우 구분의 효용성 소멸을 반박하면서, 정치적 갈등과 경쟁을 가능케 하는 보편적인 구분으로서 좌우 구분은 여전히 필요하고 중요하다고 주장한다.[20] 그에 따르면 좌의 보편적 가치는 여러 다른 관점에서 그것에 의미를 부여하는 방식들, 이를테면 포섭과 배제의 기준에서 포섭을 의미하는 경우가 아니라 추상적 규범인 동시에 역사적 경험에 기초한 가장 보편적이고 단순한 구분으로서의 평등과 불평등의 구분을 만드는 평등주의에서 나온다. 따라서 동구 사회주의가 해체되고 마르크시즘의 효용성이 약화된 이후에도 인간 사회에 불평등 문제가 존재하는 한 좌우 구분을 부정하기란 불가능하다는 것이다. 평등과 불평등이 좌우 구분의 준거라면, 그의 설명은 한국 사회에도 어렵지 않게 적용할 수 있다. 그러나 한국의 정치 현실과 이데올로기적 지형은 이러한 구분을 극도로 제약해 이를 뒷받침하는 합리적인 담론과 언어를 변조시킨다. 한국에서 좌의 이념은 인간의 보편적 가치 가운데 하나인 평등을 구현하기 위한 것으로 이해되기보다는 해방 이후 냉전, 분단, 전쟁, 남북 간 적대 관계의 지속이라는 현대사의 직접적인 경험과 맞닿아 있는 좌우 이데올로기 투쟁, 그리고 그것이 남긴 정조들과 매우 쉽게 연계되기 때문이다. 이로 인해 한국에서는 보편적인 정치 갈등의 언어들이 이데올로기적으로 극단화되는 효과가 발생하는 것이다. 그럼에도 불구하고 보비오가 말하듯 좌우 구분은 인간의 보편적인 가치 구분과 아울러 정치 갈등을 표현하는 기본적인 언어로서의 의미와 기능을 갖는다. 한국의 토양에서 이러한 언어에 대한 제약과 편견이 크다 하더라도 이는 해결해야 할 사안이지 회피해야 할 문제가 아니다.

5

갈등에 기반을 둔 민주주의론의 중요성

갈등은 도처에 존재하며 항구적이다. 정치의 본질은 갈등의 표출과 제도화를 통한 갈등 해소에 있다. 그러나 갈등 해소는 어디까지나 잠 정적이다. 민주주의는 사회균열로부터 발생하는 갈등을 억압하기보 다는 이를 민주적인 방법으로 표출하고 해소하는 과정을 거치면서 발 전하는 정치체제다. 민주화 이후 한국 사회에서 갈등을 초점에 두고 문제를 볼 때, 갈등은 널리 퍼져 있고 꾸준히 확산·증폭되어 왔으며, 우리는 이를 일상생활에서 쉽게 느끼고 있다. 그렇다면 민주주의가 갈등을 증폭시키기 때문에 문제는 민주주의에 있다고 보아야 하는가? 이런 관점은 우리 사회에서 적지 않은 사람들의 공감을 얻고 있다. 그 것은 민주주의를 부정적으로 보는 것이 아니라면, 적어도 보수적으로 보는 관점과 연결되어 있다. 사회경제적 관점에서 볼 때 갈등이 증폭되는 이유는 신자유주의적 시장경제의 가치와 규범이 사회의 거의 유일한 지배적 가치로 군림하고 있으며, 민주화 이후의 정부들 역시 경쟁과 업적을 중시하는 성장 일변도의 경제정책으로 이와 같은 지배적 가치에 부응해 왔기 때문이다. 여기서 문제가 되는 것은 갈등이 증폭되고 있다는 사실 그 자체보다는 갈등을 해소하거나 완화하는 정치적 메커니즘이 결핍 내지 부재하다는 데 있다.

한국은 정치체제의 제도적 수준에서는 민주화가 이루어졌다고 말할 수 있을지 모른다. 그러나 민주주의의 작동 원리를 이해하는 데서나, 특히 그 제도적 실천의 주요한 동력이 되는 갈등을 이해하고 다루는 데서는 그리 익숙하지도 합리적이지도 못한 것으로 보인다. 그것은 민주화 이전에 한국 사회를 지배해 왔던 냉전반공주의, 국가-민족주의, 성장지상주의의 가치들이 남긴 정신적·문화적 유산과 무관하지 않다. 그리고 이들 가치와 이데올로기는 도덕주의적이고 권위주의적이며 집단주의적인 가치관과 밀접하게 연관되면서, 민주주의뿐만 아니라 여러 사회현상, 특히 갈등과 같은 정치적인 현상을 이해하는 방법을 왜곡해 왔다. 그것은 또한 압도적인 영향력을 갖는 국가 차원의 목표와 공동체의 지표를 일방적으로 설정하고 이를 급진적으로 추진하는 정치적·사회적 풍토를 만들어 냈다. 이러한 환경하에서 인간 개개인이 평등하게 존중되고 그것을 법과 제도를 통해 실현하는 민주주의의 가치나 다른 인간적인 가치들은 하나의 국가 목표, 하나의 사회적 합의에 종속되어 그에 '효율적'으로 봉사해야 하는 수단적 가치로 인식되기에 이르렀다. 이와 같은 조건이라면 갈등은 단일한 국가적 목표, 예컨대 경제 성장, 국가경쟁력 강화, 경제 살리기 등을 실현하는 데 방해가 되는 분열적·해악적 징후 내지 현상으로 이해될 수밖에 없다. 한국 사회의 지배적 담론, 교육, 사회화의 규범이 되는 내용들은 대체로 이렇게 갈등을 부정하면서 사회통합을 강조하는 덕목과 내용으로 구성되어 있다고 해도 과언이 아니다. 갈등은 민주주의에서 정치를 조직하는 기반이자 중심 동력이다. 또한 그것은 외부로부터든 내부로부터든 누군가에 의해 위로부터 국가적 목표가 불러들여지고 그에 따라 국민이 동원되는 이념과 가치가 일체화된 사회에 대항하는 다원적이고 민주주의적인 사회세력과 가치의 도전을 의미한다.

이와 같은 방식으로 갈등을 이해할 때, 우리는 어떤 제도 내지 방법을 통해 민주주의를 발전시킬 수 있을까? 일찍이 마키아벨리와 홉스는 정치적 갈등은 국가 영역에서든 사회 영역에서든 자주 합리적인 절차를 무시하거나 압도하는 권력 투쟁을 수반하기 때문에, 합리적인 수준에서 대안이 될 만한 어떤 주장을 통해 최종적으로, 그리고 믿을 만하게 해결될 수는 없다고 보았다.[21] 이들의 견해가 의미하는 바와 같이 민주주의 정치의 발전을 탐색하는 이론적 모델은, 과거에서나 현재에서나 한국 사회에서 지배적인 지위를 차지한 어떤 규범적 덕목이나 가치, 압도적인 합의를 상정하면서 국가가 주도적으로 설정하는 발전 목표 또는 사회통합의 이념이나 이데올로기를 강조하는 규범적 접근을 통해서는 찾을 수 없다. 보다 설득력을 갖는 방법은 사회세력 간의 견제와 균형, 그리고 샤츠슈나이더가 '절반의 주권자'라고 개념화했던 보통 사람들의 정치 참여를 가능케 하고 이를 통해 그들의 권익이 일정하게 실현되도록 하는 정당의 제도화와 발전을 도모하는 접근, 즉 갈등을 동력으로 하는 사회적 힘의 관계에 기반해 잠정적 합의를 만들어 내는 접근에서 찾을 수 있을 것이다.

주

1 Josiah Ober, *Mass and Elite in Democratic Athens: Rhetoric, Ideology and the Power of the People* (Princeton University Press, 1989).

2 Niccolò Machiavelli, *Discourses on Livy* (Oxford University Press, 2003); 니콜로 마키아벨리, 강정인·안선재 역, 『로마사 논고』(한길사, 2003).

3 Terence Ball, "Party", in Terence Ball, James Farr and Russell L. Hanson (eds.), *Political Innovation and Conceptual Change* (Cambridge University Press, 1989), 160쪽.

4 몽테스키외가 말하는 삼권은 법을 제정하는 입법부와 내치와 외교를 분담하는 두 개의 집행부를 의미한다. Montesquieu, *The Spirit of the Laws* (Cambridge University Press, 1748/1989).

5 Alexander Hamilton, James Madison and John Jay, *The Federalist Papers* (Penguin Classics, 1987). 파벌에 관한 논의는 매디슨이 직접 작성한 『연방주의자 논설』 10번 참조.

6 Maurice Duverger, *Political Parties: Their Organization and Activity in the Modern State* (Methuen, 1964).

7 Seymour Martin Lipset and Stein Rokkan, "Cleavage Structures, Party Systems and Voter Alignments: An Introduction", in Seymour M. Lipset & Stein Rokkan (eds.), *Party Systems and Voter Alignments* (The Free Press, 1967).

8 Seymour Martin Lipset, *Political Man: The Social Bases of Politics* (Johns Hopkins University Press, 1981).

9 이들의 계급 갈등에 관한 논의는 Ralf Dahrendorf, *The Modern Social Conflict: An Essay on the Politics of Liberty* (University of California Press, 1988), 107쪽 참조.

10 Maurizio Viroli, *Machiavelli* (Oxford University Press, 1998), 126쪽.

11 Dankwart Rustow, "Transitions to Democracy: Toward a Dynamic Model", *Comparative Politics* Vol. 2, No. 3 (April 1970).

12 Albert O. Hirschman, "Social Conflicts as Pillars of Democratic Market Societies", in *A Propensity to Self-Subversion* (Harvard University Press, 1998).

13 Lipset, 앞의 책(1981), 88~89쪽.

14 Lewis Coser, *The Functions of Social Conflict* (The Free Press, 1956), 80쪽.

15 Hirschman, 앞의 책(1998), 244쪽.

16 E. E. Schattschneider, *The Semisovereign People: A Realist's View of Democracy in America* (The Dryden Press, 1960/1975); E. E. 샤츠슈나이더, 현재호·박수형 역, 『절반의 인민주권』(후마니타스, 2008).

17 E. E. Schattschneider, 앞의 책, 215쪽.

18 Seymour M. Lipset, *American Exceptionalism: A Double-Edged Sword* (W. W. Norton & Company, 1997); 세이무어 마틴 립셋, 강정인 외 역,『미국 예외주의: 미국에는 왜 사회주의 정당이 없는가』(후마니타스, 2006).

19 박상훈, 「한국은 '진보정당 있는 민주주의'로 갈 수 있을까」, 한국노동사회연구소 주최 토론회 발표문(2008년 4월 30일).

20 Norberto Bobbio, *Left and Right: The Significance of a Political Distinction* (University of Chicago Press, 1997).

21 Stuart Hampshire, *Justice is Conflict* (Princeton University Press, 2001), 66쪽.

2장

국가와 시민사회

왜 여전히 강력한 국가를 말하는가?

I

왜 다시 국가-시민사회인가?

이제는 한국 사회에서도 국가와 시민사회라는 말이 널리 쓰이고 있지만, 정치(학)적·사회(학)적 의미를 담은 개념들이 그러하듯 그것은 간단하게 이해할 수 있는 쉬운 말이 아니다. 이 개념 쌍은 학술적인 차원에서도 의미의 폭이 넓고 다양하게 사용되기 때문에 정의하기도 간단치 않다. 한국 사람들에게 국가는 역사적으로나 문화적으로도 친숙한 말인 데 반해, 시민사회는 민주화 이후에 사용되기 시작한 상당히 낯선 말이라 할 수 있다. 우리에게 국가는 태초에 국가가 있었다고 느낄 정도로 사회 현실뿐만 아니라 우리 의식 속으로도 깊숙이 들어와 있다. 한국 사람들은 국가 없는 사회공동체를 상상하기 어렵다. 한국의 역사와 전통은 국가주의라 부를 만한 가치와 이념이 강한 영향력을 발휘토록 하는 토대로 기능해 왔고, 이로 인해 국가는 누구에게나 매우 자연스러운 존재로 인식되곤 한다. 그러나 서구 사회와 비교해 보면, 한국민들의 이와 같은 국가에 대한 인식은 매우 독특한 것이다. 서구에서는 시민사회가 먼저 존재한 후에 사회의 사적·지방적 자원과 권위가 중앙 집중화되고 제도화되면서 국가가 건설되는 과정을 거침으로써 국가 이상으로 사회 혹은 시민사회에 대한 의식이 강하게 남아 있다. 이에 반해 한국은 국가가 모든 것에 선행해서 존재한 연후에 시민사회가 발전하는 역순의 과정을 거침으로써 자율적 시민사회에 대한 의식이 부재하거나 약한 특성을 갖고 있다. 즉 한국의 경우 시민사회라는 말과 그에 대한 인식은 국가에 비해 상대적으로 최근년에 나타났기 때문에 여전히 모호하고 생소하게 느껴지는 경우가 많다는 것이다.

국가와 시민사회는 현대 민주주의가 작동하는 방식을 이해하는 데 필수적인 개념이다. 우리가 보통 국가라고 부르는 통치의 기제, 즉 한 나라의 통치를 위해 마련된 중앙 집중화된 공적 권위의 구조는 제도화된 행정체계와 이를 관장하는 인적 관료들로 구성되어 있다. 그렇다면 한국의 경우 이와 같은 조직적 특성을 갖는 국가는 민주화를 통해 얼마나 변화했고, 얼마나 민주적으로 운영되고 있으며, 시민들의 권익과 복리를 증진하는 데 얼마나 기여하고 있는가? 다른 한편 국가에 대응하는 시민사회는 민주화 이후 민주주의의 사회적 기반으로서 얼마나 강건하게 발전했으며, 민주주의의 질을 향상시키는 데는 어떤 역할을 하고 있는가? 이러한 질문을 제기하는 까닭은 한국 민주주의의 전반적인 상황을 점검해 보고자 하는 뜻도 있지만, 민주화 이후에도 국가와 시민사회의 양자 수준에서 적지 않은 문제들이 드러나고 있기 때문이다. 따라서 이 장에서는 한국 민주주의의 현재 상황과 그 질적 발전의 수준 및 성격을 가늠하기 위해 국가-시민사회의 분석틀을 다시금 불러들여 보고자 한다.

2

시민사회의 의미

한국 사회에서 시민사회라는 말은 민중이나 시민의 경우와 같이 민주화의 산물로 나타났다. 시민사회라는 말은 민주화운동이 최고조에 달했던 1980년대 후반에 들어서야 본격적으로 사용되기 시작했고, 그후 시민 또는 시민운동 등의 말과 함께 당시의 중요한 사회현상을 표현하는 말로 정착되었다. 세계적인 차원에서 볼 때 1980년대는 경제적으로는 시장경제를 기반으로 하지만 정치적으로는 권위주의적인 통치체제에 머물러 있던 라틴아메리카의 국가들, 정치적으로 권위주의거나 전체주의일 뿐만 아니라 경제적으로도 사회주의적인 중앙계획체제를 가졌던 동구 사회주의 국가들에서 민주화가 널리 확산된 시기였다. 이들 지역에서 먼저 민주화와 함께 시민사회라는 말이 사용되었고, 한국에서도 민주화운동이 확산되던 시기에 이 개념이 수입되어 정치사회적 변화를 설명하는 중요한 학문적·실천적 언어로 자리 잡게 되었다. 이 시기의 두드러진 정치현상으로 권위주의로부터 민주주의로의 체제 이행을 설명코자 했던 학자들은 '시민사회의 부활'을 민주화 과정의 주요한 특징 가운데 하나로 이해했다.[1] 권위주의는 시민권을 억압하고 다양한 사회집단의 형성과 그들의 활동을 규제하면서 시민들의 자율적인 활동 공간을 국가가 통제하는 공적 영역으로 대체했다. 이러한 조건에서 기존 정치질서에 저항하는 대중 운동과 민중 봉기가 아래로부터 폭발적으로 일어나고, 국가로부터 자유로운 사회집단과 이슈들이 공적 영역의 중심 무대를 차지함으로써 시민사회가 다시금 활성화되는 현상은 민주화 이행을 거친 나라들의 공통적인 특징이다. 약해졌거나 거의 없어지다시피 한 시민사회를 민주화가 다시 부활시켰다는 말은 시민사회의 핵심 요소가 무엇인지를 보여준다. 한국에서 사용된 시민사회라는 말의 의미 또한 다른 지역의 경우와 동일하다. 한국 역시 이들 지역에서 민주화를 가져왔던 동인과 마찬가지로 운동에 의한 민주화의 한 교과서적 사례로 부를 만큼 유사한 특징을 가졌기에, 시민사회의 부활은 한국 민주화의 전형적인 특성을 표현하는 말로 이해할 수 있다.

시민사회는 사회라는 말 앞에 형용어가 붙은 특별한 내용과 형태의 사회를 일컫는 말이다. 사회는 가족으로부터 시작해 시장에서 이루어지는 경제활동과 이를 뒷받침하는 경제제도, 사회활동이 전개되는 각종 사적 영역과 이들이 어우러진 사회구조, 나아가 국가를 포함하는 공적 영역까지를 아우르는 한 공동체의 공간적 영역 전체를 표현하는 말이다. 물론 여기에는 사회와 관련된 문화, 종교, 이념 등의 사회적 가치체계도 포함될 수 있다. 이에 반해 시민사회는 문자 그대로 '시민적' 사회를 가리키는 말이다. 시민사회 역시 공간적인 성격을 띠기는 하지만, 시민적인 것을 규정하는 특정 가치체계나 규범이 그보다 더 중요한 의미를 갖는다. 그리고 이와 같은 규범적 의미로부터 시민사회가 수행하는 어떤 특정의 역할을 도출할 수 있는데, 이는 앞에서 언급했듯이 민주주의와 관련된 시민사회의 역할을 말하는 것이다. 다른 한편, 시민사회라는 말은 반드시 하나의 이분법 내지 대쌍 개념으로 상호 대조되는 개념과 함께 이해되는 특징을 갖고 있다. 예컨대 국가와 시민사회, 자연 상태와 시민사회, 공동체와 시민사회 등이 그러한 경우다. 이런 까닭에 시민사회는 독립적이며 자기 완결적인 의미로 사용되기 어려운 불완전한 개념이라는 한계를 안고 있다.[2] 그럼에도 불구하고 이 말이 통용되는 정치적·사회적 맥락에 따라 그 뜻을 한정하면서 일정한 설명력을 갖는 방식으로 사용할 수 있기 때문에, 이러한 한계를 과장할 필요는 없을 것이다.

한국에서 민주화운동을 통해 나타난 시민사회는 다른 무엇보다도 국가-시민사회의 관계를 규정하는 맥락에서 정의되고 이해되어 왔다. 이러한 방식의 정의는 서구에서 일반적으로 사용되는 의미와 1980년대 이래 새롭게 민주화된 여러 나라에서 사용되는 의미를 공유하는 것으로, 국가에 대해 자율성을 갖는 사회적 영역이라는 뜻을 담고 있다. 보다 구체적으로 말하자면, 시민사회는 공적 권력이 행사되는 국가 영역과도 구별되지만 가족이나 시장과 같이 생산과 재생산

활동이 이루어지는 사적 영역과도 구별되며, 위계적인 구도하에 놓고 본다면 국가와 사적 영역 사이에 존재하는 중간 층위의 영역이라 말할 수 있다. 따라서 시민사회라는 영역에서 활동하는 주요 구성 집단으로는 자율적 이익결사체, 운동, 정당 등이 포함된다. 또한 시민사회는 개인적이고 개별화된 이익과 관련된 사적인 문제나 이해관계들이 상호 결합하고 조직되어 공적 이슈를 만들어 낸다는 의미에서, 사적 이익과 공적 이익이 만나는 또는 사적인 문제가 공적인 문제로 전환되는 과정을 포괄하는 영역이기도 하다.

　시민사회를 이렇게 이해할 때, 앞서 소개했던 시민사회가 '부활'했다는 말 또한 어렵지 않게 수용할 수 있다. 시민사회의 부활은 시민사회가 없어졌다거나 매우 허약한 상태로 축소되었다가 다시 살아났다는 말인데, 이는 시민사회가 수축했다가 팽창하거나 약화되었다가 강화되는 변화의 속성을 갖는다는 뜻이다. 시민사회가 이와 같이 가변적일 수 있는 이유는, 민주화운동이 폭발적으로 일어났을 때는 그것이 활성화되고 팽창했다가 운동이 탈동원화되면서 다시금 평상의 정치로 돌아간 후에는 축소되는 양상을 보이기 때문이다. 이는 시민사회를 구성하는 자율적 결사체의 수나 운동의 규모가 늘어났다 줄어드는 변화를 고려한 해석으로 볼 수도 있다. 그러나 그보다 더 중요한 근거는 시민사회의 중요한 요건에 규범적인 요소가 포함된다는 데서 찾을 수 있다. 따라서 시민(사회)적 가치가 보다 크고 강력한 영향력을 발휘할 때는 시민사회가 커졌다 말할 수 있고, 그 영향력이 줄어들었을 때는 축소되었다고 말할 수 있는 것이다. 이 점에서 팽창하거나 축소될 수 있다는 사실은 시민사회의 중요한 특징 가운데 하나로 보인다. 왜냐하면 시민사회와 구분되는 다른 사회, 이를테면 공동체 전체를 포괄하는 사회를 두고 그 영향력이 커지거나 작아진다고 말하기는 어렵기 때문이다.

이제 흔히 통용되는 시민사회라는 말에 대한 이해에서 한 발 더 나아가 사회학과 정치학에서 정의하는 시민사회의 개념들을 살펴보는 일이 필요하겠다. 중세 라틴어 'societate civili'에서 그 기원을 찾을 수 있는 시민사회civil society라는 말은 자율적으로 조직된 결사체들의 체계를 뜻한다. 이것은 시민사회에 대한 여러 정의 가운데 특히 프랑스 정치이론가 알렉시스 토크빌Alexis de Tocqueville의 개념을 따른 것이다.[3] 앞에서도 언급했듯이 시민사회라는 말은 다른 무엇보다도 국가에 대해 적대적이거나 적어도 비판적인 정치적 상상력을 통해 만들어진 개념이다. 정치학자 필립 슈미터Philippe C. Schmitter에 따르면, 시민사회는 다음과 같은 네 가지 구성 요건으로 정의된다.[4] 첫째, 공적 권위 그리고 가족이나 기업과 같은 사적 생산 단위로부터 독립적인 자율적 조직체가 존재하는 영역, 둘째 자신들의 이익과 열정을 증진하기 위해 관련된 문제를 논의하고 집단적인 행동을 취한다는 조건, 셋째 국가기구를 대체해서 정치를 지배하거나 사적 생산자를 대체해서 시장 내지 사회를 지배하는 책임을 떠맡지 않는다는 조건, 넷째 시민적 성격, 즉 사전에 정해진 규칙 내에서 행위한다는 데 동의하고 상호간에 이를 존중하는 것이 그 요건이다. 즉 시민사회는 (공적 권위와 사적 단위에 대한) 이중적 자율성, 집합적 행동, 권력 획득을 꾀하지 않는 성격, 시민성으로 요약할 수 있다.

물론 실제로 서구 국가들 밖의 다른 나라에서 이 같은 시민사회의 개념이 어떻게 적용되고 사용될 수 있는가 하는 문제는 각 사회가 처한 조건에 따라 다를 수 있다. 원래 시민사회라는 말은 국가보다 훨씬 더 오래된 서구 유럽의 역사적·문화적·지적 전통의 산물이기도 하다. 국가와 더불어 시민사회라는 말 자체가 라틴어를 어원으로 한다는 사실도 이것이 중세 유럽으로부터 나온 개념임을 말해 준다. 르네상스 시기 이탈리아, 독일 등에서 형성된 바 있는 유럽 자유도시 국가의 길드 조직은 이러한 시민사회의 원형에 해당한다고 말할 수 있다.

비록 서구 국가들과 같이 시민사회가 발전할 수 있는 역사적·문화적 토양을 갖지 못했다 하더라도, 한국에서 시민사회라는 말이 본격적으로 사용되기 시작했던 1980~1990년대 민주화 시기의 조건은 한국 시민사회의 특징을 이해하는 데 중요한 의미를 갖는다. 먼저 한국의 시민사회는 '국가에 반하는 시민사회'로 특징지을 수 있다. 이때의 시민사회는 국가 대對 시민사회라는 대립적인 관계를 표정하면서 권위주의 국가에 반대하고 민주화를 가져온 사회적 보루이자 기반의 역할을 수행했다. 앞에서 시민사회는 국가에 대한 관계의 맥락에서 이해할 수 있다고 말했고, 양자간 힘의 관계라는 측면에서 이를 표현하면 강한 국가와 약한 시민사회라든가 그 반대로 약한 국가와 강한 시민사회라는 개념 쌍이 사용될 수 있다. 그렇다면 국가에 반하는 시민사회로 특징지을 수 있는 민주화 이행기 동안의 양자간 힘의 관계는 어떻게 말할 수 있을까? 필자를 포함한 몇몇 사회과학자는 당시 한국의 국가와 시민사회 관계를 '강한 국가 대 강한 시민사회'로 규정한 바 있다.[5] 뒤에서 다시 논의하겠지만 이와 같은 한국적 특성은 다른 나라들의 사례와 함께 비교의 맥락에 위치시켜 볼 수 있고, 또한 한국 사회 내에서도 시간상의 비교를 통해 양자간 관계의 변화 양상을 추적해 볼 수 있다. 이러한 시공간적 비교의 관점에서 민주화 이후 이들의 관계가 어떻게 변해 왔는가를 생각해 보는 것은 흥미로운 일이다. 왜냐하면 과거 군부 권위주의 국가는 민주화와 더불어 민주적으로 선출된 정부의 통제하에 놓이게 되었고, 시민사회 역시 여러 수준에서 민주화가 가져온 충격 효과로 인해 크게 변했으리라고 가정할 수 있기 때문이다.

수년 전까지 필자는 한국의 시민사회가 '국가에 반하는 시민사회'로부터 '시민사회 대 시민사회'로 특징지을 수 있는 양상으로 변화했다고 생각하면서 그것의 정치적 의미를 설명코자 했다.[6] 선출된 대표가 국가를 민주적으로 통제할 수 있게 된 까닭에 국가는 더 이상 시민사회와 대립적인 성격을 갖기 어려우며, 따라서 국가와 시민사회의 관계도 새로운 분석틀로 이해해야 한다고 판단했기 때문이다. 이러한 문제의식에서 나온 '시민사회 대 시민사회'라는 말은 민주화 이행기에는 시민사회가 일체적 성격을 갖는다고 볼 수 있지만 이제는 더 이상 그러한 성격을 띨 수 없으며, 민주화 이후의 시민사회는 어떤 대립적인 요소로 양분되어 있는 일종의 분열적 시민사회로 변화했다는 사실을 표현하려 한 것이다. 이것은 시민사회의 변화를 설명하기 위한 비유기 때문에 경험적인 구체성을 결여했을지는 몰라도 그렇게 설명하는 것은 여전히 가능하다고 생각한다. 처음 시민사회가 민주화운동 담론의 한 요소로 사용되었을 때, 시민사회의 주체 내지 행위자들은 이를 민주적·민중적 의미가 압도하는 운동의 장場으로 이해했다. 그것은 거의 일면적이고 전일적인 것이었다. 그러나 그들은 운동이 탈동원화되면서 시민사회가 단지 운동만을 의미하는 것이 아니라 다른 가치와 이념을 갖는 사회집단도 존재하며, 방대한 기구와 수많은 자율적 결사체들이 엄청난 영향력을 통해 시민사회의 일정 공간을 점유하면서 공적 담론을 주도하고 있음을 목도했다. 보수적인 사회세력의 행위와 담론, 그리고 그것이 공론장에서 발휘하는 영향력은 운동이 탈동원화된 상황에서 오히려 시민사회를 압도하는 것처럼 보였다. 운동이 주도했던 시민사회의 영역과 보수적 기득세력이 점유하는 시민사회의 영역이 뚜렷한 차이와 특징을 가지고 양분되어 병립하는 형국이 오늘날 한국 시민사회의 특징으로 나타났던 것이다.

지난 10년에 걸쳐 이른바 개혁 정부들이 통치하는 동안 한국 사회는 많은 변화를 겪었다. 이 시기에 한국 민주주의는 공고화 단계로 접어들었고, 권위주의가 해체되면서 특정 유형의 민주주의가 자리를 잡았다. 이 과정에서 어떤 형태의 국가와 시민사회가 만들어졌는가 하는 문제는 이후 한국 민주주의의 발전에 커다란 중요성을 갖는다. 그러나 이 시기의 변화가 매우 큰 의미를 가짐에도 불구하고, 지금까지 제시된 개념이나 문제 인식만으로는 그 특징을 요약하기 어려운 것이 현실이다. '시민사회 대 시민사회'라는 설명틀은 이러한 변화가 갖는 의미를 설명하기에는 조야하다는 느낌을 지우기가 어렵다. 무엇보다도 한국에서 시민사회라는 말이 민주화운동 시기 '시민사회의 부활'이라는 말과 더불어 수용되었을 때, 그리고 그 의미가 과거 권위주의 체제하에서 시민권을 억압당하고 다양한 사회집단들의 자율적 정체성이 부정되면서 국가가 통제하는 공적 영역만이 존재했던 상태로부터 다시금 시민사회가 복원되었음을 뜻한다고 했을 때, 그 앞의 시민사회는 어떤 양태를 띠었는지에 대해 깊이 성찰하지 못했기 때문이다. 당시에는 민주화란 시민사회로부터 기원한다고 가정했던 까닭에 그러한 문제를 고려하기 어려웠다. 같은 맥락에서 한국의 시민사회는 어떤 성격과 구조를 가지며, 국가와의 관계는 어떠한가, 그리고 그것은 어떻게 변화했는가 하는 문제 역시 깊이 생각해 보지 못했다. 이러한 문제의식에서 필자는 지금도 여전히 '강한 국가 대 강한 시민사회' 혹은 '시민사회 대 시민사회'인가를 자문해 본다. 오늘의 시점에서 한국의 시민사회는, 국가는, 그리고 양자간의 관계는 어떻게 변화했는가? 그에 관한 특징들은 어떻게 서술할 수 있을까? 우리는 지금 10년 전과는 매우 다른 상황에서 새로운 퍼스펙티브를 통해 이 문제를 검토해야 할 필요와 대면하고 있다.

3

민주화 이후의 시민사회 : 구조와 역할의 변화

강한 국가와 강한 시민사회가 대쌍을 이루는 국가-시민사회의 이미지는 양자가 제로섬적 관계에 있지 않다는 전제를 바탕으로 하며, 이는 하나의 이상적인 관계를 표상하는 것으로 이해할 수 있다. 물론 이와는 반대로 국가의 영역과 그 나머지 영역인 시민사회는 상호 경쟁 또는 대립하기 때문에, 한 영역이 확대되면 다른 영역이 축소되는 제로섬적 관계가 나타난다고 가정해 볼 수도 있다. 그러나 두 영역 모두가 강하다는 사실은 양자간 관계의 동학이 만들어 내는 정치의 활력을 나타내는 동시에 민주주의의 기반인 시민사회도 강하고 공적 기능을 수행하는 국가도 강하다는 의미에서 공동체의 건강함을 보여주는 것이다.

여기서 한국과 대조되는 다른 나라들의 국가-시민사회 모델을 살퍼볼 필요가 있겠다. 먼저, 국가의 제도화와 강력함이라는 측면에서 한국과 정반대에 있는 나라는 아마도 이탈리아일 것이다. 그러나 이탈리아의 국가는 약한 반면 시민사회는 강하다고 말할 수 있다. 이탈리아 정치를 상징하는 '정당통치체제'partitocrazia라는 말은, 공적 권위체로서의 국가가 잘 발달된 중앙관료체제를 갖추지 못한 조건에서 정당들이 비록 광범위한 후원-수혜 관계에 기반할지라도 사회에 뿌리내린 강력한 정당체제를 발전시켜 왔다는 뜻을 담고 있다.[7] 독일의 사례도 한국과는 정반대에 있는 하나의 모델로, 약한 국가와 강한 시민사회로 특징지을 수 있다. 독일에서는 매우 잘 발달된 자율적 결사체, 직능집단, 노동조합 등이 조밀하게 조직되어 공적 권위를 공유하는 방식으로 국가권력이 운용되기 때문에, 독일의 국가는 학자들이 말하듯 '절반의 주권 국가'semi-sovereign state로서 기능할 뿐이다.[8] 미국이나 일본 역시 위의 나라들과는 또 다른 성격의 국가-시민사회 관계를 발전시켜 왔기에 한국과 뚜렷한 차이를 갖는 모델이라 할 수 있다.

이들 나라와의 비교와 민주화 이후 20여 년에 걸친 시간적 변화의 관점에서, 한국의 시민사회를 강한 시민사회로 특징지을 수 있을까? 앞서 한국의 시민사회가 강하다고 말했을 때, 그것은 어디까지나 민주화운동이 고조되었던 시기를 염두에 둔 평가다. 그러나 운동이 탈동원화된 이후에도 한국의 시민사회가 그러한 특성을 유지해 왔다고 말하기는 어렵다. 이 문제를 다루기 위해 시민사회를 구성하는 중심 수준 내지 구성 요소로서 ① 운동, ② 사적 이익결사체, ③ 사회 거대 기구, ④ 정당에 대해 살펴보도록 하겠다.

(1) 운동 : 탈동원과 분화

민주화 이후 운동은 어떤 궤적을 그렸는가? 민주주의 공고화와 운동의 탈동원화는 사실상 정확하게 일치했다. 1980년대 반독재 최대 연합을 구성했던 민주화운동은 탈동원화 과정에서 몇 가지 방향으로 분화되었다. 과거 민주화운동의 중심축 가운데 하나였던 노동운동은 전체 운동의 분화와 함께 독자적인 노동운동으로 발전해 갔다. 그리고 이러한 분화의 마지막 자락에서 독자적인 시민운동 집단이 형성되었고, 그것은 현재 경실련이나 참여연대 같은 시민단체들로 대표되고 있다. 민주주의 공고화 과정에서 나타난 민주화운동의 중요한 특징은 정치적인 문제나 사회경제적인 문제에 있어 중산층적 관심사에 초점을 둔 지식인·전문가 중심의 시민운동과 노동자·농민 같은 생산자 집단 중심의 민중운동이 분화되었다는 사실이다. 물론 이 과정에서 환경, 민족-평화, 여성 등의 이슈를 중심으로 한 많은 새로운 운동들이 나타나기도 했다.

그러나 민주화 이후 최초로 선거를 통한 정권 교체가 이루어진 이래, 특히 지난 노무현 정부 집권 기간 동안 시민운동과 민중운동은 공히 대중적 기반을 상실하면서 그 영향력이 현저하게 축소되었다. 이것은 민주화 이후 정치 공간이 완전히 개방되면서 운동이 과거와 같은 중심적인 역할을 수행할 수 없게 된 상황 변화의 산물이며, 운동권 인사들이 노무현 정부에 광범하게 참여함으로써 적어도 정치적으로는 집권세력화했다는 사실 때문이기도 하다. 노무현 정부 시기의 중요한 특징 가운데 하나는 민주화운동의 중심 세력이 주도하는 운동은 상당 정도로 탈동원화된 반면, 보수적인 사회운동은 뚜렷하게 활성화 되었다는 사실이다. 이 과정에서 거대 교회집단은 민주화운동 시기에 진보적 교회가 보여주었던 영향력을 밀어내면서 보수적 운동의 중심 역할을 수행했다. 이로써 운동의 가시성 내지 두드러짐이라는 측면에 서 진보적 성격의 운동과 보수적 성격의 운동은 거의 좌우 균형을 이 룰 정도로 비슷한 영향력을 행사하게 되었다. 다른 한편, 현재와 같이 보수적인 정당과 대통령이 집권한 시기에는 시민운동과 민중운동 모 두 그들의 정치적 영향력을 확대할 가능성을 고려해 볼 수 있다. 앞에 서 언급했던 시민사회 대 시민사회라는 특징화는 이러한 측면을 묘사 하고 있다는 점에서는 의미를 가질 수도 있다. 그러나 그보다 더 강조 되어야 할 중요한 사실은 민주화 이후 운동의 존속은 의심의 여지없 이 정당제도의 미성숙 내지 실패에 따른 결과라는 점이다.

(2) 사적 이익결사체: 국가 코포라티즘과 그 이후

과거 권위주의하에서 제도화되었던 한국의 국가와 사적 이익집단 내지 이익결사체 간의 관계는 '국가 코포라티즘'state corporatism이라는 개념으로 특징지을 수 있다.[9] 그리고 민주화 이후 국가와의 관계라는 맥락에서 사적 이익결사체의 특성은 '국가 코포라티즘과 그 이후'라 는 말로 집약할 수 있을 것이다. 자본주의 생산체제와 시장은 경제 성 장과 함께 산업의 부문·직능·직업 이익 범주들을 크게 확대함으로써 그와 같은 범주들에 기반한 다양한 이익결사체의 형성을 촉진시킨다. 그러나 권위주의하에서 정부가 경제 영역에서 형성되는 조직 이익들의 자율적 활동을 허용한다면, 그것은 권위주의체제 자체를 불안정하게 만드는 심각한 위협이 될 수 있다. 따라서 권위주의 정부는 위로부터 국가권력과 자원을 동원해 사회에서 광범하게 조직되는 이익결사체들의 자율성을 제한하고 통제해야 할 정치적 필요에 직면하게 된다. 이를 위한 통제 메커니즘이 바로 국가 코포라티즘인데, 그것은 이들 결사체가 권위주의 정부를 지지하면서 이에 협력하는 대가로 국가는 그들이 대표하고 있는 기능적 범주 내에서 그들의 독점적인 대표성을 인정해 주면서 그들을 보호하고 지원하는 반대 급부를 제공하는 서로 주고받는 방식의 관계를 일컫는 말이다.

여기서 코포라티즘이라는 말의 생소함 때문에 이에 대한 설명을 덧붙일 필요가 있겠다. 국가 코포라티즘은 사회적 또는 자유주의적 코포라티즘liberal/societal corporatism과 더불어 코포라티즘의 두 하위 유형 가운데 하나를 지칭하는 개념이다.[10] 경제 발전으로 사회의 기능적 이익들이 여러 범주로 다양하게 분화되면, 각 범주에서 그들 구성원의 이익을 조직화한 자율적 결사체들 또한 발전한다. 이러한 자율적 결사체들의 이익 매개체제는 크게 다원주의pluralism와 코포라티즘의 두 유형으로 나뉘는데, 전자는 이들 결사체들이 국가 개입과 같은 외부의 제약 없이 자유롭게 복수로 조직되어 그들 자신의 이익을 증진하기 위해 상호 경쟁하는 경우다. 반면 코포라티즘은 이들 이익결사체가 각각의 기능적 범주에서 상호 결집해 그 규모와 영향력을 키우면서 특정의 기능적 범주에서 조직적 대표성을 독점할 때 나타나는 경우다. 특히 경제 영역에서 노동과 기업으로 대표되는 생산자 집단과 이들 간 상호 작용, 그리고 이들 간의 대립·경쟁·협상에 대해 제3자 내지 또 다른 이익 당사자로서 국가가 개입해 상호 갈등하는 이익을 조정하고 중재하는 메커니즘 역시 코포라티즘이라 말할 수 있다.

앞서 언급했듯이 이와 같은 코포라티즘의 이익 매개 혹은 이익 대표체제는 이익결사체의 국가에 대한 자율성을 기준으로 다시 두 가지 하위 유형으로 나뉘는데, 국가가 위로부터 갈등·경쟁 하는 생산자 집단들 간의 관계를 통제하는 경우가 국가 코포라티즘이다. 그리고 이들 집단의 내적 자율성을 어느 정도 인정하면서도 그들 간의 관계가 경제 전반에 미치는 영향력이 크기 때문에 국가가 개입해서 이를 조정·중재 하는 3자간 관계, 이를테면 기업가 조직, 노동조합, 정부 간의 정책 조율체제가 사회적 혹은 자유주의적 코포라티즘이다. 제2차 세계대전 이후 서유럽 국가들이 보여준 수준 높은 사회복지 실적은 이러한 자유주의적 코포라티즘의 제도적인 기반이 없었다면 불가능했을 것이다. 보다 쉬운 이해를 위해 자율적 이익결사체의 역할과 행동 양식을 시장경제에 대비해서 설명하자면, 다원주의는 자유경쟁 시장에 비유할 수 있고 코포라티즘은 독과점 시장에 비유할 수 있다.*

---

* 코포라티즘이라는 표현을 원어 그대로 사용한 까닭은 이를 대체할 만한 적당한 한국어가 없기 때문이다. 이 단어로 구성된 corporate body, corporation, corporate business 등의 말에서 볼 수 있듯이, 영어의 corporate란 갈등적 이익을 하나의 유기체적 구조 속으로 결합하거나 통괄한다는 의미를 담고 있다.

민주화는 권위주의 국가를 해체했을 뿐만 아니라 그것이 수행했던 시민사회에 대한 통제 메커니즘 또한 해체했다. 그러나 국가 코포라티즘적 통제가 해체되었다고 해서 그것이 바로 다원주의적 이익 대표 체제, 즉 자유롭게 경쟁하는 이익집단들의 체제로 변화했다고 말하기는 어렵다. 왜냐하면 기존의 기능적 범주에서 독점적인 대표성을 갖는 이익집단이 조직되어 있었으므로 그 틀을 깨면서 자유경쟁적 구조를 형성한다는 것은 개별 집단들에게는 너무 많은 비용을 감당해야 하는 일이기 때문이다. 이는 노동운동이나 교원 단체의 사례에서 쉽게 확인할 수 있다. 민주화 이후 민주노총과 전교조가 기존의 한국노총과 교총으로부터 분립해 독자적인 대표성을 확보하기까지는 상당한 노력과 희생을 치러야 했다. 그나마 이들 단체가 속한 기능적 범주 자체가 전체 경제나 사회에 큰 영향을 미치는 범주에 속하며 그들이 제기하는 이슈들 또한 중요성과 가시성이 두드러지기 때문에, 권위주의 시대의 제도적 틀을 깨는 데 일정한 도움을 얻을 수 있었다. 그럼에도 불구하고 이들 새롭게 등장한 이익결사체를 포괄하는 이익 대표체제는 그 사회적·정책적 영향력 면에서 여전히 약세를 면치 못하고 있다. 다른 한편, 대부분의 이익 범주에서 이익결사체들의 활동은 권위주의로부터 물려받은 독점적 대표성을 유지하고 있지만, 정부의 정책 결정 과정이나 권력 작용에서 그들이 행사하는 압력과 로비는 거의 드러나지 않고 있다. 공권력과 관료기구들이 소유하고 배분하는 '지대'rent(地代)나 정책결정 의제에 포함되는 대부분의 사안들은 쉽게 확인하기 어려우며, 이렇게 보이지 않는 영역에서 강력한 거대 이익집단이 활동하는 경우가 대부분이다. 재경부-금감원과 재벌 금융 산업, 건교부-토지·주택·도로 개발공사와 건설산업 간의 관계는 많은 사람들의 경제생활에 직접적인 영향을 미침에도 불구하고, 독점적으로 조직화된 특수 이익들에 의해 지배되고 있다. 이들의 활동과 관료와의 관계는 여전히 민주 정치와 정책결정 과정이 충분히 포괄하지 못하는 영역으로 남아 있는 것이다.

다른 나라와 달리 한국에서는 재벌로 통칭되는 기업의 산업 집중도가 크기 때문에, 각각의 산업 부문은 거기에 속한 기업들의 이익을 포괄하는 기업 단체나 기업 정상 조직이 아니라 단일 거대 재벌에 의해 대표되는 경우가 많다. 반면, 기업 단체와 갈등 관계에 있는 노동운동은 지난 정부들의 신자유주의적 노동정책을 통해 억압되거나 통제되고 있다. 민주화 이후, 특히 1997년의 IMF 외환 위기 이후 진행되어온 이와 같은 현상은 단순한 통계지표를 통해서도 쉽게 확인할 수 있다. 1990년대 중반까지 5대 재벌 중 하나에 불과했던 삼성은 2005년 기준으로 5대 재벌 자산의 50.8퍼센트, 매출액의 39.5퍼센트, 자본 총액의 45.9퍼센트, 당기순이익의 46.2퍼센트를 차지하면서 재벌 중의 재벌로 부상했다. 이에 반해 1980년대 후반 20퍼센트까지 육박했던 한국의 노조 조직률은 꾸준히 하락해 2007년 기준으로 10퍼센트 수준을 간신히 유지하고 있다. 그 외 다수의 기능 이익 범주에 있는 직능집단들은 권위주의적인 통제에서 벗어난 이후 중앙정부의 관료적 고리를 형성하거나, 지방정부와 연줄 관계를 만들거나, 집권정당 아니면 구권위주의 시기의 관계망을 이어받은 보수적 정당과의 후원-수

혜 관계를 발전시켜 왔다고 하겠다. 특히 정부 여당의 하부 기반으로 기능했던 직능집단의 영향력이 크게 약화되고, 정부 여당으로부터 소외된 직능집단들이 권위주의하에서 발전된 관계의 연장 선상에서 보수정당과의 연계를 유지하는 양상을 보이는 것은 노무현 정부하에서 실행되었던 지구당 폐지와 같은 정당 개혁 조치에 따른 결과로 이해할 수 있다. 오늘의 시점에서 국가와 자율적 이익결사체 간 관계의 특징은 '국가 코포라티즘 이후의 그것'이 경쟁적이고 자율적인 다원주의로 전개되었다고 말하기가 어렵다는 사실이다. 그리고 그것은 분명히 '자유주의적 혹은 사회적 코포라티즘'으로 나타난 것도 아니다.

(3) 사회 거대 기구의 부상

한국이 경험한 권위주의적 산업화의 중요한 특징은 국가가 고도성장을 주도하면서 그 하위 파트너로 경제 영역에서 국가의 정책 목표를 실현하는 거대 기업들을 육성했다는 사실이다. 이제 재벌이라는 말은 소유주 중심의 기업 지배구조를 가진 거대 기업집단을 일컫는 말로 세계적으로도 널리 알려져 있다. 이와 같은 기업 지배구조의 봉건적인 성격은 경제 영역만이 아니라 대학과 신문을 포함하는 교육·언론·문화 영역에서도 확인할 수 있으며, 경제 영역의 재벌보다 더 심각한 문제를 안고 있다. 재벌은 국내 시장은 물론 세계 시장의 경쟁에 노출될 수밖에 없기 때문에, 언제나 폐쇄적이고 독단적인 방식으로 운영된다고 말하기는 어렵다. 그러나 경제 영역 밖의 다른 영역에 있는 거대 기구들은 그러한 경쟁의 압력에 상대적으로 덜 노출되면서도 독점적인 지위를 유지할 수 있다. 이는 한국 사회의 또 다른 중요한 특징이다.

민주화 이후 사적 영역의 거대 기구들이 폐쇄적이고 권위주의적인 지배구조에서 벗어나 보다 개방적이고 민주적인 방향으로 변화했다고 말하기도 어렵고, 다원화의 압력이나 경쟁의 효과로 그들의 영향력이 줄어들었다고 볼 수도 없다. 한국 사회는 여전히 거대한 '사적 이익 정부'private interest government의 압도적인 영향력하에 놓여 있다. 원래 사적 이익 정부라는 말은 정치학자 슈미터와 슈트릭Wolfgang Streeck이 독일의 사용자 단체나 경제 관련 단체와 같은 거대 이익집단들을 두고 개념화한 것이다.[11] 이는 경제적 이익집단들이 해당 부문에서 포괄적인 정상 조직을 만들었을 때, 그것은 기본적으로 사적 이익을 추구하지만 그와 동시에 공적 기능을 수행할 수 있다는 의미에서 이를 긍정적으로 표현한 말이다. 한 부문이나 한 지역에서 이들 경제 단체들은 직업교육 학교를 운영하거나 노동자 복지 및 사회보장 기능을 수행함으로써 공적 기구인 연방정부나 지방정부가 해야 할 일을 대신하기 때문에 이러한 개념화가 가능하다. 그러나 한국에서 사익집단들이 이러한 역할을 수행하는 사례를 발견하기는 어렵다. 한국의 사적 이익 정부는 문자 그대로 공적 기능은 거의 수행하지 않은 채 사적 이익만을 추구하는 거대 기구로 이해할 수 있다. 게다가 이러한 거대 기구들은 자기 영역에 있는 다른 집단들과 결합하지 않고도, 그 규모와 영향력의 크기를 통해 단독으로 독점적인 지위를 가지고 자기 이익을 추구한다는 특징을 갖고 있다.

(4) 정당 제도화의 실패

정당은 민주주의의 핵심 기제이기 때문에 현대 민주주의를 정당 민주주의라 부를 만큼 중요한 정치적 기능을 수행한다. 한때 필자는 정당체제로 대표되는 제도화된 정치 영역을 국가와 시민사회 사이에 존재하는 정치사회로 정의한 적이 있다. 그러나 정당은 시민사회의 자율적 결사체 가운데 하나로 보는 것이 보다 타당하다고 생각한다. 왜냐하면 사회를 지나치게 여러 수준으로 구분하는 방법은 현상에 대한 설명을 돕기보다는 오히려 혼란을 초래할 가능성이 높기 때문이다. 지난 10년 동안의 민주 정부하에서 시민사회가 약화되었다고 볼 수 있는 근거의 중심에는 정당의 쇠락 내지 퇴화가 자리 잡고 있다.

정당은 왜 퇴락의 길을 밟아 왔는가? 여러 관점에서 설명할 수 있겠지만, 주체 내지 행위자의 관점에서 민주화를 주도하고 이를 통해 사회 변화를 희망했던 개혁적 민주세력들이 그들의 가치와 이상, 열정과 에너지를 정치적으로 조직해 정당을 형성하는 데 실패했다는 데서 그 답을 찾을 수 있다. 경제학자이자 사회철학자인 앨버트 허쉬만은 귀족 사회에서 지배적인 가치였던 공익에 헌신하는 덕성, 군사적인 영광, 영웅주의를 숭배하는 열정에 대해 자본주의 상업 사회에서 이익을 실현하기 위한 가치이자 행동 원리인 냉철한 계산에 요구되는 '차가운 열정'cold passion을 대치시킨 바 있다.[12] 민주화 이행과 그 이후의 정치 과정 또한 이에 비유할 수 있을지 모른다. 한국 사회의 경우, 민주화 과정에서 운동으로 분출했던 뜨거운 열정을 민주화 이후의 정치적인 조건에서 요구되는 정당 조직화를 위한 차가운 열정으로 전환시키지 못했기 때문이다.

1987년의 민주화 이행은 민주화운동과 제도권 야당을 아우르는 반독재 최대 연합이 우위를 확보한 결과였고, 이후 민주주의의 제도화는 구권위주의 질서를 대표하는 세력과 민주화세력 간의 힘의 균형을 반영하는 방향으로 전개되었다. 그러나 당시의 정치세력간 경쟁은 정당(체제)의 제도화를 통해 온전한 정당간 경쟁의 구도로 발전하지 못했다. 이후 정당체제는 민주화운동 세력이 정치세력화에 실패하고 기존 정당들에 흡수, 통합되면서 보수 양당체제의 경로로 나아갔다. 이러한 정당체제가 퇴행적일 뿐만 아니라 지속적인 불안정성을 보이는 까닭은 그러한 경쟁 구도로는 민주화라는 거대한 정치적 변화를 담아낼 수 없었기 때문이다. 민주화 개혁 세력임을 표방했던 지난 두 차례의 정부를 거치면서 그 퇴행은 오히려 가속화되었고, 그것은 2007년의 대통령 선거와 2008년의 국회의원 선거를 거치면서 한 정치학자가 오늘날 정당정치에 대해 말하듯 '파국적인' 결과를 맞이했다.[13]

(5) 시민사회와 민주주의의 관계

애초 시민사회라는 말이 널리 사용되었던 시기는 민주화운동의 고조기였으며, 그것은 어떤 민주적·진보적 가치를 창출하는 원천으로서 또는 이를 견지하는 운동의 장場으로서 매우 좁게 이해되었다. 민주화 이후에도 이러한 인식에는 큰 변화가 없었고, 시민사회는 진보적 이념을 구현하기 위해 조직된 사회운동이나 시민운동과 동일시되는 경향을 유지해 왔다. 이런 이유 때문에 민주주의의 공고화와 더불어 운동이 퇴조하고, 그에 대한 사회적 지지와 신뢰가 약화되자 시민사회라는 말의 사용 빈도도 낮아지고 그 영향력 또한 약해졌다. 그러나 시민사회는 운동과 동일시되는 경우와 같이 일정한 시기, 일정한 조건에 맞추어 좁게 정의할 수 있는 개념이 아니다. 오히려 운동이 퇴조한 오늘의 시점에서 우리는 시민사회가 의미하는 전반적인 내용, 그것의 외연과 내포를 포괄하는 전체적인 상像을 파악할 수 있는 조건을 맞이했다.

시민사회는 반드시 정치체제로서의 민주주의와 인과적으로 연결되지 않는다. 서구의 역사를 살펴보면, 시민사회는 다른 체제와도 얼마든지 양립할 수 있다는 사실을 알 수 있다. 처음 시민사회라는 말이 나타났던 시기, 그리고 시민사회 이론을 발전시켰던 대표적인 철학자들과 사회이론가들, 이를테면 홉스, 로크John Locke, 몽테스키외, 퍼거슨Adam Ferguson, 밀James Mill, 밀러John Miller 같은 스코트랜드 계몽철학자들이 활동했던 시기는 모두 절대군주제거나 그 변형으로서의 왕정이었다. 현대에 들어서도 민주화 이전부터 발전된 시장경제를 갖춘 권위주의 국가들에서 시민사회가 이미 형성되고 있었으며, 현재의 중국 같은 나라도 민주주의체제는 아니지만 분명 시민사회가 존재한다고 말할 수 있다.

이처럼 시민사회와 민주주의체제가 직접적인 인과성을 갖지 않는다 하더라도, 시민사회가 민주주의를 강화하고 발전시키는 데 중요한 역할을 수행한다는 사실을 부정할 수는 없다. 게다가 시민사회는 한 사회가 어떤 민주주의를 제도화하느냐에 있어 중요한 사회적 기반으로 기능한다. 시민사회의 구조나 시민사회의 교육적·문화적·이데올로기적 성격과 내용이 진보적이라거나 보수적인 방향으로 변화했다는 말의 의미는 이러한 맥락에서 이해할 수 있다. 이러한 변화가 공론장에서 논의되는 토론과 담론의 내용, 이념적 지향, 언론의 성격, 여론의 변화에 커다란 영향을 미칠 것임은 물론이다. 즉 민주주의 정치는 시민사회에 접맥될embedded 수밖에 없기 때문에, 그것은 당연히 민주주의의 질과 내용에 영향을 미치게 된다. 또한 그 반대 방향에서 정치체제로서의 민주주의가 어떤 내용을 가지고 어떻게 작동하느냐에 따라 시민사회의 내용 역시 크게 달라질 수밖에 없다.

지금까지의 논의를 토대로 그동안 한국 사회에서 민주주의와 관련해 시민사회를 이해하는 몇 가지 경쟁적인 인식틀 내지 방법을 정리해 볼 수 있다. 첫째는 시민사회에 대한 운동론적 이해로, 그것은 정치적 매개 혹은 대표체제에 중요성을 부여하지 않는 관점이다. 여기에서 민중의 의지는 직접 민주주의라 부를 만한 제도적 기제를 통해 그대로 국가권력에 투영되거나 대표되며, 국가권력과 민중 간의 직접성이 그 특징으로 부각된다. 두 번째는 시장 자율성의 원리를 바탕으로 사적 결사체의 역할을 강조하는 관점이다. 이들의 논리를 따르자면, 시민사회의 사적 결사체들은 공적 기구의 관여를 필요로 하지 않는 자율적 집단으로, 그들 간 경쟁과 타협, 협의를 통해 스스로 자기 존재를 유지, 발전시킬 수 있다. 이것은 시민사회를 사실상 시장경제 영역과 동일시하는 방법이다. 세 번째는 민주주의의 핵심 기제인 정당의 역할에 우위를 두는 관점이다. 시민사회는 다양한 이해관계와 이념, 열정을 통해 형성된 자율적 결사체들의 집합이다. 그러나 이렇게 형성된 결사체들이 전체 시민의 이익과 의사를 포괄해서 대표한다고 말하기는 어렵다. 실제로 이들 결사체에 가입하거나 그 속에서 적극적으로 활동하는 사람들은 전체 사회 구성원들 중 소수에 불과하다. 시민사회에서 정당이 중요한 의미를 갖는 까닭은 오직 정당만이 다수 지지의 추구라는 존재 조건으로 인해 시민사회의 더 많은 이익과 갈등을 대표하고 조율할 수 있기 때문이다. 이 점에서 민주주의를 강화하는 데 보다 더 바람직한 방법은 세 번째 관점에서 찾을 수 있을 것이다.

4

왜 다시 강력한 국가인가?

(1) 강력한 국가의 기원

민주화 이후에도 한국의 국가는 강하다고 말할 수 있을까? 이 문제에 답하기 위해서는 먼저 민주화 이전에 존재했던 국가의 발전 과정과 그 성격을 살펴볼 필요가 있다. 권위주의 시기 한국의 국가는 강력하고 자율적인 성격을 특징으로 하며, 이는 1960~1970년대의 '박정희식 발전 모델'과 직접적인 관련을 갖는다. 박정희 정부 시기의 권위주의 국가는 모든 정치적·사회적 자원을 동원해 위로부터의 산업화를 주도했다. 이 당시 국가는 관료기구를 통해 성장 목표를 설정하고 그 목표를 가장 빠르고 효율적으로 성취할 수 있는 수단으로 민간 부문에서 대기업을 창출·지원 했고, 그 때문에 재벌이라는 명칭도 생겨

났다. 동시에 급속한 산업화에 필요한 대규모 노동력이 동원됨으로써 한국 사회에서도 생산자 집단으로서의 노동자 계급이 창출되었으나, 이들의 권익을 증진코자 했던 노동운동은 권위주의 국가에 의해 억압되었다. 이 점에서 한국의 권위주의적 발전 모델은 성장의 견인차로서의 국가-재벌 연합의 형성과 산업 노동력의 대규모 동원 및 이들에 대한 정치적 억압이라는 요소를 핵심으로 했다.

지금은 중국이 놀랄 만한 고속 성장을 보여주고 있지만, 1970～1980년대 한국이 구가했던 고속 성장은 1930년대 스탈린 치하에서 소련이 보여주었던 성장 속도에 비교할 만큼 예외적인 것이었다. 이렇게 세계 자본주의 발전 과정에서도 가장 빠른 성장률을 보였던 한국의 경제 발전은 하나의 경제 성장 모델로 세계에 널리 알려졌고, 그 덕분에 한국은 '한강의 기적', '주식회사 한국', 뒤에는 '아시아의 네 마리 용' 등의 명칭을 얻게 되었다. 학계에서도 이렇게 괄목한 만한 성장의 원인이 무엇인지 관심을 갖기 시작했다. 특히 1980년대에는 앞선 시기 세계 정치학계에서 상당한 이론적 발전을 성취했던 '국가론'을 한국 사례에 적용해 경제 성장을 추동한 국가의 성격을 규명하는 많은 연구 성과들이 발표되어 한국 국가론의 전성기를 이루었다. 당시 학자들 사이에서는 한국의 국가에 대해 '발전국가', '중상주의 국가', '관료적 권위주의', 그리고 필자가 말했던 '과대 성장 국가' 등의 여러 개념과 이론들이 제시되었다.[14] 여기서 이들 논의를 상세히 설명할 수는 없기 때문에, 과대성장국가론을 중심으로 한국 국가의 형성 과정과 그 성격을 간략히 소개하도록 하겠다.

한국의 자본주의 산업화는 민간 기업이 주도하는 시장 자율성에 의한 것이 아니라 국가가 기업과 시장을 창출하는, 허쉬만의 개념을 빌려 말하자면 대표적인 '후-후발 산업화 국가'late-late industrializers의 사례였다. 이 점에서 전후 프랑스 5공화국 드골 대통령의 경제 운용 모델이었던 '지시경제'dirigiste economy는 한국에 와서 전성기를 만났다고 말할 수 있다. 이것은 시장경제도 아니지만 사회주의 계획경제도 아닌 그 중간 형태로 국가의 경제발전계획과 시장경제가 결합한 경제를 지칭한다. 이렇게 국가가 주도하는 급속한 경제 발전으로 인해 한국의 국가는 강력하다는 인상을 세계에 각인시켰으며, 이는 사실과 동떨어진 것이 아니다. 그러나 한국의 강한 국가는 이미 해방 이후 분단국가가 만들어지는 과정에서 형성되었다는 점을 강조할 필요가 있다. 해방 직후 수년 동안 진행되었던 분단국가 건설 과정은 냉전의 확산, 극한적인 이데올로기 대립, 분단과 전쟁, 그리고 분단의 고착화라는 격렬한 정치적 격변을 동반한 것이었다. 초기 분단국가의 제도화를 위해서는 이 시기의 정치적 격변 속에서 아래로부터 동원되었던 대규모의 민중 봉기에 대한 탈동원화가 요구되었다. 일제 식민 시대로부터 물려받은 국가의 권위주의적인 강권 기구들은 미군정의 비호하에 탈동원화의 집행자로 복무했고, 전쟁과 남북한 간 적대 관계는 강력한 군대의 제도화를 가져왔다. 이러한 근거에서 필자는 한국의 국가가 '과대 성장'되었다고 말했던 것이다. 그러나 국가의 과대성장은 학문적으로 정확한 개념이 아니라는 비판도 있었다. 국가는 한 사회가 만들어 낸 정치적 권위의 제도적인 표현이며 그 사회의 재정적·경제적 자원에 의해 지탱된다고 할 때, 어떻게 그 사회의 기반보다 더 성장할 수 있는가 하는 이유에서였다. 이러한 비판에도 불구하고 한국을 과대 성장 국가의 관점에서 이해하는 것은 여전히 타당하다고 생각한다. 그 이유는 당시 한국의 궁핍한 경제와 재정의 취약성으로 인해 방대한 국가기구를 지탱하기는 어려웠지만, 이 문제는 미국이라는 외부 세계의 원조를 통해 해결할 수 있었기 때문이다. 한국은 1950년대 시장경제와 시민사회가 발전하기 한 세대 전에 이미 일제로부터 물려받은 관료기구, 억압기구, 군대 등의 국가기구들을 보유한 상태였다. 그 위에서 1960~1970년대에 진행된 권위주의 산업화를 통해 경제행정 관료기구들 또한 강력하게 발전할 수 있었던 것이다.

(2) 자유주의적 전환의 부재

그렇다면 민주화는 이와 같은 강력한 국가에 어떤 영향을 미쳤으며, 어떤 변화를 가져왔는가? 결론부터 말하자면, 한국에서 민주화는 국가의 구조나 작동 방식은 물론 한국민들의 국가에 대한 인식이나 태도에서도 이렇다 할 변화를 가져오지 않은 것으로 보인다. 즉, 국가의 성격과 관련해서는 고도의 연속성이 유지되었다는 말이다. 시민들의 인식과 태도에 변화가 없었다는 말은 민주화 이후에도 강력한 국가 중심적인 태도와 가치, 그리고 국가주의-민족주의가 여전히 지배적인 이념으로 유지되어 왔으며, 그 결과 잘 발달된 관료행정체제를 통해 사회에 광범한 영향력을 행사하는 국가는 민주주의하에서도 그대로 유지되고 있다는 의미다.

먼저 역사적이고 지적인 측면에서 이 문제를 살펴볼 수 있겠다. 앞에서 시민사회는 민주화 과정에서 수용된 새로운 말이라는 사실을 언급한 바 있다. 이 개념을 통해 우리는 시민사회적인 현상에 대해 관심을 가지면서 민주주의와 관련한 그것의 역할을 이해할 수 있었다. 그러나 시민사회와 대쌍을 이루는 국가는 오래전부터 한국민들의 역사와 정서 속에 깊이 자리 잡고 있는 말이자 관념이다. 따지고 보면 헌법 제1조에도 나와 있는 '국민'이라는 말은 국가라는 정치공동체의 성원을 의미하며, 그것은 자연스럽게 국가와 연동된다. 이는 먼저 국가가 의식된 후에 그 성원으로서 자신의 존재와 역할이 규정되는 경우라고 할 수 있다. 한국 사회의 지적 전통에서 칸트Immanuel Kant가 서구 자유주의 사상의 핵심으로서 간결하게 표명한 자율적 개인, 즉 '어떤 것에 의해서도 제약되거나 방해받지 않는 개인'unencumbered self에 대한 관념을 발견하기는 어렵다. 개인은 국가라는 역사적 공동체를 구성하는 수동적인 존재에 불과하며, 공적 영역은 물론 사적 영역에서조차 자신의 사적 이익에 선행해서 국가 이익, 국가 목표의 실현을 도덕적 의무로 생각하는 관념이 강한 지적·문화적 전통으로 남아 있다. 이와 같은 전통에 비추어 본다면, '국가에 반하는 시민사회'라는 개념은 상당히 애매하고 취약하다. 왜냐하면 근대화 과업과 근대성 성취에 대한 시민적 관념 속에서도 개인적인 자유와 권리의 획득보다는 자립적이고 부강한 민족국가 형성이라는 목표와 가치가 더 강하게 자리 잡고 있기 때문이다. 이러한 관점에서 민주화운동 시기의 민중 담론은 여타의 보수적인 관점보다 더 민족적이며 애국적인 행동주의와 참여를 강조했다고 말할 수 있다. 민중주의적인 정조나 담론에서 강조되는 한국의 시민적 덕성은 서구에서 발전한 공화주의적 행동주의republican activism 와 많은 유사성을 공유하지만, 그보다 훨씬 더 민족주의적이고 국가주의적인 요소를 안고 있다. 혁명적 민족주의의 전통을 잇는 운동론과 보수적 기득세력의 국가 건설 프로젝트는 수단과 방법에서는 큰 차이를 가질지 몰라도, 그 핵심 가치에서는 민족주의적·국가주의적인 성격을 공유했던 것이다.

1960년대 후반 정치학자 네틀John P. Nettl은 이후 국가론의 개척적인 연구로 평가받는 논문을 발표한 바 있다. 그는 이 논문에서 국가를 개념적 변수로 활용하기 위해 '국가성'stateness이라는 개념을 통해서 서구 국가들의 성격이 얼마나 강한가 약한가를 세 수준, 즉 역사적·지적·문화적 전통으로 구분해 정밀하게 측정하는 작업을 시도했다. 이 기준에서 볼 때 영국과 미국은 국가적 요소가 가장 약한 국가, 독일은 가장 강한 국가의 전형으로 볼 수 있다.[15] 한국은 이 모든 기준에서 강한 국가의 전통을 갖는 나라임에 의심의 여지가 없다. 그러나 국가의 특정한 전통을 마냥 불변적이라고 이해할 필요는 없다. 이를테면 앞에서 독일을 '절반의 주권 국가'로 특징지으면서 약한 국가의 사례에 포함시킨 데서 볼 수 있듯이, 독일은 강한 국가의 전통을 가졌음에도 불구하고 제2차 세계대전 이후 민주주의의 부활과 함께 시민사회의 자율적인 집단들이 크게 발전한 결과 국가구조 역시 크게 변화했기 때문이다.

17세기 서구의 자유주의 사상과 시민사회 이론으로부터 나온 국가와 시민사회에 대한 관념과 한국의 국가주의적-민족주의적 전통에서 이해되는 국가와 시민사회에 대한 관념은 본질적인 차이를 갖는다. 근대 자유주의 철학의 창시자인 홉스는 국가는 다만 시민들에 의해 만들어진 자율적 결사체일 뿐이라고 생각했다. 바꿔 말해, 국가란 인간 역사에서 자연스럽게 나타나는 제도가 아니라 자연권을 갖는 시민들이 필요에 의해 인위적으로 만든 제도적 결사체 이상이 아니라는 것이다. 그러나 한국에서 국가란 인간이 이성을 발휘해 심사숙고해서 만든 정치질서가 아니라 역사적으로 형성된 자연적·운명적 정치공동체로 이해되었다고 볼 수 있다.

홉스를 계승해서 사회계약론을 발전시킨 로크는 국가와 사회를 그들이 위치한 공간과 기능에 따라 개념적으로 구분할 수 있다는 관념을 발전시켰다. 그리고 홉스처럼 정치 질서와 절대적인 권위 수립을 사회 영역의 활동보다 더 중요한 것으로 간주하기보다는, 자연권을 향유하는 시민들의 삶의 장으로서 시민사회가 갖는 우선적 지위를 강조했다. 따라서 로크에게 국가란 개인적인 자유와 권리를 실현하는 데 필요한 수단의 의미를 가질 뿐이다. 로크의 이론에서 보듯 자유주의 이론의 핵심은 국가는 인간의 시민적인 생활을 위해 필수 불가결한 정치기구지만, 동시에 그것은 시민의 자유와 권리를 위해 제한되지 않으면 안 된다는 것이다.[16] 나아가 자유주의 전통에 기반한 시민사회 이론은 국가의 존재를 필수 불가결한 정치질서로서 인정하지만,

어떻게 그것의 권력을 제한할 것인가라는 문제에 관심의 초점을 두었다. 이러한 문제의식에서 몽테스키외는 권력에 대한 견제는 사회적 힘의 관계만으로는 불충분하기 때문에, 국가기구들 간의 내적인 권력 분할을 통해 견제하는 방법을 고안해 냈다. 여기에서 강조코자 하는 바는 자유주의 철학의 핵심 주장, 즉 국가권력은 견제되지 않으면 안 된다는 문제의식이 한국의 민주화 과정에서는 시민의 의식 속으로 들어오지 못했다는 사실이다. 특히 강한 국가주의적·민족주의적 이념과 가치를 갖는 개혁파의 사고 속에서나 민중 담론에서는 국가권력을 견제하거나 제한해야 한다는 생각이 자리 잡을 여지가 좁았다. 이 점에서 한국의 민주화는 자유주의적 전환의 계기를 갖지 못했던 것이다.

(3) 신자유주의와 강력한 국가

권위주의 시기를 통해 산업화와 고도성장을 구현하면서 사회의 이념이자 가치로 자리 잡은 성장주의 내지 발전주의는 국가주의-민족주의의 문화적·지적 전통과 매우 잘 조화될 수 있었다는 점을 강조할 수 있겠다. 나아가 민주화 이후, 특히 IMF 금융 위기 이후 집권한 정부들이 신자유주의적 세계화의 강력하고도 급진적인 추진자로서 한국의 정치·경제를 다루었던 방법 역시 그러한 전통과 잘 어울린다고 말할 수 있다. 강력한 국가의 지속이라는 측면에서 신자유주의적 세계화를 적극적으로 추진한 정부들이 가져온 변화는 크지 않았다. 신자유주의는 그것이 기반하고 있는 이론이나 표충적 이미지와 그것이 실제로 만들어 내는 정책 실적이 크게 다르다는 특징을 갖는다. 신자유주의의 이론 내지 이미지는 케인스주의적 거시경제 운용의 핵심이라 할 '국가에 의한 시장 개입'에 반대하면서 '국가의 실패'를 해결해야 할 문제로 상정한다. 따라서 신자유주의의 대안은 국가의 개입을 배제한 자율적 시장 운용, 시장 효율성의 극대화다. 이는 '작은 국가론'으로 요약할 수 있는 논리다.

과연 민주화 이후에는 이러한 논리에 따라 경제가 작동해 왔을까? 실제로 신자유주의적 경제 운용은 국가의 강력한 개입 없이는 생각하기도 실천하기도 어려운 일이다. 그것은 보수 혁명이라 부를 만큼 급격한 변화를 수반하는 방식이기에 국가의 광범한 정책 조치들과 공권력을 통한 뒷받침 없이 시장의 자율성에 대한 구호만으로는 애당초 실현이 불가능하다. 신자유주의적 금융 세계화와 국가간의 경제적 상호 의존이 중대한 결과 한 국가가 실행할 수 있는 경제정책의 범위와 정도가 구조적으로 제약받고 있음에 분명하다. 그럼에도 불구하고 여전히 시장의 자율성이 작동할 수 있게 만드는 힘은 바로 국가와 그 경제정책에서 비롯된다.

요컨대 민주화 이후의 민주 정부하에서 경제에 대한 국가의 역할은 그들이 신자유주의적 성장 정책을 급진적이고 과격하게 추진해 온 동안에도 결코 축소되거나 약화되었다고 말할 수 없다. 이와 관련해 몇 가지 중요한 질문들을 제기해 볼 수 있겠다. 그렇다면 왜 민주주의하에서도 국가가 중심이 되는 성장 우선의 경제정책은 변화하지 않았는가? 왜 민주 정부들은 민주주의 절차를 통해 통치의 정당성을 확보했음에도 불구하고, 권위주의 정부에 못지않게 고도성장 달성을 그들 정부의 중심 과업으로 상정했는가? 어떤 제도적 메커니즘을 통해 이와 같은 정책이 유지되어 왔는가?

(4) 강력한 대통령제

한국에서 민주화운동의 가장 큰 목표는 권위주의체제를 민주주의로 바꾸는 것이었다. 그러나 그것이 기존의 강력하고 확장된 국가over-extended state의 권한과 범위를 축소하거나 이를 효과적인 민주적 통제 하에 둠으로써 국가와 시민사회 간의 관계 구조를 변화시키는 문제들에 대해 체계적인 관심을 가졌다고 보기는 어렵다. 이는 국가권력을 의인화擬人化한 대통령의 권한 및 성격과 관련된 문제에서 가장 분명하게 나타난다. 한국의 강력한 국가는 제도적으로나 역사적·문화적인 측면에서 강력한 대통령제와 밀접하게 결합되어 있다. 강력한 국가는 강력한 대통령을 만들어 내며, 그 역逆도 마찬가지인 상호간의 상승 작용을 일으킨다. 민주화 이후에도 이와 같은 강력한 대통령의 존재에는 별다른 변화가 없었다.[17] 그 원인을 짧게 요약하자면 이렇다. 먼저 민주화에 의해 개정된 헌법 역시 대통령제에 관한 한 권위주의의 그것과 마찬가지로 강력한, 그리고 한국 헌법의 모델이라 할 미국 헌법에 비해서도 훨씬 더 강한 대통령제를 유지했다는 점을 지적할 수 있다. 다음으로 한국의 민주화운동이 국가의 권한 및 성격과 관련된 문제를 직접적으로 다루지 않은 한계로 인해 권위주의 시대로부터 물려받은 강력한 국가가 강력한 대통령을 뒷받침하는 물적·이념적 토대로 기능했던 것은 또 다른 원인이다.

이 문제와 관련해서 한국의 민주화는 간단히 말해 권위주의적인 대통령을 시민들이 직접 투표를 통해 선출하는 민주적인 대통령으로 바꾸는 것을 핵심으로 했다. 이것은 한국 사회의 민주화와 관련해 중요한 의미를 갖는다. 케임브리지대학의 정치철학자 레이몽 고이스Raymond Geuss가 말하듯이, 현대의 대의제 민주주의는 통치자, 관료적 기능집단, 피치자로서의 시민이라는 현대적 3중 구조tri-partite structure에 기초해 있다.[18] 이러한 3중 구조가 어떤 의미를 갖느냐는 고대 아테네의 직접 민주주의 구조와 비교할 때 분명하게 드러난다. 현대 대의제 민주주의의 제도와 작동 메커니즘이 고대의 직접 민주주의와 근본적인 차이를 갖는다 하더라도, 인민 주권이나 정치적 평등이라는 참여의 원리나 권력에 대한 견제라는 책임성의 원리에서는 동일하다. 그것은 이미 고대 민주주의에서 제시되고 정립되었으며, 고대 민주주의의 2중 구조, 즉 통치자와 피통치자 간 관계 구조에 기반을 둔 것이다. 따라서 고대 민주주의와 현대 민주주의의 근본적인 차이는 후자에서는 잘 발달되고 항구적으로 제도화되어 있으며 정치권력으로부터 일정하게 자율성을 갖는 행정관료체제가 존재한다는 사실, 그리고 그와 같은 관료체제에 부여된 권력과 권한을 담지하고 행사하는 직업적·기능적 공직자의 관할하에서 국가기구가 발전했다는 사실이다.

여기서 흥미로운 점은 민주주의제도에서 한시적으로 통치를 위임받는 선출된 공직자와 피치자로서의 시민 간의 관계에 대해서는 많은 이론적 논의와 제도적 장치들이 발전해 왔으나, 국가와 관료를 민주적인 통제하에 두면서 시민에 대해 책임성을 가질 수 있도록 만드는 제도나 이를 뒷받침하는 이론은 거의 백지상태에 있다는 사실이다. 이와 관련해 고이스의 다음과 같은 언급은 특별한 의미를 갖는다. 이 3중 구조에서 "국가는 그 자체로 구분 가능하고distinct, 지배적이며 overriding, 사회적인civil 권위로서 스스로를 주장할 수 있는 실체로 나타났다. 이 권위체는 두 방향에서 구분되는데, 한편으로 국가의 권위는 개인적으로든 집단적으로든 단순히 국가의 신민臣民을 구성하는 인민의 권위가 아니다. 이 방향에서 국가 개념의 창안은 인민 주권의 원리를 반대하기 위한 전략의 일부분이다. 그리고 다른 한편으로 국가의 권위는 왕과 같은 국가 최고위직 담지자들의 개인적·사적 권위와도 구분된다."[19] 이것은 유럽 절대왕정체제의 경험에 기초한 진술이다. 한국 민주주의의 조건에서도 민주적으로 통제되지 않는 국가는 인민 주권에 반하는 것이 될 수 있다. 그러나 한국의 환경에서 보다 중요한 문제는 강력한 국가가 최고 공직으로서의 강력한 대통령과 결합될 수 있고, 이로 인해 제도화된 공직으로서의 대통령과 권위의 개인적 담지자로서의 대통령이 결합되기 쉽다는 것이다.

(5) 구조적 포퓰리즘

약한 시민사회와 강한 국가, 그리고 제도적으로 강력한 대통령이 결합한 조건에서는 어떤 정치적 현상이 나타날까? 시민사회에서 발생하는 사회적 힘의 균형, 이성적 공론장에서의 공적 토론deliberation, 정당 간 경쟁을 통한 정치적 견제가 작동하지 않는 상태에서 대통령과 국가권력이 결합한다면, 많은 경우 사태는 다음 중 하나의 방향으로 전개될 것이다. 먼저 대통령의 의지와 의사, 정책 목표가 위로부터 결정되고, 이후 그것을 달성하기 위해 위로부터 시민사회의 지배적 여론이 동원되어 합의 형성을 도모하는 경우를 생각해 볼 수 있다. 두 번째는 시민사회의 헤게모니적 견해가 그대로 대통령의 비전과 가치에 투영되어 정부의 정책 목표로 결정되는 경우다. 이 둘도 아니라면 공론장에서 광범위한 논의를 통해 여과되거나 합리적으로 논쟁되지 않은 채 일시적으로 표출, 동원되는 집단적인 감정과 에너지의 분출이 만들어 내는 요구나 압력이 중대 이슈로 부상해 정부의 주요 정책으로 결정되는 현상이 나타날 수 있다. 이들 모두는 '구조적 포퓰리즘'으로 개념화할 수 있는 현상이다. 이것을 '구조적'이라 말할 수 있는 까닭은 강력한 국가와 강력한 대통령, 그리고 다원적이며 자율적 구조를 발전시키지 못한 채 국가의 헤게모니에 선별적으로 흡수되고 통합되는 허약한 시민사회라는 정치사회적 조건에서 민주주의가 작동할 경우에는 포퓰리즘적 정치가 항시적으로 나타날 수 있기 때문이다. 시민사회가 국가를 견제하지 못함으로써 강력한 국가를 관장하는 대통령의 리더십, 권한, 권력이 제어되지 않은 채로 발현되는 현상은 민주주의의 가치와 원리가 제대로 실현되지 못한 것의 결과물인 동시에 한국 민주주의의 안정적인 작동을 위협하는 요소들이다.

구조적 포퓰리즘은 강력한 국가–강력한 대통령–허약한 시민사회가 결합한 결과로 나타나는 현상이기 때문에, 여기에는 민주주의 정치가 허용하기 어려운 새로운 종류의 경쟁이 그 특징으로 추가된다. 그것은 여당과 야당 간의 경쟁과는 다른 성격을 갖는 전임 대통령과 현임 대통령 간의 경쟁이다. '5년 단임'이라는 주기는 그 나름의 정치 세력과 사회적 기반을 보유한 여러 명의 퇴임 대통령을 만들어 낸다. 임기를 시작하는 대통령은 앞선 정부나 대통령들과 비교해 누가 더 많은 업적을 남겼는가, 누가 더 국가 발전에 기여하면서 쉽게 지워지지 않을 역사적 자취를 남겼는가 하는 경쟁을 의식하게 된다. 이는 대통령직을 담임擔任한 정치인의 개인적인 야망과 관련된 문제기도 하다. 즉 그들은 '나는 역사에 무엇을 남겼는가' 혹은 '나는 다른 대통령에 비해 얼마나 위대한 대통령인가'를 끊임없이 자문하는 것이다. 이러한 경쟁은 결국 이전 정부나 대통령들과의 비교에서 더 좋게 또는 더 나쁘게 평가받는가, 그리고 그들에 비해 얼마나 좋은 정책을 만들고 집행했는가 하는 기준에서 가늠된다. 이것은 사회적 가치나 정치적 권한 및 권력의 기준에서 대통령직을 크게 인식하는 만큼, 역사에 의해서만 평가받을 수 있는 위대함을 향한 경쟁이다. 구조적 포퓰리즘의 전개 과정에서 인민 혹은 시민은 대규모 동원의 대상으로만 취급된다는 점에서 그들은 한낱 지푸라기 같은 존재가 된다. 그것은 샤츠슈나이더가 말하는 '절반의 주권자'라는 명칭조차 과분한 역할을 부여받는 권력 없는 시민일 뿐이다.

전·현직 대통령들 간의 경쟁은 그들이 기획하는 개혁 규모의 방대함과 그 내용의 급진성이 주요한 특징이다. 구체적으로 그것은 거대 프로젝트들 간의 경쟁으로 나타난다.[20] 그리고 이러한 경쟁의 결과는 시민의 사회경제적·문화적·정신적 생활의 근간인 사회공동체로부터 인간적인 연대를 제거하는 것으로, 여기에서 개인은 항시적으로 위로부터 설정된 목표를 위해 동원되거나 그 목표를 향해 내닫는 존재로 전락하고 만다. 이것은 개인은 개인이지만 '제약받지 않는 개인'과는 정반대의 내용을 갖는 개인이며, 허약한 시민사회의 구성원일 뿐인 시민이다. 노무현 정부의 행정복합도시 건설, 산업클러스터와 혁신도시 건설, 그리고 한미 FTA 추진 정책은 모두 이러한 관점에서 해석될 수 있다. 그리고 이명박 대통령이 최우선 순위의 정책으로 제시했던 '한반도 대운하', 국가가 주도하는 영어 몰입 교육 등은 현 정부에서 나타나는 거대 프로젝트의 징후들이다. 이 문제에 대해 날카로운 관찰력을 가진 한 언론인은 새 정부가 제시하는 정책에 대해 "정권 교체인가, 영혼 교체인가"라는 질문을 던진 바 있다.[21] 누가 새로 집권한 정부에게 '영혼 교체'라고 부를 정도의 급진적인 개혁 정책을 결정하고 집행하도록 위임했는가? 헌법에 바탕한 민주적인 투표를 통해 다수의 지지를 획득했기 때문에, 그러한 정책은 국민적 위임mandate을 받은 것이라 말할 수 있는가? 민주주의의 원리에 비추어 볼 때, 그에 대한 답은 그렇지 않다는 것이다. 지난 대통령 선거에서 이명박 후보의 득표율은 전체 유효투표의 48.7퍼센트였다. 그러나 지난 2007년 선거의 투표율은 63퍼센트(2002년 70.8퍼센트)에 지나지 않았다는 사실을 간과해서는 안 된다. 기권자는 무려 전체 유권자의 37퍼센트에 해당하는 약 1390만 명이었다. 전체 유권자를 기준으로 하자면 이명박 후보에 대한 지지는 30.5퍼센트에 지나지 않으며, 이는 기권자의 비중인 37퍼센트보다도 낮은 것이다. 이 수치는 민주주의의 원리로 볼 때 과반수를 획득하지 못한 약한 지지 기반을 의미한다. 전체 유권자의 1/3에도 못 미치는 지지를 받은 대통령이 전체 국민 생활에 큰 변화를 가져올 급진적인 개혁 정책을 이렇다 할 심의와 동의 과정도 없이 밀어붙이는 것은 결코 민주주의적이라 말할 수 없다. 게다가 그러한 정책은 오늘을 사는 한국민들뿐만 아니라 미래 세대의 생활에도 커다란 영향을 미칠 수 있다는 점에서 더욱더 큰 우려를 갖게 한다. 민주화 이후 대통령 선거를 거듭할수록, 그것은 그 내용에서 권위주의 혹은 전체주의에 비견될 위험을 갖는 국민투표제적 민주주의plebiscitarian democracy로 변질되고 있다는 느낌을 지우기가 어렵다.[22]

마지막으로 구조적 포퓰리즘을 만들어 내는 또 다른 원인이자 결과로서 정당정치의 낮은 제도화 수준에 대해 언급할 필요가 있다. 정당정치의 제도화와 관련해서 지적할 수 있는 문제는, 한국 사회에서 강력한 국가와 강력한 대통령이라는 제도적인 특징이 말 그대로 대통령의 권력과 리더십의 실제적 행사와 그 효과에 있어 시민사회에 대해서나 사회의 조직화된 특정 집단에 대해, 그리고 특정 부문의 국가 관료에 대해 막강하다는 것을 자동적으로 보장하지 않는다는 사실이다. 바꿔 말해, 정당 제도화의 수준이 낮은 조건에서 강한 국가를 관장하는 제도적으로 강한 대통령 개인의 권력은 일반의 기대와는 정반대로 극히 허약할 수 있다는 것이다. 이는 대통령 권력의 개인화 내지 사인화의 필연적인 결과처럼 보인다. 한국의 대통령은 제도화된 정당과 안정된 지지 기반 없이 다만 사적 이익집단들과의 특수주의적인 관계를 통해, 그리고 사적인 인간관계의 네트워크에 기반해서 통치한다. 이는 대통령의 권력 운용을 뒷받침하는 지지 연합이 정치적으로나 사회적으로 제도화되지도 안정적이지도 못함을 의미한다. 대통령이 선거에서 다수를 형성했던 넓은 승자 연합의 구성 집단 각각에 대해 만족할 만한 '선별적 혜택'을 제공하지 못할 때, 그의 지지 기반은 상호 충돌하면서 급속하게 해체될 수 있는 위험에 매우 쉽게 노출된다. 상황 변화에 즉각적이고 즉자적으로 대응하면서 극도의 불안정성과 취약성을 보이는 '즉응의 정치'instant politics는 여기서 말하는 구조적 포퓰리즘과 맞물려 나타나는 현상이다.[23]

5

국가에 선별적으로 흡수된 시민사회

왜 다시 국가와 시민사회를 논의하는가? 그것은 먼저 강력한 국가의 문제를 지적하기 위함이다. 왜 한국의 국가를 강력한 것으로 규정하는가? 강한 국가와 약한 국가의 구분은 대체로 다음의 세 기준에서 측정할 수 있다.[24] 첫째, 국가 또는 정부 내 권력의 중앙 집중화 정도다. 예컨대 미국이나 독일은 이러한 기준에서 약한 국가에 해당한다고 말할 수 있다. 둘째, 관료기구의 운영을 담당하는 인적 집단의 성격 및 관료제의 발전 정도다. 셋째, 국가의 운영 원리 내지는 통치 이데올로기에 대한 합의의 범위와 정도다. 이것은 국가 형성의 기원과 역사적 발전을 고려한 요소다. 예컨대 한국에서 냉전반공주의, 성장주의 정책, 신자유주의적 경제정책이 국가 운용의 기본 원리로 수용되는 정도 같은 것이 대표적이다. 이러한 기준에 바탕할 때 국가의 강함과 약함은 한 사회공동체 내에서 주어진 목표에 대해 국가가 얼마나 효과적이고 효율적으로 사회의 자원을 동원하고 조직해서 이를 실행하는가 하는 그 역량의 정도로 이해할 수 있다.

한국에서 국가는 민주화에도 불구하고 별다른 저항도 받지 않은 채 팽창을 거듭해 왔다. 그것은 한국 민주화의 성격과 강력한 대통령제가 갖는 정치적 다이내믹스와 깊은 연관성을 갖고 있다. 먼저 '국가에 반反하는 시민사회'라는 명제로는 민주화 이후 시기 한국 정치와 사회를 특징지을 수 없다는 사실은 분명해 보인다. 상대적으로 개혁적이라고 평가받는 정부들이 집권한 지난 10년 동안 개혁파 운동권들이 집권 정부를 지지하고 정부의 여러 수준에 참여함에 따라 시민사회는 국가에 광범하게 흡수되었다. 물론 시민사회와 국가가 긴밀한 관계망을 형성한다는 것 자체를 부정적으로 평가할 필요는 없다. 이는 국가를 민주화하고, 민주적 통제하에 놓인 국가가 다시 사회의 하위 수준으로 민주화를 확대하면서 사회 전체에 걸쳐 민주화의 확산을 가져올 수 있기 때문이다. 그것은 바람직하며 진정한 의미의 민주적 결합이라 말할 수 있다. 그러나 실제로 일어난 사태는 '흡수'라는 말이 적합할 만큼 부정적인 것이었다. 운동권을 기반으로 했던 집권 개혁파는 개혁 목표를 위한 대안적인 비전도, 그 목표를 실현하는 데 필요한 수단도 갖지 못했다. 이로 인해 그들 역시 국가 관료기구를 하나의 중심 지주로 하는 보수적 헤게모니의 구조 내로 흡수, 통합되고 말았다. 이것이 초래한 부정적인 결과 가운데 가장 중요한 것은 시장구조, 기업구조, 사회의 거대 기구들을 포함하는 사회의 하위 체계들에 대한 민주화가 이루어지지 못했다는 사실이다. 이는 시민사회의 주요 부문들에서 그 특권적 구조의 집중성이 이완되거나 해체되고 다원화되어 사회 하위 체계들의 내부 지배구조가 민주화되는 변화가 발생하지 않았다는 의미다. 게다가 국가에 의한 시민사회의 흡수·통합은 운동의 합리적이고 개혁적인 에너지를 정당의 형식으로 조직하지 못하게 만드는 중요한 요인으로 작용했다. 여기서 그것이 집권 개혁파들만의 정치적 실패가 아니라는 점을 강조할 필요가 있다. 왜냐하면 그것은 뒤에서 자세히 살펴볼 운동권적 민주주의관과도 밀접한 관계를 갖기 때문이다.

오늘의 시점에서 한국의 국가-시민사회 관계를 특징지을 때, '국가에 선별적으로 흡수된 시민사회'라는 말이 가능할지 모른다. 이 말은 개혁적인 정부하에서 시민사회의 '개혁적' 부문이 국가의 우위, 국가의 이니셔티브하에서 흡수되었다는 사실만을 가리키는 것이 아니다. 강력한 국가라는 조건하에서 현재의 보수적인 대통령과 정당이 집권하는 경우 시민사회의 보수적 부문이 동일한 과정을 거치게 된다는 설명 또한 가능하다. 따라서 이것은 강력한 국가를 대면한 한국 시민사회의 일반적인 특성으로 이해할 수 있다. 말할 필요도 없이 이는 한국의 시민사회가 갖는 '약체성'의 또 다른 표현이다. 여기서 시민이 관심을 가져야 할 문제는 크게 두 가지로 모아진다. 하나는 시민사회의 민주적 의지를 결집할 정당을 어떻게 건설할 것인가 하는 문제다. 이것이 중요한 까닭은 강력한 국가를 견제하면서, 점점 더 국민투표제적 민주주의의 양상을 띠어 가는 한국 민주주의를 제어할 수 있는 힘은 다른 무엇보다도 제도화된 정당들 간의 경쟁에서 나오기 때문이다. 다른 하나는 선출된 대통령과 국가권력을 시민들에게 책임지도록 만드는 메커니즘을 발전시키는 문제다. 전자가 이론보다는 직접적인 실천 문제인 데 반해, 후자는 실천의 문제임과 동시에 이론의 문제기도 하다. 국가를 민주적으로 통제하고 책임지도록 하는 문제는 오늘날 세계 정치학계의 주요한 학문적 이슈일 뿐만 아니라 한국 정치학자들이 해결해야 할 과제기도 하다.

주

1 Philippe C. Schmitter & Guillermo A. O'Donnell, *Transitions from Authoritarian Rule: Tentative Conclusions about Uncertain Democracies* (Johns Hopkins University Press, 1986), 48쪽.

2 John Keane, *Civil Society: Old Images, New Visions* (Stanford University Press, 1998).

3 Alexis de Tocqueville, *Democracy in America* (University of Chicago Press, 2000).

4 Philippe C. Schmitter, "Civil Society East and West", in Larry Diamond, Marc F. Plattner, Yun-han Chu and Hung-mao Tien (eds.), *Consolidating the Third Wave Democracies* (Johns Hopkins University Press, 1997).

5 Koo Hagen (ed.), *State and society in contemporary Korea* (Cornell University Press, 1993).

6 최장집, 『민주화 이후의 민주주의: 한국민주주의의 보수적 기원과 위기』(후마니타스, 2005), 215~237쪽.

7 Joseph LaPalombara, *Democracy, Italian Style* (Yale University Press, 1989), 215~218쪽.

8 Peter Katzenstein, *Policy and Politics in West Germany: The Growth of a Semisovereign State* (Temple University Press, 1987).

9 권위주의 시기 한국의 국가와 조직노동 간의 관계를 국가 코포라티즘으로 설명한 논의로는 최장집, 『한국의 노동운동과 국가』(나남, 1997)를 참조.

10 Philippe C. Schmitter, "Still the Century of Corporatism", in Philippe C. Schmitter & Gerhard Lehmbruch (eds.), *Trends toward Corporatist Intermediation* (Sage Publications, 1979).

11 Wolfgang Streeck & Philippe C. Schmitter, *Private Interest Government: Beyond Market and State* (Sage Publications, 1985).

12 Albert O. Hirschman, *The Passions and the Interests: Political Arguments for Capitalism before Its Triumph* (Princeton University Press, 1977/1997).

13 박상훈, 「민주화 1단계 종결 이후」, 경향신문 칼럼(2008년 2월 1일).

14 최장집, 「한국 국가론의 비평적 개관」, 『한국민주주의의 이론』(한길사, 1993).

15 John P. Nettl, "The State as a Conceptual Variable", *World Politics* Vol. 20 (July, 1968).

16 Sudipta Kaviraj, "In Search of Civil Society", in Sudipta Kaviraj & Sunil Khilnani (eds.), *Civil Society: History and Possibilities* (Cambridge University Press, 2001), 292쪽.

17 한국의 강력한 대통령제가 갖는 문제에 대해서는 최장집, 「강력한 대통령제는 한국 민주주의 발전에 얼마나 기여하는가」, 최장집·박찬표·박상훈, 『어떤 민주주의인가』(후마니타스, 2007) 참조.

18 Raymond Geuss, *History and Illusion in Politics* (Cambridge University Press, 2001), 50쪽.

19 Geuss, 앞의 책, 50쪽.

20 민주화 이후 정부들이 추진해 온 거대 프로젝트의 문제점에 대해서는 조명래, 「개발주의와 민주주의」, 『비평』(겨울호, 2007); 홍성태 편, 『개발공사와 토건국가』(한울, 2005)를 참조. 서구에서 실행된 거대 프로젝트의 문제점에 대해서는 Bent Flyvbjerg, *Megaprojects and Risk* (Cambridge University Press, 2003)를 참조.

21 이대근, 「정권 교체인가, 영혼 교체인가」, 경향신문 칼럼(2008년 1월 31일).

22 미국 대통령들을 사례로 이 문제를 분석한 논의는 Robert A. Dahl, "Myth of the Presidential Mandate", in John G. Geer (ed.), *Politicians and Party Politics* (Johns Hopkins University Press, 1998)를 참조.

23 한국 정치의 특징 가운데 하나인 '즉응의 정치'에 관해서는 최장집, 「한국 민주주의의 제도디자인 서설」, 『민주주의의 민주화: 한국 민주주의의 변형과 헤게모니』(후마니타

스, 2006), 109~110쪽 참조.

24 Theda Skocpol, "Bring the State Back in: Strategies of Analysis in Current Research", in Peter B. Evans, Dietrich Rueschemeyer and Theda Skocpol (eds.), *Bring the State Back In* (Cambridge University Press, 1985).

3장

사회적 시민권

신자유주의와 한국 민주주의

I

왜 사회적 시민권인가

이 장에서는 사회적 시민권이 왜 필요한가라는 문제에 대해 논하고자 한다. 사회적 시민권이라는 개념은 영국의 사회학자 T. H. 마셜이 제시한 세 가지 시민권 가운데 하나다. 그의 시민권 이론은 민주주의 발전이 시민권의 세 단계, 즉 시민적 권리로부터 정치적 권리를 거쳐 사회경제적 권리로 나아가는 단계적 확대 과정과 궤를 같이한다는 내용을 담고 있다. 필자가 사회적 시민권이 필요하다고 주장할 때, 이는 사회경제적 시민권이 함의하는 어떤 규범적인 가치가 한국 사회에 필요하기 때문에 그렇게 말하려는 것만은 아니다. 그보다 더 중요한 이유는 민주주의의 이론과 실천은 어떤 허공에 걸려 있는 것이 아니라 한국이라는 구체적인 현실의 조건에서 나온다는 전제하에, 실제로 민주주의를 실천하는 시민의 사회경제적 조건에 초점을 두어 민주주의의 문제를 살펴보고자 하는 데 있다.

　이 글의 맥락에서 사회적 시민권은 두 가지의 의미적 역할을 갖는다. 하나는 한국 민주주의를 작동시키고 발전시키는 기초로서의 사회적 시민권이다. 다른 하나는 신자유주의적 세계화의 환경하에서 인간의 사회적인 가치와 역할이 경제 성장과 시장의 효율성을 실현하는 수단으로 규정되는 것에 대응해 일상적인 삶의 현실에서 인간의 기본적인 사회경제적 삶을 유지할 권리로서의 사회적 시민권이다. 후자는 한국 사회와 한국민들의 정신 속에 깊이 침윤되어 있을 뿐만 아니라 사회적·정치적 실천의 중심 원리인 온정주의적 사회관계에 대한 부정을 내포하고 있다. 인간의 도덕적 자율성과 평등의식에 기초한 사회관계는 민주주의 정치체제를 만들어 낼 뿐만 아니라 그것을 작동시키고 강화하는 원동력으로 작용한다.[1] 사회적 시민권은 이와 같은 사회관계의 핵심 요소 가운데 하나다.

　민주주의란 보통 사람들 스스로의 통치라는 뜻으로 인민 주권의 원리, 참여의 평등, 다수 결정의 원리를 통해 보통 사람들 다수의 힘이 중심적인 역할을 하는 정치체제다. 민주주의가 군부 권위주의, 기술 관료주의, 엘리트주의, 귀족주의 등과 같은 권위주의의 여러 변종과 구분되는 기준은, 보통 사람들의 정치 참여를 광범하게 확대해 이들의 참여를 통한 투입input 기능을 비약적으로 확대한다는 데 있다. 즉 민주주의는 사람들의 삶의 현실에 직간접적으로 영향을 미치는 법의 제정과 정책결정에 보통 사람들 스스로가 참여할 권리를 갖는다. 따라서 특정 정책과 법을 요구하는 참여의 투입이 선행하고, 정책의 산출output은 그 결과로 나타나는 것이 민주주의의 중요한 특징이다. 이러한 측면에서 사회적 시민권의 문제는 어떤 도덕적 규범에 기초한 철학적인 이론에서 나오는 것이 아니라, 민주주의에서 그러한 권리를 필요로 하는 보통 사람들이 일정한 정치 과정을 통해 스스로 그것을 획득하는 것이라 할 수 있다. 바꿔 말해, 사회적 시민권은 실질적인 민주주의의 관점에서 이해되기 전에 민주주의의 제도와 원리가 제대로 작동한다면 민주주의적 정치 과정을 통해 구현될 수 있는 절차적 민주주의의 문제다.

여기에서 필자가 관심을 갖는 주제는 민주화 이후 한국 사회의 민주주의가 발전했느냐 아니냐 하는 논쟁과 관련된 것은 아니다. 여러 학자가 제시하는 객관적인 지표들이나 프리덤 하우스Freedom House 같은 기관에서 제공하는 지표들에 따르면, 한국의 민주주의는 그동안 크게 발전해 왔으며 높은 수준에 이르렀다고 말할 수 있다. 이러한 평가 위에서 현재의 한국 민주주의에 대해 자족하는 사람도 많을 것이다. 그러나 이 글에서는 이와는 다른 관점에서 한국 민주주의의 문제를 살펴보고자 한다. 1장에서도 인용한 바 있지만, 샤츠슈나이더의 말처럼 "민주주의를 위해 인민이 존재하는 것이 아니라, 인민을 위해 민주주의가 존재하는 것이다." 그렇다면 보통 사람들, 특히 사회경제적 약자들의 삶의 조건을 향상시키는 데 오늘날 한국 민주주의는 얼마나 기여했는가? 오늘날 한국 민주주의의 토대를 이루는 사회경제적인 삶의 현실에 대해 자족하는 사람들은 누구인가? 이러한 관점에서 우리는 한국 민주주의를 어떻게 평가할 수 있는가?

2

신자유주의, 무엇이 문제인가?

2007년의 대선과 연이은 2008년의 총선은 보수적인 이명박 후보와 한나라당의 압도적인 승리로 귀결되었다. 선거 당시의 야당은 현임 정부는 경제 운용에 실패했다는 점을 강조하면서, '죽은' 경제를 살릴 수 있는 자기 당 후보의 비전과 정책, 능력에 초점을 맞추어 선거운동을 전개했다. 선거의 주된 쟁점을 '회고적 경제 투표'가 작동할 수 있는 방향으로 몰고 갔던 것이다. 그러나 지난 10여 년에 걸친 소득분배 구조, 비정규직의 규모, 이혼율, 자살률 등의 지표 변화에 비추어 보면, 보수파들이 선거운동의 중요한 쟁점으로 부각시키고자 했던 경제 운용의 실패와 경제 살리기의 대립 항은 현실로부터 크게 벗어나 있다는 사실을 알 수 있다. 지난 정부 시기의 각종 경제지표들이 보여주는 바는 재벌기업과 사회경제적 상층 집단의 부와 소득은 과거에 비해 훨씬 많이 늘어난 반면, 중하층과 저소득층, 소외 집단, 사회적 약자, 소수자들의 생활 조건은 더욱더 악화되었다는 것이다. 사실상 경제 실패의 본질은 흔히 말하듯 저성장에 있는 것이 아니라 경제적 불평등과 양극화의 확대, 고용 증대를 보장하지 못하는 경제 성장, 노동 시장에서의 만성적 고용 불안과 노동 보호의 부재, 신자유주의적 시장경제가 초래하는 시장 불안정에 대한 전반적인 두려움의 확산, 그리고 이들 모두로부터 초래되는 사회 해체 효과라고 할 수 있다. 따라서 유권자들이 새로운 당선자의 업적 수행 능력을 어떻게 평가했든, 캠페인에서 표명된 신자유주의적 성장 정책을 통한 경제 성장과 고용 증대라는 슬로건은 실현되기 어려운 선전일 가능성이 크다고 말할 수밖에 없다.

왜 이와 같은 사회경제적인 결과가 나타났는가? 이러한 상황은 좁게는 시장경제 운용의 원리로서, 넓게는 세계화를 주도하는 이데올로기로서 전 세계에 걸쳐 헤게모니적 영향력을 행사하는 이른바 '신자유주의'와 관련된 것으로 보인다. 그러므로 우선 신자유주의의 의미에 대해 짚어 보고 논의를 계속하는 것이 필요하겠다.

(1) 신자유주의의 내용과 결과

신자유주의는 사적 재산권과 자유시장, 자유무역을 뒷받침하는 제도적 틀 안에서, 개인의 기업가적 자유와 기술을 극대화하는 방식을 통해 인간의 복리가 최고로 증진될 수 있다고 믿는 정치경제적 실천 원리 내지 이론이라고 정의할 수 있다. 여기서 국가가 수행하는 역할은 이러한 원리를 실천하는 데 적합한 제도적 틀을 창출하고 유지하는 것이다. 이러한 국가 역할 가운데서도 화폐의 질과 통합력을 보장하는 기능은 극히 중요하다. 신자유주의는 사적 소유를 기초로 한 자유시장을 핵심으로 하지만, 그 가운데서도 금융시장의 자유화를 핵심으로 하기 때문이다. 그 외에 자본의 자유로운 흐름을 보장하는 경제적 기능과 사적 소유권의 보장 기능을 제외한다면, 국가의 시장에 대한 개입은 최소한으로 제한될 필요가 있다.[2] 다른 한편 신자유주의를 경험적으로 측정 가능한 정책 수준에서 가장 간략하게 말한다면, 소득 재분배보다는 자본 축적을 우선시하는 조세정책, 기업 활동에 대한 국가의 간섭이나 규제를 최소화하는 산업정책, 그리고 정부 예산 가운데서도 복지비의 지출을 줄이는 재정정책의 세 가지 요소로 요약할 수 있다.[3]

이와 같은 신자유주의는 그것이 야기한 변화의 급진성과 급격함으로 인해 일종의 보수 혁명이라 부를 만큼 생산체제와 시장구조에 커다란 변화를 가져왔다. 다른 무엇보다도 사회적 힘의 관계, 즉 자본과 노동 간의 관계를 급속히 전자의 방향으로 기울여 놓았으며, 산업간 힘의 관계에서도 경제 운영의 주도권을 산업자본에서 금융자본으로 옮겨 놓았다. 신자유주의는 노동 분업, 고용구조, 고용 조건, 사회관계, 복지 혜택, 정보기술로부터 일상의 생활과 사고방식에 이르기까지 사회생활 전반에 걸쳐 빠른 변화를 가져왔다. 사람들은 빠르고 급진적인 변화만큼이나, 그렇게 변화하는 상황에 적응하지 않으면 안

되는 커다란 압력에 노출되기에 이른 것이다.[4] 우리 사회에서도 정치권이나 기업계의 지도자들이 "변하지 않으면 생존할 수 없다", "마누라와 자식만 빼곤 다 바꿔라"라고 말하는 것은 이러한 신자유주의적 정조를 압축적으로 보여주는 사례다. 뿐만 아니라 경제활동에서 금융부문의 역할이 확대되고 심화됨에 따라, 세계적으로 통합된 시장경제의 휘발성 또한 비교할 수 없이 높아졌다. 최근 미국의 주택 융자 금리 시장에서부터 발생한 비우량 주택 담보대출subprime mortgage 문제가 미국 경제는 물론 세계 경제에 대규모 불황을 가져온 사실은, 금융 부문을 중심으로 통합된 세계 시장경제의 불안정성과 취약성을 잘 보여준다.

신자유주의가 수반하는 여러 결과들 가운데 가장 중요한 문제는 부의 불균등한 분배 효과와 이에 따른 사회적 불평등의 증가가 아닐 수 없다. 최근년의 자료들을 보면, 사회적 부의 불평등이 어느 정도로 가속화되어 왔는가를 쉽게 알 수 있다. 각종 통계지표들은 선진 자본주의 국가에서 부의 집중도가 20세기 초반 수준으로 회귀하고 있음을 보여준다. 20세기 초부터 현재에 이르기까지 세계 선진 자본주의 국가의 불평등 지수는 U곡선을 그리면서 최근 들어 급속히 증가해 왔다. 1950년대 경제학자 사이먼 쿠즈네츠Simon Kuznets는 경제 성장과 소득 불평등에 관해 빠른 경제 성장 초기에는 불평등이 증가하지만 그 후에는 경제가 평등을 향해 발전한다는 주장, 이른바 역 U커브 inverted U-shape 이론을 제시한 바 있다. 그런데 현재 신자유주의의 충격 효과가 가져온 결과는 1950년대까지 나타났던 변화를 그로부터 다시 역전시키고 있다. 최근의 경제지표들은 그동안 자유시장론자들이 주창해 왔던 자유시장이 사회 모든 계층의 부를 증대시킬 것이라는 주장이 틀렸다는 사실을 증명하기에 충분하다.[5] 신자유주의가 지배하는 경제적 조건에서 사회의 최하층 집단은 저임금과 복지 수혜로 생계를 이어 가고 있으며, 중산층은 미국 주택시장의 융자 이자 문제에서 볼 수 있듯이 누적된 부채에 따른 파산 위험, 고용 및 연금 불안 같은 경제적 불안정에 놓이게 되었다. 반면 새로운 최상층 계급the super rich은 세제 혜택과 함께 공동체의 공익 규범이나 의무로부터 자유로운 경제활동의 혜택을 누리고 있다. 이뿐만이 아니다. 경제협력개발기구OECD에 속해 있는 상위 13개국의 실질임금 인상률은 1970년대 수준 이하로 떨어졌으며, 라틴아메리카와 아프리카 국가들은 1980년대 이래 IMF가 후원한 신자유주의를 수용하면서 다른 개발도상국에 비해 상대적으로 높은 성장률을 보였으나 현재는 그 성장률이 60퍼센트까지 떨어졌다.

신자유주의의 모델인 미국의 경우, 부의 집중과 분배의 불평등은 훨씬 더 극적인 양태로 나타난다. 물론 자유무역이 사회의 풍요를 증가시키고, 신용 및 금융 서비스의 자유화가 지금까지 이 부문에서 소외되었던 집단들에게 임금소득에 덧붙여 주식 및 주택 매입을 통해 자산 경제시장에 참여할 기회를 제공함으로써 그들의 소득 증가에 기여한 사실은 부정하기 어렵다. 그럼에도 불구하고 신자유주의의 성공담은 모든 사람에게 공평하게 자산소득의 증가를 가져다준 것이 아니라 소수의 부유층에게 편향적인 부의 증대를 허용했다. 1979~2004

년 사이 최상층 1퍼센트의 인구집단이 전체 국민소득 증가분에서 차지하는 몫이 78퍼센트 증가하는 동안, 나머지 80퍼센트 인구집단이 획득한 전체 소득 증가분의 몫은 15퍼센트나 감소했다. 대략 6640억 달러가 인구의 압도적 다수로부터 제한된 소수에게로 이전된 것이다.

신자유주의의 또 다른 모델 국가인 영국 또한 미국보다 사정은 덜하지만 소득 분포의 불평등을 완화하는 방향으로 변화했다고 말하기는 어렵다. 토니 블레어Tony Blair와 고든 브라운Gordon Brown이 주도하는 노동당 정부의 신진보파들은 부의 증가가 가져오는 혜택은 공공부문과 저소득 계층에게 분배할 것이라고 약속했다. 그리고 이들 저소득 계층을 위한 교육 기회를 확대해서 모든 사람에게 평등한 기회를 보장하겠다고 말했다. 그러나 10년이 지난 오늘날의 현실은 그러한 약속이 실현되지 못했음을 보여준다. 대처Margaret Thatcher의 보수당 정부가 실행한 신자유주의 정책으로 인해 경제적 빈곤은 배가되었고, 이러한 상황은 신노동당New Labor 정부 시기에도 더 나빠지지는 않은 정체 상태로 유지되었다. 주택 부분을 제외하면, 하위 소득층을 구성하는 인구의 절반이 증가된 부의 12퍼센트를 차지했던 것으로부터 그 증가분의 몫이 1퍼센트에 불과한 수준으로 떨어졌다. 현재는 1300만 명의 인구가 상대적 빈곤 상태에 있으며, 사회계층간 이동은 전전戰前 수준으로 되돌아갔고, 계층간 학력 차 역시 증가 추세에 있다. 이와 같은 상황에서 지난해 초에 개최되었던 세계 경제인들의 신자유주의 포럼 다보스회의에 즈음해 서구 언론들은 "쉬운 세계화의 시대는 끝나고 있는가?", "미국인들은 좋은 시절에 대한 꿈이 환영에 불과하다는 두려움을 느끼고 있다"라는 어두운 제하의 보도들을 내놓았으며, 1년이 지난 오늘날 우리는 그러한 우려가 현실화된 모습을 지켜보고 있다.6 세계 경제에 대한 불안감과 두려움은 휘발성과 불안정성을 동반할 수밖에 없는 신자유주의 시장경제가 가져온 사회심리적 부수 효과가 아닐 수 없다.

(2) 한국의 신자유주의 : 찬성과 반대의 문제

현재 한국 민주주의의 사회경제적 모습은 미국과 영국이라는 대표적인 신자유주의 국가에서 발견되는 신자유주의의 일반적인 효과와 대체로 상응하는 모습을 보여준다. 오늘날 한국 사회에서도 신자유주의의 문제는 신자유주의에 대한 찬성이냐 반대냐 하는 대립을 통해 가장 중요한 정치적·사회적 쟁점으로 부각되면서 하나의 중심적인 정치적 균열 축을 형성하기에 이르렀다. 그러나 신자유주의에 대한 찬성과 반대을 둘러싼 대립과 논쟁은 사태의 본질을 비껴간 측면이 크다. 그들이 구보수든, 뉴라이트든, 한국의 보수파들은 일관되게 신자유주의를 지지한다. 신자유주의야말로 한국 경제에 지속적인 성장을 가능케 하고 번영을 가져올 수 있는 경제 운영의 이념이자 가치라고 생각하기 때문이다. 그들은 신자유주의의 교과서적 논리와 원리를 한국 사회에 충실히 적용하는 입장을 취해 왔기 때문에, 그들의 관점과 주장은 비교적 간단하고 명료하다. 만약 우리가 현재 지켜보는 바와 같이 부의 불평등한 분배와 사회 해체 효과가 증대되어 왔다면, 그것은 신자유주의적 정책과 실천이 부족했고, 정부가 무능력해서 이를 효과적이고 효율적으로 수행하지 못한 결과라고 생각한다. 투자를 확대해서 성장 동력이 만들어지고 시장이 활성화되면, 고용이 확대되고 분배 효과도 개선된다는 신고전경제학의 '적하 효과'trickle-down effect는 그들의 단골 메뉴다. 그럼에도 불구하고 불평등과 빈곤, 사회 해체라는 부정적인 효과가 존재한다면, 그것은 성장을 위해 사회가 감수해야 할 비용이라고 말한다. 보수파들은 노동·분배·복지 문제는 미국의 대통령 조지 부시Goerge W. Bush가 말했던 '온정적 혹은 약자를 껴안는 보수주의'compassionate conservatism를 통해 해결할 수 있다고 생각한다.

신자유주의의 교과서적인 논리를 준봉하는 보수적 사회세력들은 2007년 대선과 2008년 총선에서의 승리를 통해 행정부와 의회를 아우르는 집권세력이 되었다. 이제 신자유주의가 만개滿開할 정치 상황이 도래한 것이다. 노무현 정부 시기, 그리고 대통령 선거운동 과정에서 이른바 좌파의 집권으로 '잃어버린 10년을 되찾자'는 구호는, 지난 정부로 인해 제어되었던 신자유주의적 정책을 전폭적이고 적극적으로 추진하겠다는 보수파들의 의지의 일단을 보여준다. 한국 사회의 주요 영역과 주요 수준에 대한 미국의 영향력이 압도적인 조건에서, 공공연하게 신자유주의를 표방하는 정부가 이제야 들어섰다는 사실은 때늦은 감이 없지 않다. 만개한 보수 정부의 성립을 지체시켰던 힘은 말할 것도 없이 운동에 의한 민주화에서 나왔다는 점을 강조할 필요가 있겠다.

개혁-진보 진영에서 신자유주의에 대한 반대와 찬성의 구분은, 보수 진영의 이론의 여지없는 지지에 비해 복잡하다고 말할 수 있다. 그것은 두 가지 문제를 포함한다. 첫 번째는 신자유주의에 대한 찬성과 반대의 구분이 언론과 일상의 언어를 통해서 사용되는 좌와 우의 구분과 얼마나 일치하는가, 그리고 보수 대 진보-개혁의 구분이나 보수(정당) 대 진보-개혁(정당)의 구분, 즉 실제로 존재하고 경쟁하는 정당들 간의 구분을 얼마나 정확히 표현하는가 하는 문제다. 두 번째는 가치 함축적이고 정책 지향적인 측면에서 신자유주의에 대한 찬성과 반대의 구분이 그 문제를 해결하기 위해 현실을 설명하거나 정책 대안을 형성하는 데 얼마나 정확하며 설득력을 갖는가 하는 문제다. 이러한 문제 제기는 한국의 진보-개혁이라는 말이 갖는 의미의 애매함과 신자유주의 찬성 내지 반대라는 이분법적 구분이 경제와 사회에 관한 대안적 비전이나 프로그램으로서 얼마나 현실성을 갖는가에 대한 비판적인 입장을 함축하고 있다.

먼저 첫 번째 문제부터 살펴보도록 하자. 한국의 진보-개혁 세력과 이들을 대변했던 정부들은 국가주의, 민족주의로부터 도출되는 경제적 민족주의와 성장주의의 이념과 가치를 적극적으로 수용했다. 이 점에서 지난 정부들의 경제정책은 IMF 경제 위기 이후에도 신자유주의적 독트린을 적극적으로 수용하고 급진적으로 추진하면서 권위주의 시기 동안 확립된 바 있는 성장제일주의 정책을 일관되게 추진해왔다고 말할 수 있다. 오늘날의 사회경제적 불평등과 그에 따른 사회 해체는 신자유주의를 적극적으로 표방한 어떤 보수적 정부에 의해서 만들어진 것이 아니라, 지난 10년에 걸쳐 신자유주의를 적극적으로 추진했던 이른바 진보적·개혁적 정부에서 이루어진 결과들이다. 지난 10년 동안 정부가 경제 성장을 지체시킬 만한 분배·복지·노동 정책을 펼친 적이 있는가? 재벌기업들과 사회경제적 상층 집단들은 좌파 정부의 사회경제 정책으로 인해 그들의 부를 증대시키는 데 얼마나 큰 제약을 받았는가? 거의 모든 경제지표들은 일관되게 그렇지 않다는 사실을 보여준다. 그렇다면 왜 좌파의 집권으로 잃어버린 10년을 말하는가?

1970~1980년대의 정치학계에서는 마르크스주의 국가 이론이 크게 융성한 바 있다. 그 이론의 핵심 주장 가운데 하나는, 자본주의 정치경제체제에서는 그 체제의 주역인 자본가들이 직접 정치권력을 가지고 통치할 수도 있지만, 반드시 스스로 직접 통치할 필요가 없는 특징을 갖는다는 것이다. 중산층이나 노동자 대표들의 정부가 들어서거나 군부 혹은 기술 관료들이 통치한다 하더라도 자본주의체제의 재생산에는 큰 영향을 미치지 않는다는 요지다.[7] 이 이론에 빗대어 보수파의 입장을 해석해 볼 수 있다. 만약 보수파들이 좌파 정부가 집권한 잃어버린 10년을 불평한다면, 그것은 좌파 정부가 신자유주의를 충분히 실행하지 않아서가 아니라 그들 스스로가 권력을 갖지 못했기 때문이다. 이제 보수파들의 입장에서 보면, 그들의 바람대로 집권에 성공했다. 그러나 그들의 주장을 따라 개혁적인 정부가 정책 대안에 대한 비전과 목표의 애매함이나 정책 집행에서의 무능함으로 인해 실패했다 하더라도, 보수적인 정부는 한국 사회 최상층의 이해관계를 일방적으

로 대변함으로써 그람시Antonio Gramsci가 말하는 의미에서의 헤게모니 문제, 즉 통치에 대한 피치자의 동의를 끌어낼 수 있는 도덕적 리더십의 부재로 실패할 위험에 직면할 가능성이 높다고 하겠다.

해가 지날수록 점점 더 악화되는 소득 불평등, 전체 노동자의 50퍼센트를 넘는 비정규직, OECD 국가의 평균을 크게 상회하는 높은 자살률·이혼율·산재 사고율은 사회경제적 불평등의 확대와 사회 해체 효과가 한 공동체의 안정성을 유지할 수 없을 만큼의 임계점에 이르렀음을 드러낸다. 이렇게 취약한 조건에서 새로운 보수 정부가 성장 일변도의 정책을 일방적으로 추구할 때 우리 사회는 그것을 얼마나 지탱할 수 있을까? 다른 한편, 개혁파 정부가 신자유주의 정책을 적극적으로 수용하고 추진해 왔다는 점에서 2007년 대선을 통한 정권 교체는 신자유주의 정책 노선과 그에 대한 대안 노선 간의 경쟁이 만들어 낸 결과가 아니기 때문에, 이 문제는 하나의 연속 선상에서 볼 수 있다. 보수파의 집권은 민주 정부들이 잘 닦아 놓은 신자유주의적 경제정책 기조 위에서 그것을 바탕으로 이루어진 것이다. 물론 아주 차이가 없는 세력간의 교체라고 말할 수는 없다. 아마도 머뭇거리는 또는 소극적인 면모를 갖는 신자유주의 정부에서 '더 많은 신자유주의'를 적극적으로 표방하는 정부로의 정권 교체라는 표현이 더 정확할지 모른다. 개혁적 정부하에서의 신자유주의적 경제정책은 그 정책을 언표화하고 정당화하는 담론 및 레토릭과 실제 정책 사이의 괴리 속에서 소극적으로 추진되었다. 그것은 '인지적 불일치'cognitive dissonance를 일상화시켰고, '좌파 신자유주의' 같은 형용 모순적인 말들을 쏟아

냈다. 정치 언어, 담론, 수사, 슬로건은 급진적이었던 반면, 정부 운용과 정책의 방향 및 내용에서는 신자유주의적 성장 정책을 적극적으로 수용했다. 정서적 급진주의와 내용적 보수성이 결합하면서 불협화음을 만들어 냈던 것이다.

두 번째 문제, 즉 가치 함축적인 관점에서 취해지는 신자유주의에 대한 찬성과 반대의 구분이 현실 문제를 개선하는 데 얼마나 기여할 수 있는가를 살펴보도록 하자. 이 문제에서는 개혁파를 하나의 범주로 묶어서 이해할 수 없다. 왜냐하면 앞에서도 말했듯이 노무현 정부의 집권파 그룹들은 그 담론과 수사가 어떠하든 사실상 신자유주의 경제정책을 추진해 왔기 때문이다. 여기에서 신자유주의 반대를 말하는 그룹은 집권파가 아닌, 정부 밖에 있는 또 다른 개혁파 그룹을 두고 말하는 것이다. 이들의 관점에 따르면 좁게는 개혁적인 정부, 넓게는 한국 민주주의가 보수화된 이유는 신자유주의에서 찾을 수 있다는 것이다. 즉 신자유주의가 아니었더라면 한국 민주주의는 훨씬 더 개혁적인 내용을 가졌을 것이며, 소위 말하는 민주 정부들 또한 개혁적인 정책을 추구할 수 있었을 것이라는 주장이다. 과연 그러한가?

결론부터 말하자면, 개혁 정부의 실패는 신자유주의의 효과라기보다는 이들 정부의 정치적 실패에서 그 원인을 찾을 수 있다. 이와는 반대로 잘못된 결과의 원인을 신자유주의로 돌리는 방법은 개혁 정부들이 수행했어야 할 정치적 역할의 문제를 우회하거나 간과하는 오류를 안고 있다. 이것은 다음 장에서 다룰 시민적 민주주의에 대한 이해의 부족이 가져온 결과를 말하는 것이기도 하다. 즉, 사회경제적 불평등의 확대와 그에 따른 사회 해체는 이들 개혁 정부가 민주주의에 적응하는 데 실패함으로써 만들어진 부정적인 결과며, 다른 무엇보다도 정당의 역할과 성격을 제대로 이해하지 못한 데서 비롯된 결과라는 말이다.

지난 10년 동안 정부를 운영했던 집권세력에 대해 개혁 정부라는 호명이 가능했던 이유는, 그들이 민주화운동 시기에 분출했던 변화 요구를 더 많이 대변해 왔다는 점에서 IMF 금융 위기와 신자유주의적 세계화의 부정적인 충격을 보다 강하게 받은 사회계층, 사회적 약자를 대변할 것이라는 기대가 있었기 때문이다. 따라서 이들 계층의 요구를 조직하고 대변하는 개혁파 정당의 형성을 통해 대중 참여와 소통의 폭을 확대하는 대안을 과도한 바람이라고 말하기는 어렵다. 그러나 집권 개혁파들은 지구당 폐지, 당정 분리, 원내 정당화, 국민(참여)경선제를 포함하는 여러 정치 개혁 조치들을 통해 자신의 정당을 해체하는 방향으로 정치를 운용했다. 이는 정당이 사회에 뿌리내려 지지층과 소통하면서 이들을 대변하는 민주주의의 기본적인 메커니즘의 해체를 의미한다. 이러한 정치적 조건에서 헤게모니적 성장 정책에 대한 대안을 갖지 못한 채 신자유주의 원리를 비판 없이 추수하는 방향으로 나아갔다는 사실은 거의 필연적인 결과로 보인다. 재벌, 언론 등의 거대 이익들을 민주적으로 통제할 수 있는 아무런 정치적 조직화의 수단을 갖지 못한 상황에서 다른 대안을 찾을 수는 없었던 것이다.

문제의 원인을 신자유주의로 돌리는 방법이 가져오는 또 다른 문제는, 찬성과 반대의 단순 구도가 전부 아니면 전무의 이분법적 사고를 강화한다는 데 있다. 그것은 문제의 근본 원인을 설정하고 그에 모든 책임을 돌리는 환원주의적 논리로서, 복합적인 현실 문제에 대한 이해를 오도할 가능성을 증폭시킨다. 근본 원인을 부정하는 것으로부터 대안을 찾는 방법은 민주파들의 운동론적·민중주의적 민주주의관과 일맥상통하는 점이 있다. 무엇보다 그것은 전혀 현실적이지 못하다. 신자유주의를 개인적 가치판단의 기준에서 긍정하든 부정하든, 그것은 이미 우리의 생활 속으로 깊이 들어와 객관적인 현실을 구성하고 있다. 우리가 다루어야 할 문제는 신자유주의를 긍정하느냐 부정하느냐가 아니라, 그것이 만들어 놓은 현실의 생산체제, 시장구조, 산업 및 고용 구조, 노사관계 등에서 나타난 부정적인 효과를 정치의 방법으로 어떻게 얼마나 완화시킬 수 있는가 하는 것이다.

이 문제는 자본주의 시장경제와 민주주의 간의 관계라는 보다 구조적인 측면에서도 살펴볼 수 있다. 이들 양자간의 구조적 관계를 집요하게 탐구했던 쉐보르스키Adam Przeworski의 이론에 따르면, 자본주의와 민주주의는 서로를 필요로 하지만 그러기 위해서도 상호 수정되지 않으면 안 되는 갈등적 공존 관계를 형성한다.[8] 이러한 관계 구조는 민주주의가 완전하게 평등한 1인 1표가 부여하는 제도적 기제로 인해 비교적 평등한 권력과 지위의 배분을 특징으로 하는 반면, 자본주의는 시장 경쟁이라는 기제를 통해 부와 소득을 비교적 불평등하게 배분하는 경제체제라는 데서 발생한다. 만약 자본주의 시장경제가 민주주의의 원리와 규범을 압도하면서 자신의 논리를 상대에 부과한다면,

민주주의는 존립하기 어렵다. 역으로 민주주의가 갖는 평등의 원리가 극대화되면 시장경제의 기반인 사적 소유권을 부정할 수밖에 없거나 이를 사회주의 계획경제와 같은 다른 경제체제로 대체하게 될 것이다. 양자가 존립하기 위해서는 시장 경쟁의 원리가 무제한적으로 확장될 수 없고, 경쟁의 승자인 부자들만의 이익이 극대화될 수 없도록 민주주의가 자본주의에 수정 내지 제약을 가하지 않으면 안 된다. 이것이 바로 민주적으로 관리되는 국가가 경제에 개입하는 방식으로서 누진적 조세, 산업 규제, 노동 보호, 복지체제의 발전, 공공 부문의 형성이 허용되는 이유다. 동일한 근거에서 민주주의에 대해서는 1인 1표의 효과가 극대화되어 다수의 전횡이 이루어지거나 법 앞의 평등이 무차별적으로 작동하지 않도록 여러 형태의 정치제도와 사법제도가 만들어진다. 흔히 말하는 성장과 분배의 균형이란 이와 같은 자본주의와 민주주의 간의 갈등적 공존 관계를 표현한 것으로 이해할 수 있다.

이러한 관점에서 문제를 볼 때, 신자유주의는 경제 운용에서 시장 원리의 극대화를 통해 생산체제와 시장구조를 변화시킬 뿐만 아니라 민주주의를 이해하는 관점 자체를 변화시켜 민주 정치의 운영 원리와 제도를 바꾸는 이데올로기로서의 기능을 갖는다. 즉 신자유주의의 전개와 탈민주화de-democratization 과정이 동시적으로 진행되는 것이다.[9] 투표율과 노조 조직률의 하락, 정치인의 위상과 그들에 대한 신뢰의 하락, 정당 기능의 약화와 자본 집약적-하이테크 정당으로의 전환, 공익이나 공적 이슈에 관한 시민들의 관심 하락, 입법부의 약화와 행정부의 강화, 유권자의 정당 일체감 약화, 투표자의 정당 선택과 관련한 불안정성 증가와 같은 최근년의 정치적 추세들은, 신자유주의가 정치와 민주주의를 약화시킴으로써 나타난 현상임을 보여준다. 이로써 민주주의는 폴 새뮤얼슨Paul Samuelson이 미국 정치에 대해 말하듯 합법적으로 표를 돈으로 구매하는 금권정치로 전락하고 마는 것이다.[10] 법률 소송의 증가, 부패 추문의 확산, 반反 정당을 내세우는 후보들의 증가 등으로 표출되는 '다른 수단에 의한 정치'의 확대 역시 이러한 변화가 수반하는 필연적인 현상으로 이해된다. 그것을 '탈민주화'라고 말하든 '민주주의의 다운사이징'downsizing democracy이라고 말하든, 한국 사회에서 이러한 현상은 신자유주의가 급진적으로 시행된 것만큼이나 빠르게, 그리고 민주 정부들이 정당 민주주의의 강화를 통해 민주주의를 발전시키려는 노력이 미흡했던 것만큼이나 광범하게 진행되어 왔다.

탈민주화가 정당성을 갖게 된 것은 그것만이 경제 성장을 가져올 수 있다는 인식 내지 믿음이 광범위하게 확산된 결과로 이해할 수 있다. 이런 상황은 지난 대선 과정에서 나타난 이래 보통 사람들 입에서 자주 회자膾炙되는 "~ 좀 하면 어떠냐? 경제만 살리면 그만이지"라는 농담에서도 잘 드러난다. 부연하자면, 요즘의 세태를 비꼬아 "비리나 부패, 전횡이 좀 있으면 어떠냐? 민주주의가 좀 잘못되면 어떠냐? 인권이 좀 침해받으면 어떠냐? 경제만 살리면 그만이지"라는 뜻이다. 민주주의의 제도와 가치, 법 앞의 평등, 인권, 노동 보호, 환경 보존 등과 같이 결코 경제 논리나 성장의 가치로 치환될 수 없는 규범과 가치, 제도들이 모두 경제 성장이라는 지상 목표의 하위 수단으로 폄하되기에 이른 것이다. 인간적인 가치를 구현하고, 한 사회의 문화적·사회경제적 삶의 질을 향상시키는 데 필요하기 때문에 성장을 말하는 것이 아니라, 성장을 위해서 개인과 사회가 동원되고 한 사회의 개인적·집단적 가치가 규정되며 그 비중에 따라 가치의 위계 구조가 만들어지는 상황이 도래했다. 인간의 가치, 민주주의의 가치, 환경의 가치, 평화의 가치가 경제 성장의 가치를 실현하는 수단으로 인식되는 수단-목적의 전치 현상은 오늘날 한국 사회에서 민주주의를 위협하는 수준에 도달해 있다.

이러한 관점에서 보자면, 무엇이 진보고 개혁인가라는 질문에 대한 해답은 자연스럽게 도출된다. 진보와 개혁은 민주주의의 가치와 원리, 규범을 존중하고, 그 가치를 구현한 제도와 메커니즘을 통해 이를 실천하는 것이다. 지난 10년 동안 개혁파 정부들이 실패했던 원인은 경제의 규모나 성장과 관련된 지표로 표현되는 경제적 업적의 문제보다는 민주주의의 실천과 관련된 문제에서 찾을 수 있다. 이것은 신자유주의에 대한 찬성과 반대의 구분이 흔히 간과하고 있는 문제다.

3

한국 사회와 사회적 시민권

(1) 한국 시민권의 현실

오늘날 우리가 지켜보고 있는 민주주의의 사회경제적인 모습은 한국 민주주의가 실패하고 있다는 사실을 보여주는 징후다. 그리고 그 실패는 한국 민주주의가 사회적 시민권의 내용을 갖지 못한 결과로 이해할 수 있다. 민주주의의 주체는 인권을 소지한 시민이며, 시민 없는 민주주의는 존재할 수 없다.[11] 근본적 권리로서의 인권이 무엇인가 하는 문제는 두 요소의 결합을 통해 결정된다. 하나는 인권 혹은 시민권에 관한 공동체의 도덕적 규범이 얼마나 광범하게 공유되느냐 하는 것이고, 다른 하나는 정치사회적 힘의 관계가 어떻게, 얼마나 강하게 그와 같은 도덕적 규범의 실현 조건을 만들어 내는가 하는 것이다. 그러므로 시민권의 내용은 이 양자가 어떻게 결합하는가의 패턴에 따라 나라마다 상이하게 나타나며, 역사적으로도 그에 따라서 발전과 쇠퇴를 거듭해 왔다. 공동체의 구성원으로서 시민이 갖는 권리는 민주주의체제만이 아니라 고대 그리스, 로마, 중세, 절대왕정 시기 등 과거에도 존재했기 때문에, 여기서 말하는 권리는 특정의 내용을 지칭하는 권리임을 밝혀 둘 필요가 있다. 근대의 시민은 자유주의적 계몽사상과 미국과 프랑스에서 발생한 민주주의 혁명의 산물이다. 근대적 인권 혹은 시민권 개념은 중세 봉건 시기의 위계적 신분 질서를 해체하고, 보편적이고 평등한 인간의 천부인권을 강조한 자연권 사상에 기초를 두고 있다. 그리고 근대 이후 시민권의 확립과 발전의 의미는 다른 누구보다도 영국의 사회학자 T. H. 마셜의 이론을 통해 이해할 수 있다. 특별히 마셜의 시민권 이론을 살펴보는 까닭은 그것이 민주주의 발전을 정치제도상의 작동 방식만으로 고립시켜 보지 않았다는 데 있다. 바꿔 말해, 마셜은 민주주의체제의 주요 행위자 집단인 시민에 주목해, 이들 시민이 정치공동체의 구성원으로서 권리를 갖는 주체인 동시에 자본주의 생산체제에서 특정한 기능과 역할을 수행하는 사회적 계급의 성원으로서 사회경제적 생활의 주체라는 이중적 관점에서 시민권을 말하기 때문이다.

마셜은 시민권 이론의 기초를 놓았던 1949년 영국 케임브리지대학의 강연에서 시민권을 세 개의 개념으로 범주화했다. 시민적 권리civil citizenship, 정치적 권리political citizenship, 사회적 권리social citizenship가 그것이다. 시민적 권리는 자유주의 사상의 핵심적 가치를 담은 인신의 자유, 사상과 양심의 자유, 의사 표현과 언론의 자유, 재산 획득의 자유와 같은 권리를 말하며, 정치적 권리는 평등하고 보편적인 선거권을 통해 정치에 참여하는 권리를, 사회적 권리는 사회 발전에 따른 경제적·물질적 성과를 일정하게 배분받아 인간적인 삶을 보장받는 복지와 분배의 내용을 갖는 권리, 보다 일반적으로 말해 사회경제적 권리를 의미한다. 이 세 가지 시민권은 역사적으로 볼 때 각각 17~18세기, 19세기, 20세기의 역사적 발전 단계를 통해 확립되었다.[12] 마셜의 시민권 개념은 시민권이 단계적 수순을 따라 발전하고 노동자 계급의 조직적 노동운동을 통해 노동조합 결성의 권리와 복지권을 획득한 영국의 역사적 사례를 토대로 하고 있다. 그의 시민권 개념이 영국을 경험적 모델로, 그것도 1950년대까지의 노동운동과 복지체제를 모델로 했던 만큼 이에 대해서는 여러 비판이 제기될 수도 있다. 그러나 그것은 노동의 사회적 통합과 사회 정의의 구현이라는 관점에서 보편성을 갖는 하나의 패러다임적 이론이라 말할 수 있다.

　이와 같은 시민권 개념을 기준으로 현재 한국에서 향유되고 있는 시민권의 내용은 무엇이며, 그것은 어떻게 발전되어 왔는지를 살펴볼 수 있다. 이는 오늘날 한국 민주주의의 내용과 수준을 가늠할 수 있는 준거이기도 하다. 한국에서 실천되는 시민권은 다음과 같은 몇 가지 특징을 가지고 있다. 우선 현재의 시점에서 역사적·서술적으로 그 특징을 말한다면, 한국 사회에서는 시민적 권리와 정치적 권리로서의 참정권은 존재하지만 사회경제적 권리에 대한 관념은 거의 존재하지 않는다. 여기서 흥미로운 점은 앞의 두 권리는 해방 이후 분단국가가 형성되고 제도화되었던 1940년대 말 이미 헌법을 통해 명문화됨으로써 현실이기 이전에 먼저 법과 제도로 부여되었다는 사실이다. 그러나 우리가 실제로 시민적 권리와 정치적 권리를 현실적인 효능을 갖는 권리로서, 그리고 시민권 개념의 중심 내용으로서 이해하고 실천하기 시작한 것은 1980년대 후반의 민주화 이후부터라고 말할 수 있다. 그것은 민주화를 거치면서 인권이라는 말의 중요성을 통해 표현되었으며, 대중적인 차원에서는 대체로 다른 어떤 시민권 범주보다도 시민적 권리를 강조하는 것으로 이해되었다.[13] 다른 한편, 정치적 권리의 문제는 민주화를 통해 거의 일거에 해결된 것처럼 보인다. 보통선거권은 이미 해방 직후 최초의 선거에서 헌법에 의해 부여되었지만 권위주의 시기에는 효과적으로 작동하지 않았기 때문에, 민주화는 곧 정치적 권리를 현실화하는 힘으로 작용했다고 말할 수 있다.

여기서 시민권의 한국적 특성을 만들어 낸 두 요소를 지적할 수 있겠다. 하나는 보통선거권이 서구와 같이 참정권으로부터 배제된 집단의 투쟁을 통해 점진적으로 확대된 것이 아니라 일거에 주어졌기 때문에, 노동자들을 중심으로 하는 하층 집단이 하나의 계급집단을 형성하면서 투쟁을 통해 정치적 권리를 획득하는 과정이 생략되었다는 사실이다. 이는 보통선거권을 위한 투쟁과 그 획득 과정이 곧 대중정당 창출의 법적·제도적 기반으로 기능했던 서구의 경험이 한국에서는 존재하지 않았다는 것을 의미한다. 다른 하나는 냉전반공주의의 이데올로기적 효과와 관련된 것이다.

냉전반공주의는 사회적 시민권을 형성하는 데 어떤 영향을 미쳤을까? 일견 냉전과 시민권의 문제는 직접적인 관계가 없는 것처럼 보이지만, 양자는 밀접한 관계를 갖고 있다. 냉전반공주의가 낳은 가장 중요한 결과 가운데 하나는 노동 개념의 보편성 획득과 노동운동의 정치세력화를 어렵게 만들었다는 데 있다. 바꿔 말해 냉전반공주의는 노동 개념, 노동운동, 노동 이익을 대표하는 정당의 출현, 즉 좌파정당의 조직화를 어렵게 만드는 이데올로기적 헤게모니로서 기능했다는 것이다. 해방 이후 전개되었던 이데올로기적 양극화와 분단, 그리고 전쟁은 노동의 가치, 노동운동, 좌파정당 등 노동과 관련된 담론이나 실천을 친북세력, 체제 전복적 혁명운동 등과 구분하지 않거나 그와 상호 연계된 것으로 이해하는 인식틀을 만들어 놓았다. 이로 인해 시장경제에 기반한 현대 사회에 보편적으로 존재하는 사회경제적 집단이자 정치적 균열과 갈등의 주요한 당사자인 노동 이익이 정치적으로 표출되고 조직노동이 정치적 행위자로서 활동할 수 있는 여지는 결정적으로 축소되고 말았다.[14] 1940~1950년대에 형성된 냉전반공주의는 이후 1960~1970년대 산업화나 1980년대 민주화 과정에서도 노동 문제에 대한 이해를 형성하는 데 큰 영향을 미쳤다. 경제 규모나 1인당 국민소득에서는 노동자 정당이 성립할 당시의 서구보다 훨씬 더 높은 성취를 이루었음에도 불구하고, 여전히 한국 사회에서는 노동운동과 사회적 시민권 개념이 인정되지 않고 있는 것이다.

노동운동과 사회적 시민권 개념이 정당한 지위를 인정받지 못하는 상황은 단지 조직노동이나 노동운동만을 제약하는 효과를 갖는 것은 아니다. 그것은 사회경제적인 문제와 관련해 정책상의 차이를 갖는 정당들을 중심으로 정치적 경쟁이 전개되지 못하도록 하는 효과 또한 발휘하고 있다. 이 문제는 다음과 같은 방식으로 이해할 수 있다. 민주주의에서 대표를 선출하는 투표 행위는 현실에서 두 가지 의미와 내용을 갖는다. 하나는 보통선거권을 갖는 개개인의 일반적인 정치적 선택으로 정치적 수준에서 시민 개인으로 투표하는 행위를 의미한다. 다른 하나는 이들 시민이 사회경제적 기능 범주에 속한 특정 역할의 담당자로 그들의 이익과 가치를 공유하는 집단의 구성원으로 투표하는 행위다. 이러한 전제를 바탕으로 할 때, 사회적 시민권은 시민+ '무엇'이라는 두 가지 의미를 동시에 포괄하는 개념으로 이해할 수 있다. 그러한 경우에서 시민은 단지 개별적인 시민일 뿐만 아니라 시민-교사, 시민-기업가, 시민-자영업자, 시민-노동자가 된다. 이렇게 '-'으로 연결된 시민은 자신이 위치하고 역할하는 사회의 기능적 범주에서 공유되는 이익과 가치를 정당과 투표라는 민주주의제도를 통해 실현하고 증진할 수 있는 능력을 갖는다. 따라서 한국에서 사회적 시민권이 존재하지 않는다고 말할 때, 그것은 한국의 정치 경쟁 내지 정당 간 경쟁에서는 '-' 다음에 있는 시민의 사회경제적 내용을 가리키는 두 번째 의미가 실질적인 힘을 갖지 못하는 상황을 뜻한다고 하겠다.

한국에서 사회경제적 시민권은 노동 인권이라는 일상적인 언어를 통해 부분적으로 표출되기도 한다. 그러나 현재 사용되는 노동 인권이라는 말은 한국 사회에서 일반적으로 노동자라고 말하는 작업장의 생산직 노동자와 이들이 중심을 이루는 노동운동과 노동조합의 활동과 관련해서 회자되는 좁은 의미로 사용되고 있다는 인상을 지우기 어렵다. 노동 인권은 여기서 강조하는 사회경제적 시민권의 의미를 담고 있기보다는 개인의 기본적인 인권으로서 시민적 자유권의 의미에 더 가까운 것으로 보인다. 물론 노동자들에게도 시민적 권리가 평등하게 부여되어야 한다는 명제를 부정할 수는 없다. 그러나 지금까지 사용되어 온 노동 인권 개념은 여전히 매우 소극적이고, 특수주의적이며, 제한적이다. 이 점에서 노동 인권은 생산직 노동자와 노동운동에 한정된 채로 그 범위를 벗어나지 못하는 게토화된 말이 아닐 수 없다. 반면 사회경제적 시민권은 어떤 특수한 사회경제적 영역에 한정된 권리가 아니라, 모든 사람에게 적용되는 인권의 보편적인 내용을 구성하는 의미로 제시된 것이다.

(2) 민주화운동의 분화와 사회적 시민권의 저발전

1980년대의 민주화운동이 낳은 여러 중요한 말들 중에는 민중, 시민, 시민사회, 시민운동 등과 더불어 인권이라는 말도 포함된다. 그간 민주 정부들은 인권을 증진하기 위해 여러 종류의 정책적 조치들을 취했고, 인권위원회라는 제도적 기구를 설치하기도 했다. 또한 민주화운동의 상징으로 받아들여지는 광주는 '민주, 인권, 평화의 도시'라고 스스로를 규정하기도 한다. 그만큼 인권 개념은 민주주의와 시민권에 있어 핵심적인 의미로 수용되었던 것이다. 그것은 정치적 권위주의와 그 기저 이념으로서의 냉전반공주의 이데올로기가 수많은 인권 유린과 사상적·신체적 억압을 가져왔던 과거의 역사를 반영하는 현상이며, 그러한 이유에서 국가에 반해 개인의 권리를 요구하고 실현코자 하는 가치와 실천 의지의 표현으로 이해할 수 있다. 한편 정치적 권리는 앞에서 언급했듯이 이미 국가 건설 초기에 보통선거권을 부여함으로써 제도화된 바 있다. 따라서 한국의 민주화는 서구와 달리 이미 존재했지만 권위주의의 억압 때문에 제대로 기능하지 못했던 정치적 권리를 복원하는 의미를 갖는다. 그러므로 민주화 과정에서 민주주의란 주되게 '국민의 손으로 직접 뽑는 대통령'이라는 구호에서도 나타나듯 민주적인 방법으로 대표를 선출하는 것으로 이해되었다. 이러한 맥락에서 민주화는 시민적 권리와 정치적 권리의 획득으로 사실상 완결되었던 것이다.

그렇다면 민주화는 사회적 시민권의 발전에는 어떤 영향을 미쳤을까? 사회적 시민권은 민주화 과정에서, 그리고 노동운동 진영에서 널리 사용되는 노동 인권이라는 말과 유사성을 갖는 것으로 이해할 수도 있다. 그러나 한국 사회에서 사회적 시민권의 의미는 노동 인권이라는 말을 통해 부분적으로 표출되었을 뿐, 그 개념이 담고 있는 보편성을 통해 노동운동이라는 한정된 범위를 넘어 사회 전반에 걸쳐 사용되지 못했으며, 지금도 그러한 상태다. 다른 한편, 1980년대의 민주화운동은 두 사회세력의 연합을 통해 주도되었다는 점을 주목할 필요가 있다. 민주화운동의 두 주요 세력 가운데 하나는 대학생을 중심으로 하는 도시의 교육받은 중산층적 배경을 갖는 시민들이며, 다른 하나는 노동자와 농민 같은 생산자 집단을 중심으로 하는 민중운동이다. 이들의 연대를 상징적으로 표현했던 말은 1980년대 민주화운동의 고조기에 형성되었던 '노학연대'다. 그러나 민주화 이후 운동의 탈동원과 더불어 이러한 연대 활동 역시 자연스럽게 해체되면서 운동의 분화가 나타났다. 하나는 시민운동, 다른 하나는 말 그대로의 노동운동으로, 이는 중산층과 하층 운동의 분화로 특징지을 수 있다. 물론 이러한 분화는 이미 민주화운동 과정에서도 그 징후를 드러낸 바 있다. 6월항쟁에서는 민주화에 적극적으로 동참하고 지지를 보냈던 중산층 시민들이 곧이어 전개된 7~8월의 노동자 대투쟁에 대해서는 뚜렷하게 냉담한 반응을 보내기 시작했던 예가 그것이다.

이와 같은 연대가 지속되기 어렵게 만든 요인은 무엇이며, 그것은 사회적 시민권에 어떤 효과를 미쳤는가? 먼저 오늘의 시점에서 그 효과를 보자면 이러한 분화는 한국 민주주의를 특정한 방향으로 이끄는 데 큰 영향력을 발휘했다는 사실을 지적할 수 있다. 이로 인해 민주주의의 공고화는 중산층적 민주주의관이 관철되고, 신자유주의적 헤게모니를 수용하는 정책 방향으로 전개되는 동력으로 작용했기 때문이다. 그 과정에서 노동운동은 사회로부터 고립되었고, 앞에서 지적했듯이 노동 인권의 개념 또한 보편적인 사회적 시민권으로 발전하지 못한 채 게토화되고 말았다. 즉 한국 민주주의의 공고화 과정은 노동운동의 고립화와 신자유주의적 민주주의관의 확립 과정이었던 것이다. 이 과정에서 민중운동의 내용이 변용되었다는 사실 또한 특기할 만하다. 처음부터 민중 담론에서 노동 문제가 배제되었다고 볼 수는 없다. 광주항쟁 시기 민주화운동을 구성했던 세 가지 핵심어는 민족, 민중, 민주였다. 여기서 특히 민중 개념이 노동자, 농민이라는 사회적 소외 계층을 포괄하는 의미임은 말할 것도 없다. 그러나 오늘날 민주화의 상징 광주는 '민주, 인권, 평화'의 도시로 스스로를 규정하면서 그것을 지향한다고 말하고 있다. '민족, 민중, 민주'에서 '민주, 인권, 평화'로의 상징 변화는, 민주화 이후 진행되어 온 노동을 핵심으로 하는 민중적 요소의 배제라는 한국 사회 전체의 변화를 잘 보여주는 사례다. 데이비드 헬드David Held의 다음과 같은 명제는 이러한 상황이 의미하는 바를 이해하는 데 큰 도움을 주는 것으로 보인다. "특정 권리의 바로 그 의미는, 그 권리 개념에 부여되는 관심과 헌신, 그리고 압력의 범위가 적절하게 파악되지 않고는 정확하게 이해될 수 없는 것이다."[15]

민주화 이후 한국 사회에서 노동운동을 포괄하는 민중운동과 중산층적 시민운동의 분리는 시민사회 변화의 가장 중요한 부분을 구성한다. 같은 시기 민주 정부의 역할은 이러한 분리를 결정적으로 강화하는 중심 요소로 기능했다. IMF 외환 위기 당시 김대중 정부가 경제 위기를 극복하기 위해 사용한 방법은, 노동운동이 체제 내의 중요한 행위자로 역할하고 사회적 시민권이 보편적 시민권의 범주 내로 수용될 수 있는 여지를 크게 좁히는 효과를 가져왔다. 그것은 1960~1970년대의 권위주의 산업화로부터 1980년대의 민주화를 거치면서 노동운동이 일정한 발전 단계에 오른 상태에서 주요 사회세력들, 즉 재벌 중심의 기업집단, 중산층, 조직노동 간 힘의 균형을 일거에 변화시켜 노동이 아닌 재벌과 중산층에 호의적인 방향으로 기울게 만든 중요한 계기가 아닐 수 없었다. 이러한 역전 과정에서 민주 정부는 결정적인 역할을 했으며, 길게 보아 그것은 민주화운동을 통해 도전받았던 박정희식 성장 모델이 변화를 위한 도전에서 벗어나 다시금 복원되는 결과로 나타났다.

이러한 주장을 뒷받침하는 근거로서 지난 정부의 역할을 다음과 같은 방식으로 설명할 수 있다. 당시 민주 정부는 두 가지 대안 가운데 하나를 선택할 수 있었다. 첫 번째는 사회경제체제에 대한 구조적 개혁을 수반하는 어려운 작업으로, 그 효과에서도 집권 기간 중에 성장률이 저하되는 위험을 감수해야 할지도 모르는 선택이다. 김대중 정부는 당 대 당의 정권 교체라는 민주주의 발전의 새로운 전기를 마련한 선거 결과를 통해 성립되었다. 야당의 승리는 IMF 금융 위기를 가져온 보수세력에 대한 책임 추궁과 권위주의에 의해 뒷받침되었던 경제 성장 모델에 대한 개혁 요구로 해석할 수 있다. 또한 경제 위기가 아니었다 하더라도 정치의 민주화는 기존의 성장 모델에 대한 개혁 요구를 일정하게 수용하는 의미를 함축하고 있었다. 물론 원래 민주 정부에게 기대했던 개혁 요구와 IMF 개혁 패키지를 이행하는 과제는 성격이 다른 문제로 볼 수 있다. 그러나 경제 위기로 인해 기득집단의 저항이 크게 약화된 조건에서 IMF 개혁 패키지의 이행과 민주화를 통해 요구되었던 기존의 기업구조, 금융구조, 노사관계에 대한 변화를 병행하고 통합하는 틀에서 개혁을 추구하는 가능의 공간은 열려 있었다. 두 번째는 상대적으로 쉬운 것으로, 가능한 빠른 시간 내에 경제 위기에서 벗어나 높은 성장률을 회복하는 선택이다. 이 방향에서 개혁이란 모든 정치적인 방법과 정책적인 수단을 동원해 IMF 개혁 패키지를 빠른 시간 내에 이행하는 것이다. 개혁의 내용 또한 기존의 기업 지배구조를 온존시키고 재벌과의 연대를 강화하면서 이들에게 모든 경제적 자원을 제공해 성장을 회복하는 데 초점이 맞추어진다. 당연히 그 내용에 조직노동이나 일반 노동자들의 권익 증진을 위한 공간은 존재하지 않는다. 이것은 당시 대통령 선거를 통해 기대했던 민주 정부에 대한 개혁의 여망을 내용적으로 포기하는 것이라 말할 수 있다.

실제로 당시 정부가 선택한 정책 방향은 두 번째 경로에 바탕한 것이었다. 박정희식 발전 모델의 핵심은 국가와 국가의 전폭적인 지원을 받는 재벌기업의 연합이 경제 성장에 매진하고, 이 과정에서 노동을 정치적으로 배제하는 것이다. 그리고 그 성장의 성과는 중산층에 훨씬 더 많이, 노동자와 서민 대중에게는 훨씬 더 적게 분배함으로써 주로 전자에 의존해 권위주의적 발전국가의 지지 기반을 강화했다. 이러한 조건에서 IMF 개혁 패키지는 이른바 4대 개혁으로 표현되었던 금융 개혁, 기업구조 조정, 공기업 민영화, 노동 개혁을 주요 내용으로 했다. 그러나 사실상 이 개혁에서는 두 가지가 핵심이었는데, 재벌 개혁과 노동시장 유연화를 중심으로 한 노동 개혁이 그것이다. 결국 재벌 개혁은 재벌 가운데 하나를 해체한 것 외에 그들의 지배구조나 경영 행태에서는 이렇다 할 성과를 만들어 내지 못했고, 노동 개혁은 거의 배타적으로 정리해고로 대표되는 노동시장 유연화에 집중되었다. 그 후 우리는 시장의 효율성을 구현하기 위해 노동자들을 자유롭게 해고하는 관행과 노동의 사회적 시민권은 양립할 수 없는 가치라는 사실을 어렵지 않게 이해하게 되었다.

(3) 노동의 보편적 개념으로서의 사회적 시민권

여기에서 우리는 사회적 시민권의 보편성이 의미하는 바를 다시 한 번 확인할 수 있다. 노동시장의 유연화와 관련된 노동 문제는 생산직 노동자, 즉 전통적인 의미에서 노동자 계급만을 말하는 것은 아니다. 그것은 모든 피용자를 포괄하는 개념이다. 실제로 IMF 개혁 패키지를 이행할 당시 해고된 피용자들 중에는 그동안 안정적인 중산층에 속했던 사람들이 적잖이 포함되어 있었다. 노동 문제와 노동시장의 문제는 신자유주의 개혁이 가져온 고용 불안, 작업 조건 악화, 임금 저하, 사회보장의 저발전 등 사회경제 생활의 중심 문제들을 모두 포괄한다. 한국 사회에서 이데올로기가 만들어 놓은 노동에 대한 부정적 의미는, 노동이라는 말을 통해 문제를 이해하고 해결할 수 있는 합리적인 개념과 이해의 틀을 갖지 못하게 만든다. 이 점을 거꾸로 생각해 보면, 사회적 시민권의 개념은 이러한 이데올로기의 효과를 제거하는 권리의 개념이라 할 수 있다. 해방 후 분단, 냉전, 산업화를 거치면서 민주화에 이르기까지 냉전반공주의의 이데올로기적 헤게모니는 노동이라는 개념을 제조업 생산직 노동자라는 기능적 범주로 한정시켰고, 정치 참여를 통해 노동의 권익을 증진시킬 수 있는 정치세력화를 좌절시켰으며, 직장이나 작업장의 의사결정 과정에 대한 정당한 참여를 배제하는 결과를 만들어 냈다. 이리하여 노동 문제에 대한 철저한 계급적 인식이 일상화되고 제도화되었다. 요컨대 이는 정치 및 사회통합으로부터 노동을 배제하는 것이었다.

한국은 노동이 사회 내로 통합된 경험을 갖지 못했기 때문에, 노동의 정치 참여나 작업장 참여가 무엇을 의미하는지를 이해하지 못하는 사람들이 적지 않다. 유럽에서 노동의 정치 참여는 조직노동의 이해관계를 대표하는 정당을 통해 이루어진다. 독일의 사민당, 영국의 노동당 등이 그 대표적인 사례다. 유럽처럼 노동자들의 이익을 중심적으로 대표하는 정당이 존재하지 않는 미국 같은 경우에서조차 노동은 개별 노동자로서가 아니라 조직노동, 즉 노동조합을 통해 정치에 참여한다. 미국의 AFL-CIO(미국노동연맹산별조직회의)라는 전국 단위의 노조연맹은 그 자체가 정당은 아니지만, 어떤 정당이 자신들의 이익을 더 잘 대표하는지를 판단해 특정 정당과 연대한다. 그들이 연대의 상대자로 선택한 정당은 주로 민주당이었는데, 이는 1930년대 루스벨트 Franklin D. Roosevelt 대통령의 뉴딜 개혁 시기에 와그너법 제정으로 산별노조가 새롭게 결성되면서 민주당과의 연대가 이루어진 이후 현재까지 지속되고 있다. 그러나 조직노동이 정치 과정에 참여하고 대표되는 방법에 반드시 선거-정당-의회-정부를 통하는 경로만 있는 것은 아니다. 다른 경로는 기능적 영역을 통해 참여하고 대표되는 방법이다. 앞에서 유럽의 코포라티즘에 대해 언급했듯이, 코포라티즘은 노동자들의 이익을 대변하는 노동조합의 대표와 기업주의 이익을 대변하는 사용자 단체의 대표, 그리고 정부나 공익 대표의 3자로 구성되는 정책협의기구를 만들고, 거기에서 기업 이익과 노동 이익이 관련된 정부의 주요 경제정책과 사회정책을 결정하는 이익 매개 방식이다. 따라서 그것은 노조라는 이익결사체를 통해 기능적 대표의 정당성을 가지고 정책결정에 관여하는 또 다른 정치 참여의 방식인 것이다.

선거-정당-의회를 통한 대표나 코포라티즘적 이익 매개는 전국 수준에서 이루어지는 정치 내지 정책 참여라 할 수 있다. 그러나 노동의 참여는 전국 수준의 정치에만 머물지 않는다. 그 외에도 지역이나 단위 기업, 작업장 수준에서 노동 참여의 제도화된 통로를 찾아볼 수 있다. 유럽연합EU 대부분의 국가에서 시행하는 '공동결정제'co-determination/Mitbestimmung가 바로 그것이다. 대기업은 물론 중소기업에 이르기까지 피용자를 가진 모든 기업들은 공동결정제하에서 노-사-공익 대표의 3자로 구성된 결정기구, 즉 감독위원회와 경영위원회를 갖는다. 지난해 핀란드의 세계적인 휴대폰 생산업체인 노키아가 독일의 보쿰 공장을 폐쇄하고 루마니아로 이전하기로 결정해 독일 사람들의 분노를 일으킨 사건이 있었다. 그 결정으로 인해 2000여 명의 실직자가 발생할 것으로 예상되었기 때문에, 사회적 관심과 우려가 컸다. 노키아 공장의 이전이 계획대로 관철되었는지는 모르겠지만, 그 문제를 공동결정제를 통해 대응하는 과정은 사회적 시민권 없이 전적으로 시장 경쟁과 효율성의 가치만 관철되는 한국의 현실과는 크게 다른 것이었다.[16] 이 사례를 통해 우리는 기업의 단기 이익에 바탕한 경영 측의 일방적인 경영결정구조와, 감독위원회의 심의와 결정이 해고, 임금 결정을 비롯한 기업 운영 전반에 걸쳐 중심 역할을 수행하는 공동 결정적 합의 구조 간의 뚜렷한 차이를 발견하게 된다. 한국 철도공사의 'KTX 승무원' 문제는 경영 효율성을 증대한다는 목적에서 일방적으로 직원 해고를 결정한 경우라 할 수 있다. 부당노동행위가 횡행하고 고용 보호가 존재하지 않는 곳에서 노동(자)은 시장 경쟁과 효율성을 관철하는 목표의 희생물이 될 수밖에 없다. 그것은 사람이 고용을 통해 삶의 가치를 유지하는 목적으로 존재하는 것이 아니라, 시장의 효율성을 관철시키는 수단으로 존재한다는 사실을 입증하는 사례다.

고용 보호의 또 다른 사례를 살펴보자. 신자유주의의 확산으로 학문 영역에도 시장의 가치가 유입, 확산되어 경제적 수요가 적어지는 학과들은 폐과 위기에 처하게 되었다. 만약 대학교수들에 대한 고용보장제도가 존재하지 않는다면, 변덕스러운 시장 수요에 따라 비인기 학과는 폐지되고 그 과에 속한 교수들 또한 쉽게 해고되어 결국 그 학문 분야 자체가 사라져 버리는 사태가 벌어질 수 있다. 이와는 반대로 해당 학문 분야가 시장가치가 아닌 학문적·사회적 가치 기준에서는 존립하는 것이 더 바람직한 경우를 쉽게 상정해 볼 수 있다. 만약 경제적 측면의 시장가치가 너무나 강력해서 다른 사회적·문화적·인간적 가치들을 압도한다면, 그 사회는 이내 황폐화되고 말 것이다. 그리고 분명한 사실은 이러한 고용보장제도의 효과가 대학교수들의 사례에만 적용되는 것이 아니라는 점이다. 그것은 전체 노동자나 피용자들에게도 적용되어야 하며, 이를 보장할 수 있는 제도와 실천이 이루어질 때 사회적 시민권도 그 말의 시민권을 획득하는 것이다.

사회적 시민권이 존재하지 않는 사회에서 황량하고 무자비한 시장 경쟁의 열패자들, 특히 약자들의 박탈을 부분적으로 보상해 주는 사회적인 행위로 여러 형태의 온정주의가 등장하곤 한다. 한국의 언론들은 매번 연말연시나 명절, 대규모의 재난이 발생할 때, 사회적 보호를 필요로 하는 가난하고 음지에 있는 사람들에게 온정적인 감정을 불러일으키는 보도를 경쟁적으로 내보내곤 한다. 이천 냉동창고 화재로 수십 명의 인명 피해가 발생했을 때, 산모가 병원비가 없어 병원을 도망쳐 나왔을 때, 언론은 변함없이 '이럴 수가'를 연발한다. 이에 따라 그들에게 일시적으로 사회적·개인적 온정이 표해지고, 곳곳에서 성금이 답지한다. 그러나 온정주의는 약자의 생존에 필요한 물질적·정신적 수혜가 강자의 일방적인 시혜에 의존하는 위계적·권위주의적·가부장적 관계에서 발생하는 심리적인 상태를 말한다. 그것은 강자에게는 스스로가 좋은 일을 했다는 도덕적 보상감을, 약자에게는 물질적 혜택만큼이나 큰 심리적인 열등감을 부여함으로써 강자에 대한 약자의 의존적 사회관계를 지속시키는 메커니즘이다. 이러한 관계에서 인간 가치의 평등함과 자율성에 의한 자기 존중 내지 자긍심은 존재하기 어렵다. 인류의 정신사에서 자유주의와 낭만주의 사상이 기여한 점이 있다면, 그것은 바로 이러한 인간의 자율적 가치를 사회적 질서, 정치적 질서의 중심에 위치시켰다는 데 있다.

다시 앞의 얘기로 돌아가서, 한국 사회에서 노동을 좁은 의미로 이해하게 만드는 이데올로기는 제조업 노동자에 한정된 계급적 이해의 범위를 벗어나 노동자 혹은 피용자 모두를 포함하는 노동하는 사람들 일반과 관련된 노동 문제를 해결하는 데 결정적으로 부정적인 효과를 미친다. 오늘의 신자유주의적 시장경제에서는 중산층 피용자 모두를 포함해 노동하는 사람들은 모두 일정한 고용 문제를 안고 있다. 역설적이게도 대기업에 속한 생산직 노동자들은 노동운동을 통해 노조를 결성함으로써 그들의 고용과 임금을 유지하고 있지만, 대다수 중산층 피용자들의 경우는 노동이 조직되고 그들의 권익이 대표될 수 있다는 관념조차 갖고 있지 못하며, 그 결과 그들의 고용을 보장해 줄 어떤 보호 장치도 확보하지 못한 채 시장 경쟁의 정글 속으로 내던져지고 있다. 여기서 노동 문제는 왜 생산직 노동자들의 문제로만 이해되어야 하는가라는 질문을 제기해 볼 수 있다. 사회적 시민권이 사회경제적 위계 구조의 하층에 위치한 소외 계층에게 일차적으로 더 많이 요구된다는 사실에도 불구하고, 그것은 보편적인 시민권의 문제라는 점이 강조되어야 한다. 민주화 이후 한국의 정부들은 이러한 문제를 진전시키는 데 얼마나 기여했는가? 지난 시기의 이른바 개혁파 정부로부터 현재의 이명박 정부에 이르기까지 사회적 시민권과 관련된 문제에 있어 그 연속성은 실로 강고한 것처럼 보인다. 이들 간에 어떤 차이가 있다 하더라도 그것은 다만 스타일과 정도의 문제일 뿐이다.

한국 정치경제의 역사적 유산이나 민주주의의 연륜을 감안하면, 개혁 정부가 선택했던 신자유주의적 보수 개혁의 경로도 이해 못할 일은 아니다. 그러나 여기에서 중요한 문제는 오토 키르히하이머Otto Kirchheimer가 말하는 '제한적 조건들'을 변화시킬 수 있는 여지가 완전히 없었던 것은 아니라는 사실이다.[17] 즉 IMF 경제 위기 이후 시기라 하더라도 정치적 선택의 공간은 김대중 정부 시기 IMF 위기를 정의했던 방법과 그에 대응하는 방법에 대한 전략적 선택에서, 그리고 노무현 정부 시기 정부와 의회 다수 모두를 획득했던 조건에서 완전히 닫혀 있었다고 말할 수는 없다는 것이다. 이러한 관점에서 개혁파 정부가 지난 대선에서 참패한 원인의 핵심에는 바로 이 문제가 자리 잡고 있었던 것으로 보인다. 그것은 그동안 개혁파 정부들이 더 많은 신자유주의적 성장 정책을 과격하게 추진함으로써, 더 적은 민주주의를 가져올 수밖에 없었던 정치적 선택, 정책적 선택의 결과였다. 이러한 경로와는 반대로 개혁파 정부들은 경제적으로는 노동·복지·분배의 가치를 결합하고, 정치적으로는 사회적 약자들의 정치 참여를 가능케 하는 더 많은 민주주의를 지향할 수도 있었다. 물론 그 방법의 중심에는 민주화 이후 활성화된 시민사회를 기초로 개혁적인 정당을 건설함으로써 다수의 힘을 조직하는 대안이 자리 잡고 있다. 그러나 실제 현실에서 지난 정부들은 신자유주의적 성장 정책을 선택했고, 이를 과격하게 추진했다. 이로 인해 그들은 다른 분야에서 어떤 개혁 정책을 시도하려 해도 그 과정에서 맞닥뜨리는 사회의 가장 강고한 기득세력의 저항을 극복할 수 있는 사회적 지지를 가질 수 없게 되었다. 요컨대 2007년 12월 대선과 2008년 4월의 총선 결과를 통해 실현된 보수적 정당의 집권은, 지난 10년 동안 개혁파 정부들이 더 많은 신자유주의, 더 적은 민주주의를 가져온 일련의 중요한 경제정책과 정치 개혁이 닦아 놓은 길 위에서 자연스럽게 이루어진 결과로 이해할 수 있다.

(4) 정치적 결정의 산물로서의 신자유주의

미국의 정치사회학자 모니카 프라사드Monica Prasad의 『자유시장의 정치』는 이 문제를 이해하는 데 큰 도움을 준다.[18] 미국, 영국, 독일,

프랑스 네 나라 사례에 대한 비교 연구를 통해 신자유주의 경제정책이 어떻게 만들어지고 실행되었는가를 분석한 이 책에서 저자가 주장하는 바는 크게 두 가지다. 첫째, 우리가 흔히 신자유주의라고 말하는 정책 프로그램은 어떤 정연하게 체계화된 경제 이론이나 정책 원리에서 비롯된 것이 아니라, 각 나라가 처한 정치경제적 현실에서 경쟁하는 정치세력들이 선거의 승리를 위해 유권자들에게 제시했던 임의적으로 만들어진 일련의 정책 대안들의 집합이라는 것이다. 둘째, 1970년대 중후반의 경제 위기 이전에 이들 네 나라가 처해 있던 정치적 조건이 달랐던 만큼 이후 그들이 선택한 정책 대안들 역시 상이했고, 그에 따라 신자유주의적 경제정책의 실행 정도와 결과 역시 달랐다는 주장이다. 여기서 미국과 영국이 신자유주의 경제체제의 모델로 불릴 만큼 그 방향으로 내달은 것이나 독일과 프랑스에서 신자유주의 경제정책이 극히 제한적인 수준에 머문 이유는, 다른 어떤 요인보다도 정치적 변수에 있다. 미국과 영국이 본격적인 신자유주의 정책을 실행한 반면 독일과 프랑스가 매우 제한적인 신자유주의에 머물게 만든 핵심 변수는 정책 유산과 정책결정구조의 성격이다. 1970년대 중후반 오일쇼크와 함께 경제 위기가 왔을 때, 바로 이 변수가 각국으로 하여금 다른 경로를 걷게 만들었다. 미국과 영국은 적대적 성격의 정책 유산과 정책결정구조로 인해 만개한 신자유주의로 나아갔고, 프랑스와 독일은 중산층 중심의 포괄적인 정책과 합의적 정책결정구조를 가진 까닭에 급진적인 신자유주의 개혁이 좌초되었던 것이다.

보다 상세하게 설명하자면, 경제정책의 중핵을 이루는 조세정책,

산업정책, 복지정책의 영역에서 1970년대 이전의 미국과 영국은 누진적 조세정책, 규제적 산업정책, 재분배적 복지정책을 가능케 했던 적대적 정책결정구조를 가졌던 반면, 독일과 프랑스는 성장과 효율성에 부응하는 조세·산업·복지 정책을 실행하는 합의적 정책결정구조를 통해 경제를 운용했다. 이런 조건에서 1970년대의 경제 위기를 거치면서 미국과 영국에서는 다수의 중산층 유권자들이 과거의 적대적 대립 축을 가로지르기 시작했다. 미국과 영국의 경우 누진세, 기업 규제, 복지 비용에 대한 불만이 증가했고, 정치인들은 이러한 불만을 지지기반으로 과거 정책에 대응하는 신자유주의적 정책 대안을 제시해 선거에서 승리한 후 이를 실제 정책으로 실행했다. 반면 독일과 프랑스에서는 상대적으로 덜 누진적인 세제와 덜 분배적인 복지정책, 성장지향적인 산업정책을 유지해 왔기 때문에, 기존 정책의 연속성에 관한 합의를 유지하는 데 큰 어려움을 겪지 않았다. 1970년대 중후반 오일쇼크의 충격 속에서도 기술 관료적 정책결정구조를 가졌던 프랑스와 코포라티즘적 정책결정구조를 가졌던 독일은 경제 위기에 따른 정치적 갈등을 기존의 정책결정구조 속으로 쉽게 흡수하는 작업이 가능했던 것이다. 적대적 정책 유산과 정책결정구조가 갖는 중요성은 그것이 경제적 위기와 함께 중산층과 하층 집단을 정치적으로 분리하는 효과를 발휘했다는 데 있다. 이를테면 미국에서 1980년 선거 당시 대통령 후보 레이건Ronald Reagan은 복지 수혜자들을 자신의 수입과는 무관하게 정부 지원금으로 호화 생활을 누리는 '복지 여왕'welfare queen으로 선전하는 데 성공함으로써 중산층과 하층 집단을 분리시키는 효과를 얻어 냈다. 영국 보수당의 대처 역시 당시 계속되는 파업으로 여론의 지탄을 받았던 노동을 '내부의 적'enemy within으로 몰아붙여 중산층과 조직노동을 분리함으로써 집권에 성공해 신자유주의 경제정책을 실행하기 시작했다. 반면, 서독의 경우 우파 기민당이 신자유주의를 선거 공약으로 제시했음에도 불구하고, 기민당 내 노동 이익을 대표하는 분파가 새로운 정부의 주요 경제정책에 대해 거부권을 행사할만큼 큰 영향력을 발휘했을 뿐만 아니라 조직노동 또한 코포라티즘적 정책결정구조의 한 참여자였기 때문에 미국이나 영국 같은 중산층과하층 집단의 분리가 이루어지지 않았고, 따라서 신자유주의적 개혁이 광범한 지지를 바탕으로 실행되기 어려웠다.

위에서 소개한 프라사드의 연구는 서구 선진 자본주의 국가들을 분석 대상으로 했지만, 신자유주의의 일방적인 추진과 사회적 시민권의 부재를 특징으로 하는 한국의 현실을 이해하는 데도 시사하는 바가 크다. 이 연구는 다른 무엇보다도 신자유주의에 대한 찬성과 반대의 구분만으로는 오늘날 한국 사회에서 전개되는 정치경제적 현실을 이해하고 그 대안을 마련하는 데 별다른 도움을 얻을 수 없다는 함의를 안고 있다. 보다 구체적으로 이 연구를 통해 얻을 수 있는 시사점은 다음과 같은 것들이다.

첫째, 민주화 이후 그리고 특히 IMF 금융 위기 이후 들어선 모든 정부들의 성격이 개혁적이든 보수적이든 관계없이, 그들 모두가 신자유주의 경제정책을 일방적으로 추진해 왔으며 또한 현재에도 그렇게 하고 있다는 사실은 그러한 성장 정책에 대응할 수 있는 정치세력, 정당체제를 갖지 못한 것의 결과, 즉 정치적 결과라는 것이다. 이 점에서 한국의 정치와 정책결정구조는 일상적인 정치 경쟁에서 흔히 나타나는 담론이나 행태, 이미지와는 달리 적대적 정치가 아니라 압도적으로 합의적인 양태를 보이고 있다. 그러나 이보다 더 중요한 특징은 한국의 정치와 정책결정구조가 이중적 성격을 띠고 있다는 사실이다. 정당체제로 제도화된 정책결정구조는 신자유주의 성장 정책에 대해 합의적인 경향을 보이는 데 반해, 이들 체제 내 정치세력을 한편으로 하고 정당체제 밖에서 대표되지 못하고 있는 노동자들을 포함한 소외 계층을 다른 한편으로 하는 양자 사이의 요구와 이익은 대립적인 구조를 보인다. 오늘의 한국 정치권은 한국 민주주의의 사회경제적 모습을 개선할 수 있는 정치 과정을 창출하지 못했으며, 그러한 능력 또한 갖추지 못하고 있다. 왜냐하면 소외 계층이 정치 과정에 참여할 통로가 존재하지 않으며, 기존의 제도권 내 정당들은 이들을 정치적으로 조직하고 대표할 구조를 발전시키지 못하고 있기 때문이다. 그러므로 민주주의의 발전을 위해 신자유주의를 반대한다는 논리는 사태의 인과관계를 전도시킨 것으로 보인다. 신자유주의 때문에 민주주의가 제대로 작동하지 않는 것이 아니라, 민주주의가 제대로 작동하지 않기 때문에 신자유주의가 일방적으로 추진되는 것이다.

둘째, 신자유주의 정책들이란 어떤 정연한 경제 원리에 입각한 일관된 정책 대안들의 패키지가 아니라, 창의성과 실천 능력을 가진 정치 지도자와 정당들이 현실의 여러 정책 영역에서 발굴하고 개발한 이슈와 정책 프로그램들의 결합이라는 점을 되새길 필요가 있다. 이에 비추어 볼 때, 한국의 신자유주의에 대한 찬성과 반대 구도는 현실을 말하기보다는 이데올로기적 구분의 효과를 더 강하게 갖는다. 정치인들이 다루어야 할 문제는 이미 신자유주의가 만들어 놓은 현실과 투표자들의 실제 생활에 영향을 미치는 사안들이다. 우리의 능력으로는 신자유주의적 세계화의 현실을 제거할 수도 없거니와, 그렇다 하더라도 그것이 없는 상태가 대안이라는 보장도 불분명하다. 현실의 경제 문제는 원론적인 찬성과 반대의 논리를 통해서는 해결할 수 없다. 반면 민주주의를 통해 정당정치가 사회적인 요구를 수렴할 경우 신자유주의가 야기한 부정적 효과를 정치의 방법으로 완화 내지 중화할 수 있는 여지는 기대 이상으로 열려 있다.

셋째, 신자유주의를 급진적으로 추진할 수 있느냐 아니냐의 여부에 있어 중산층과 노동자 계급의 상호 연대와 분리가 결정적인 (매개)변수로 작용한다는 점이다. 한국에서 신자유주의가 일방적으로 관철된 데는, 민주화 이후 운동의 탈동원화 과정에서 중산층 중심의 시민운동과 노동운동 중심의 민중운동의 분리가 중요한 변수로 작용했다. 이 점에서 한국은 미국이나 영국의 경험과 크게 다르지 않다. 결국 노동자들이 중산층을 포괄하는 폭넓은 연대하에서 정치적으로 정책결정 과정에 참여하고 정치체제 내로 통합되는 문제가 중요하며, 이러한 관점에서 노동자에게 시민권을 확대하는 사회적 시민권 문제를 생각해 볼 수 있다.

넷째, 정당체제와 정책결정구조를 중심으로 하는 정치제도의 중요성이다. 대립적 정책결정구조와 합의제적 정책결정구조의 구분은 각국의 권력구조, 선거제도, 정당간 경쟁 양식, 노동을 중심으로 한 이익 대표체제상의 차이에 기반한다. 한국에서 정책결정구조의 대안을 모색할 때, 한국의 현실에서 어떤 것이 가능한가 하는 문제와 모두가 가능하다고 할 때 어느 것이 상대적으로 더 바람직한가 하는 문제를 동시에 생각할 필요가 있다. 선거제도의 측면에서 한국은 대통령과 국회의원 선거에서 공히 단순다수대표제에 따른 승자 독식의 전형적인 대립적 경쟁구조를 안고 있다. 이와 같은 대립적인 구조가 권력 독점과 정치적 배제에 기여한다는 점은 분명하지만, 다른 어떤 제도적인 대안이 가능하며, 그것이 한국의 정치적 맥락에서 어떠한 효과를 가져올 것인지는 광범위한 비교 연구와 사회적 토론이 요구되는 또 다른 문제다. 다만 여기에서 강조하고자 하는 바는 선거제도와 그에 기반한 정당체제가 정책 내용을 결정하는 데 중요한 변수가 된다는 것, 그리고 이에 대한 이해에 바탕한 정치적 실천이 매우 중요하다는 점이다.

4

절차적 가치로서의 사회적 시민권

한국 사회에서 사회적 시민권을 말할 때 그 내용이 무엇인가를 다시 한번 강조하는 것이 필요하겠다. 이와 관련해 한국에서도 유럽과 같은 복지국가체제가 실현되어야 한다는 주장을 말하는가 하는 질문이 당연히 제기될 수 있다. 그러나 이 글에서 논의한 사회적 시민권은 특정 정치체제, 복지체제를 염두에 둔 것은 아니다. 사회적 시민권에 바탕을 둔 복지체제는 독일이나 영국, 프랑스나 미국 등 그 어떤 유형도 참고할 만하다. 그러나 사회적 시민권에 있어 보다 더 중요한 문제는 어떤 제도, 어떤 체제를 택하든 그 제도의 근간을 이루는 시민권의 원리에 대한 이해다.

독일의 사회학자 랄프 다렌도르프Ralf Dahrendorf는 사회적 시민권의 내용을 '물질적 급부'provisions와 '권리의 부여/획득'entitlements이라는

두 개념으로 구분한 바 있다.[19] 그리고 그가 강조하는 것은 후자지 전
자가 아니다. 이 글에서 강조하는 사회적 시민권의 원리 역시 다렌도
르프의 주장에 바탕하고 있다. 사회적 시민권이 물질적 급부로 정의
될 경우, 정부가 복지비와 사회보장을 확대하고 여러 형태의 복지 프
로그램을 발전시킨다면 사회적 시민권이 증대했다 볼 수 있고, 그것
은 정부 예산의 복지비 증가로 측정할 수 있다. 그러나 이 글에서 말하
는 사회적 시민권은 그런 내용을 의도한 것이 아니다. 만약 그러하다
면, 사회적 시민권은 이미 권위주의 때부터 꾸준히 확대되어 왔다고
말할 수 있다. 박정희 정부 시기에 이미 의료보험체제, 산재보험, 노동
자 보호입법 들이 도입되었고, 교육정책과 관련해서도 전두환 정부가
민주화 이후보다 더 좋은 정책을 시행했다고 말할 수 있다. 특히 대학
입시제도가 사회의 부나 소득의 위계 구조와는 관계없이 독자적으로
작동하면서 빈한한 소외 계층 자녀들의 사회적 상향 이동을 가능케
했었다는 사실은 오늘날의 교육 현실과 두드러진 대조를 이룬다. 오
늘의 교육제도는 사회의 계층적 위계 구조와 기능적으로 상응하면서,
그러한 위계 구조를 강화하는 방식으로 작동하고 있다. 사회적 시민
권은 실질적인 효용의 기준에서 물질적 급부를 의미하기보다는 절차
적 가치로서 권리 획득을 강조하는 개념이다. 그것은 사회의 소외 계
층이 정치와 정책결정 과정에 참여함으로써 정치적 참여로부터의 소
외를 제거하는 권리다. 바꿔 말해, 그 정책과 수혜를 필요로 하는 사회
세력과 그들의 대표가 직접 정치의 행위자로서 정치 과정에 참여할
수 있는 제도의 확립과 이를 통한 정치적 기회와 통로의 확대를 의미

한다. 즉 스스로가 자신의 문제를 정치적으로 해결할 수 있는 정치적 능력의 부여/획득이 사회적 시민권의 핵심인 것이다. 이 점에서 한국의 시민-노동자, 시민-농민들은 여전히 시민권을 획득하지 못하고 있다. 사회적 시민권 부재의 반대편에는 한국 사회의 가장 특징적인 한 측면이라 할 수 있는 온정주의paternalism 현상이 만연해 일상화되고 있다. 그러나 일찍이 칸트는 온정주의를 자유주의가 싸워야 할 최대의 적이라고 정의했다는 사실을 깊이 생각해 보아야 할 것이다.[20]

사회적 시민권은 민주주의의 근간이 되는 원리이며, 이를 작동케하는 능력을 의미한다. 앞에서 정치체제로서의 민주주의와 경제체제로서의 자본주의가 만나면서 발생하는 화학 변화에 대해 말했다. 이는 양자간의 갈등적 공존 관계로부터 발생한다. 만약 시장 경쟁과 효율성이 경제 영역뿐만 아니라 전 사회 영역에 걸쳐 지배적인 원리로 기능한다면, 민주주의는 더 이상 존립할 수 없다. 한 사회가 신자유주의적 성장 정책이라는 하나의 가치와 목표를 위해서만 운영될 때, 그것은 사회로서 유지되고 통합될 수 없다.[21] 또한 그렇게 된다는 것은 민주주의의 가치와 원리가 제대로 작동하고 있지 못하다는 것을 보여주는 징표기도 하다. 민주주의는 하나의 독립적인 가치이자 원리로서 시장가치와 병행해서 강화되고 발전하지 않으면 안 된다. 사회적 시민권은 민주주의가 그렇게 기능하도록 뒷받침하는 기본적인 권리 가운데 하나다.

주

1 Robert A. Dahl, *On Political Equality* (Yale University Press, 2006).

2 Alan Aldridge, *The Market* (Polity Press, 2005).

3 Monica Prasad, *The Politics of Free Markets: The Rise of Neoliberal Economic Policies in Britain, France, German and the United States* (University of Chicago Press, 2006), 4쪽.

4 Zygmunt Bauman, *Liquid Times: Living in an Age of Uncertainty* (Polity Press, 2007).

5 신자유주의가 가져온 사회경제적 결과에 관해서는 David Harvey, *A Brief History of Neoliberalism* (Oxford University Press, 2005); Phillip Blond, "The Failure of Neo-liberalism", *International Herald Tribune* (2008/1/23); Robert B. Reich, "Totally Spent," *International Herald Tribune* (2008/2/14) 참조.

6 Katrin Bennhold, "On the Cusp of Economic History", *International Herald Tribune* (2008/1/22); David Leonhardt, "Worries in the U. S. that Good Times were a Mirage", *International Herald Tribune* (2008/1/23).

7 Jon Elster, *An Introduction to Karl Marx* (Cambridge University Press, 1986).

8 Adam Przeworski, *The State and the Economy under Capitalism* (Routledge, 2001).

9 Philippe C. Schmitter, "More Liberal, Preliberal or Postliberal?", in Larry Diamond and Marc F. Plattner (eds.), *The Global Resurgence of Democracy* (Johns Hopkins University Press, 1996).

10 Paul A. Samuelson, "Parlaying Deregulation into Panic", *International Herald Tribune* (2008/1/18).

11 Norberto Bobbio, *The Age of Rights* (Polity Press, 1996).

12 T. H. Marshall, *Citizenship and Social Class and Other Essays* (Cambridge University

Press, 1950). 그 외 시민권 개념에 관한 논의는 J. M. Barbalet, *Citizenship: Concepts in Social Thought* (University of Minnesota Press, 1989); Derek Heater, *What is Citizenship?* (Polity Press, 1999/2005); Martin Bulmer and Anthony M. Rees (eds.), *Citizenship today: The Contemporary Relevance of T. H. Marshall* (Routledge, 1996); Bart van Steenbergen (ed.), *The Condition of Citizenship* (Sage Publications, 1994) 참조.

13 조효제, 『인권의 문법』(후마니타스, 2007).

14 한국 노동운동의 역사에 관한 상세한 논의는 이원보, 『한국노동운동사: 100년의 기록』(한국노동사회연구소, 2005) 참조.

15 David Held, *Democratic Theory and the Modern State* (Polity Press, 1989), 200쪽.

16 Herbert Schui, "Nokia's Migration Shows Brussels' Failure", *Financial Times* (2008/2/10).

17 Otto Kirchheimer, "Confining Conditions and Revolutionary Breakthroughs", in Frederic S. Burin and Kurt L. Shell (eds.), *Politics, Law and Social Change: Selected Essays of Otto Kirchheimer* (Columbia University Press, 1969).

18 Monica Prasad, 앞의 책(2006).

19 Ralf Dahrendorf, "The Changing Quality of Citizenship", in Bart van Steenbergen (ed.), *The Condition of Citizenship* (Sage Publications, 1994), 39쪽.

20 Steven Scalet and David Schmidtz, "State, Civil Society and Classical Liberalism", in Nancy L. Rosenblum and Robert C. Post (eds.), *Civil Society and Government* (Princeton University Press, 2001).

21 Karl Polanyi, *The Great Transformation: The Political and Economic Origins of Our Time* (Beacon Press, 1944/2001).

4장

운동론과 민주주의

민중, 시민, 그리고 시민권

I

오늘의 한국 민주주의

민주화 이후 20여 년이 지났다. 1987년 대통령 선거부터 2007년 12월의 대선에 이르기까지 각기 다섯 차례의 대통령 선거와 국회의원 선거를 비롯해 지방선거와 재보궐 선거까지 포함하면, 그야말로 수십 차례의 선거를 치렀다. 그러는 동안 여러 차례의 정권 교체와 여러 유형의 민주 정부를 겪어 보기도 했다. 이러한 경험에 비추어 오늘의 시점에서 한국 민주주의를 바라볼 때, 우리는 이를 어떻게 이해할 수 있을까? 민주적인 선거 경쟁의 규칙이 자리 잡고 평화적인 정권 교체가 이루어지는 등 가장 기초적인 민주주의 절차와 제도들의 정착에 주목한다면, 스스로 자긍심을 가져도 좋을 만큼 민주주의가 발전했다고 평가할 수도 있다. 그러나 우리가 자족하기에 충분할 만큼 오늘의 한국 민주주의가 좋은 내용을 갖추었다고 말할 수 있을까? 이에 대해 필

자는 매우 회의적이다. 우리가 권위주의를 혁파하고 민주주의를 건설
코자 투쟁했을 당시에 품었던 희망과 요구들이 얼마나 실현되었는가
를 기준으로 본다면 더더욱 그렇다. 민주주의 이론의 보편적인 기준
에서 보더라도 크게 다르지 않다. 권위주의하에서는 실현할 수 없었
던 광범한 정치 참여, 특히 사회적 약자나 소외 세력이 얼마나 많이 정
치에 참여하고 그들의 요구가 얼마나 대표되고 있는가 하는, 이른바
'절차적 수준에서 이루어지는 정치 참여의 평등'이 얼마나 구현되었
으며, 이를 통해 그들의 사회경제적인 삶의 질이 얼마나 향상되었는
가 하는 문제들은 여전히 그 실현으로부터 먼 거리에 있기 때문이다.

현재의 한국 민주주의를 이러한 관점에서 볼 때 갖게 되는 의문은,
민주화 과정에서 나타났던 그 광범하고 장기적이며 격렬했던 민주화
운동, 특히 이를 이끌었던 운동권의 진보적 담론들은 어떤 의미를 갖
는가 하는 것이다. 그리고 그것은 이후 한국 민주주의에 어떤 영향을
남겼는가 하는 질문 또한 갖게 된다. 이 장의 목적은 이들 운동권이 민
주주의를 어떻게 이해했으며, 그들이 발전시켰던 민주주의관은 이후
민주주의 실천 과정에서 어떤 영향을 미쳤는가 하는 문제를 살펴보는
데 있다. 그리고 이러한 민주주의관을 보완하거나 그에 대응하는 새
로운 민주주의관에는 어떤 내용을 담을 수 있으며, 어떻게 이를 실천
할 수 있는가 하는 문제를 탐색해 보고자 한다.

2

민주화와 민중, 그리고 운동권 담론

한국의 운동권은 1970년대 유신체제로부터 1990년대 민주주의 공고화에 이르는 정치 변화 전반에 걸쳐, 특히 1980년대 후반의 민주화 이행을 가져오는 데 결정적인 역할을 했다. 그러므로 민주화 이후 한국 민주주의의 특성을 이해하는 데 있어 이러한 운동이 남긴 유산은 매우 중요한 고려 사항이라 하겠다. 부르주아 계급이 주도했던 서구의 민주화나 노동자 계급이 중심을 이룬 제3세계 라틴아메리카의 민주화 경험과 비교할 때, 학생운동이 중심이 되어 민중을 주체로 호명하면서 민주화를 선도했다는 사실은 한국적 특성이라 할 수 있다. 이 점에서 한국의 이른바 '민중운동'은 미국 혁명의 주역인 인민people, 프랑스 혁명을 이끌었던 인민peuple 내지 시민citoyen, 또는 고대 아테네 민주주의를 만들었던 보통 사람으로서의 데모스demos에 비견될 수 있다. 이처럼 운동에 의해 호명된 한국의 민중은 1980년대 권위주의에 반대하는 민주화 투쟁 과정에서 역사상 최초로 민주주의를 실현코자 하는 의식적으로 자각된 행위 주체로 형성되면서 역사 무대에 나타났다. 따지고 보면, 민중이 1980년대에 처음으로 역사의 주체로 등장했다고 볼 수 없을지도 모른다. 해방 직후에도 이와 유사한 아래로부터의 광범위한 민중 동원이 있었다고 말할 수 있기 때문이다. 그러나 그 당시에는 민중을 구성하는 사회집단들의 성격도 달랐고, 해방이후 냉전이 몰고 온 남북 분단을 막고 자주적 민족 독립국가를 건설코자 했던 국가 형성과 관련된 투쟁이었다는 점에서 운동의 목표 또한 상이했다. 반면 1980년대의 민중운동은 대중적 투쟁의 목표를 민주화에 둔 최초의 대규모적인 민주화운동이었다. 그리고 민주 사회에 부합하는 시민의 출현과 형성은 이 민중(운동)을 매개로 한 것이라 할 수 있다. 1980년대의 민중운동이 이전의 그것과 구별되는 특징은, 민중이라 불릴 수 있는 사회경제적 인구집단의 규모가 1960~1970년대의 급속한 경제 성장과 산업화를 통해 엄청나게 확대되었다는 사실에서 비롯된다. 1960년의 4·19 학생혁명과 같은 민주화 투쟁에 대해 이를 민중운동, 민중운동 담론에 의해 주도되었다고 말하기 어려운 까닭은, 그것이 학생과 도시의 교육받은 중산층을 중심으로 전개되었으며, 그 배후에 그들의 운동과 결합할 광범한 사회집단을 갖지 못했다는 사실에서 기인한다. 이에 반해 1980년대의 민중운동이 실제로 강한 힘을 가질 수 있었고 급기야 군부 권위주의를 해체할 수 있었던 것은, 민주화 투쟁에 참여했던 광범한 사회세력들의 연대가 가능했기 때문이다. 이 과정에서 나타난 민중운동 담론의 급진성과 혁명성은 군부 권위주의라는 권력에 대항하기 위해 최대한의 에너지를 결집하는 방편이자, 그 과정에서 나타난 거의 필연적인 산물이라 하겠다.

그러나 이 글의 초점은 민중이나 민중운동 그 자체를 다루는 데 있는 것이 아니라 운동권 활동가들로 하여금 특정 형태의 이념적 정향과 정조를 갖도록 하는 데 작용한 담론, 이 담론을 통해 형성된 행위주체로서의 민중에 대한 태도, 그리고 이를 바탕으로 한 정치관 내지 민주주의관에 있다. 이는 이 글의 주된 목표가 민중운동 담론과 이 담론의 담지자라 할 수 있는 민중운동의 활동가들을 통해 나타난 민주주의관, 그리고 이러한 민주주의관의 정치적 효과를 비판적으로 분석하는 데 있음을 의미한다. 따라서 민중운동 담론의 민주주의관에 대한 비판이 민중 또는 민중운동, 나아가 운동 일반의 정치적 역할이나 효과와 관련된 것이 아님을 강조할 필요가 있겠다. 민주주의체제하에서도 민주주의를 작동시키고 발전시키는 데 있어 운동이 갖는 긍정적인 기능을 부정할 수 없다는 것은 분명하다.

그렇다면 민중이란 누구이며, 무엇을 의미하는가? 1980년대를 거쳐 지금은 일반적으로 널리 사용되는 말이 되었지만, 이를 규정하기란 쉬운 일이 아니다. 무엇보다 민중은 두 가지 의미를 동시에 갖고 있다. 하나는 특정의 정치적·사회경제적 지위를 갖는 구체적이고 실체적인 사회적 인구집단을 가리키는 서술적 개념으로서의 민중이다. 1980년대의 민중이라는 말은 노동자, 농민을 중심으로 하는 사회 계층구조의 저변에 위치한 생산자 집단과 저소득의 중하위 계층, 이들의 공통적인 요소로서 권력에 의해 억압받고 사회경제적 배분으로부터 소외된 사회적 약자, 그저 보통 말로 서민 대중이라고 부르는 사회집단을 일컫는다. 그렇기 때문에 민중은 마르크스주의에서 말하는 계급의 범위를 넘어, 분명한 계급적 경계를 갖지 않는 광범한 다계급적·다층적 서민 대중을 지칭하는 말이다. 다른 하나는 담론으로서의 민중이다. 그것은 어떤 가치관이나 이데올로기적 비전을 통해 한국사를 이해하는 특정의 역사관, 한국 사회의 구조와 문제를 해석하는 사회 구성에 대한 특정의 이해, 그리고 이러한 틀에 바탕해 특정의 민주주의관을 공유하는 추상화된 사회집단 내지 그러한 의미 지평과 가치관, 세계관을 공유하는 일종의 운명적 의미공동체를 가리키는 개념이다.[1] 그러므로 민중운동에서 호명되는 민중과 실체적인 사회경제적 집단으로서의 민중은 일치하지 않는다. 민중운동 담론의 주창자·행위자들은 대체로 도시의 교육받은 중산층적 배경을 갖는 대학생과 지식인, 곧 한국적 인텔리겐치아이며 민주화운동에 투신한 선도적 활동가들을 그 중심에 포함한다. 따라서 한국 사회에서 민중은 권위주의 체제하에서 정치권력과 생산체제로부터, 그리고 그 성장의 배분으로부터 배제된 실체적 사회집단으로서의 노동자, 농민, 서민 대중과 특정 내용의 민중운동 담론을 담지하고 이를 실천하는 행위 주체 간의 정서적 연대를 특징으로 한다. 즉 사회적 실체로서의 민중집단과 민중운동 담론 형성자 사이의 연대로 정의할 수 있다. 1980~1990년대 민중운동이 고조되던 시기에는 이 양자간의 결합이 건강했다고 말할 수 있다. 하지만 그 이후 민주주의 공고화와 함께 민중운동이 탈동원화되는 시기에는 이들 사이에 일정한 긴장과 갈등이 나타날 수밖에 없었다.

1980년대 이들 양자 사이의 연대는 '노학연대'라는 말로 상징화할 수 있을 것이다. 이 말 그대로 당시의 노동운동은 노동자들만의 운동이 아니라 노동 현장으로 들어간 학생들과의 연대를 통해 의식화되고 주도되었다. 한국 인텔리겐치아운동의 역사에서도, 러시아 인텔리겐치아의 브나로드(농민 속으로) 운동에서 영감을 받은 유사한 사례가 일제하 1920년대 이광수의 『흙』 같은 소설을 통해 이상주의적으로 묘사된 바 있다. 식민지하에서 교육받은 부르주아의 자제들이 농민운동을 위해 농촌으로 들어간 계몽주의운동이 그것인데, 그러나 그때와는 비교할 수 없이 많은 대학생들이 노동운동에 투신했다. 그러나 민주화와 함께 민중운동이 급속하게 해체되면서 상황은 크게 달라졌다. 민주화를 목표로 광범위한 연대를 이루어 냈던 민중운동은 한편으로 사회경제적 문제를 다루는 노동운동과 농민운동으로, 다른 한편으로는 시민사회 단체가 중심이 되는 중산층적 시민운동으로 분화되어 갔다. 그러면서 중산층 지식인과 노동운동 간의 연대는 민중운동의 탈동원화 이후 해체되는 양상을 보였다. 그러나 뒤에서 다시 언급하겠지만, 그 결합의 효과가 완전히 사라진 것은 아니었다. 이들 노학연대에 의한 노동운동 내 중산층적 요소는 이후 노동운동과 이들의 정치적 대변 기구라 할 민주노동당의 성격과 방향에도 큰 영향력을 미치는 유산을 남겼기 때문이다.

운동권 담론의 중심에는 '총체성'의 비전이 자리 잡고 있다. 이는 유신체제와 군부 권위주의세력에 의한 국가 폭력이 가장 적나라하게 표출되었던 1980년 광주항쟁의 정치적 경험과 이후 반독재 투쟁이라는 배경을 반영한 것이다. 그것은 기존 체제에 대한 총체적 부정의 산물이다. 무엇이 이러한 폭력과 이를 강제한 군부 권위주의를 가능케 했는가? 이 질문에 대해 운동권 담론의 비전은 해방 직후 분단과 냉전 반공주의, 그리고 한반도에 대한 미국의 개입과 이후 미국의 역할 때문이라고 해석한다. 이러한 비전은 현상적으로 존재하는 악의 구조만이 아니라, 그 기반이 되는 근원적인 힘에 반대하는 총체적 부정의 관점을 배태하고 있다. 또한 이는 분단과 전쟁, 냉전반공주의와 국가기구를 둘러싼 기득집단을 부정함으로써 기존의 국가, 사회질서와 양립하기 어려운 총체적 안티테제를 말하는 것이기도 하다. 그것은 제국주의적 권력과 국내의 독재권력으로부터 해방된 자주적이고 민주화된 사회, 노동자·농민을 포함하는 민중들이 자본주의적 착취와 노동 억압, 불평등으로부터 해방된 경제적으로도 평등한 사회, 그리고 미국의 헤게모니가 관철된 냉전으로 인해 분단된 민족이 다시 결합해 민족의 대동단결이 실현되는 통일된 민족국가를 총체적 대안으로 상정한다. 그러나 이러한 이념과 비전은 기존의 정치·사회 질서에 대한 하나의 거울 이미지와 같은 논리적 안티테제일 뿐, 민주화 이후의 현실 변화에 적응할 수 있는 실천적 기반을 가질 수는 없었다. 뿐만 아니라 정치적으로 너무나 순진하기 때문에 체제를 위협하는 힘으로도 기능하지 못했다. 오히려 기득세력의 입장에서는 자신들의 문제를 개혁하지 않으려는 태도를 정당화해 주는 측면도 있었고, 권위주의 구체제에 기원을 둔 퇴행적 보수정파들의 경우 민주화 이후의 정당체제에서도 자신들의 존재 이유를 과장해서 말할 수 있는 계기로 활용되기도 했다.

운동권의 이념과 비전은 또한 낭만주의적이고 민족주의적인 민중관을 포괄한다. 운동권 담론은 조선조 말 동학농민운동, 일제하 민족독립운동, 그리고 해방 후 통일된 독립국가를 건설코자 투쟁했던 혁명적 민족주의운동의 전통을 불러들임으로써 민중 혁명의 이념뿐만 아니라 역사와 전통에서 발견할 수 있는 민중적 에토스를 재생시키고자 했다. 따라서 운동권 담론의 관점에서, 민주화는 자유롭고 자주적이며 통일된 민족 독립국가를 형성하고 이를 위해 헤게모니적인 외세와 투쟁하는 긴 역사적 과정의 한 부분을 의미하며, 일제 식민 시대와 분단국가로 특징지어지는 현대사의 연장 선상에서 이해된다. 이것은 한편으로 운동권의 담론과 실천이 민주화 이후에도 별다른 변화를 보이지 않은 이유를 설명해 주며, 다른 한편으로는 반미주의와 통일운동이 운동권이 주도했던 민주화운동에서 왜 그토록 중요한 위치를 갖게 되었으며, 왜 운동권 내에서 자주파의 통일운동 노선이 강력한 헤게모니를 행사하게 되었는지를 설명해 준다.

3

민주화 이후 운동권 담론과 정서적 급진주의

민주주의는 권위주의의 여러 변종 가운데 하나인 구체제를 해체하는 변화 내지는 변혁 과정으로서의 민주화와 그 후 민주주의를 새롭게 건설하는 제도화 및 이를 위한 실천 과정을 포괄한다. 흥미로운 점은 좋은 민주주의를 건설하고 발전시키는 기준에서 이 두 과정은 하나의 연속 선상에서 순기능적으로 작용하기보다는 역기능적으로 작용하기가 더 쉽다는 것이다. 그 이유는 다른 무엇보다도 민주화운동이 발생하고 전개되었던 정치적 조건과 민주화 이후 민주주의체제가 본격적으로 작동하면서 나타나는 정치적 조건이 근본적으로 상이하다는 데서 찾을 수 있다. 민주화 과정은 기본적으로 투쟁이 중심이고, 강력한 권위주의를 상대로 하는 만큼 그에 상응하는 강력한 힘의 결집, 에너지의 동원이 요구되며, 대안적 비전은 급진적이고 혁명적이지 않으면 안 된다. 이 과정에서 집단으로서의 운동이든 운동에 참여한 개인이든 그들에게 요구되는 바는 그 이념과 행위의 급진성과 전투성이며, 얼마나 그러한지가 미덕이 된다. 이러한 이념적 정향, 에토스, 행위 규범은 자유로운 선거 및 다수 득표를 위한 경쟁을 본질로 하는 민주주의와는 결코 잘 어울리는 것이 아니다. 민주화 과정에서 운동을 통한 투쟁은 상당한 자기 헌신과 희생을 요구하지만, 그것은 무척이나 단순 명쾌한 목표를 위한 것이기도 하다. 그 목표란 군부 권위주의를 타도하고 민주헌법을 쟁취하는 것이다. 이러한 목표를 실현하는 데 필요한 전략은 급진적 이데올로기와 전투적 수단을 동원해 최대 단결 최대 연대를 실현하는 것이다. 이 과정에서 민주화는 보수적인 총체적 비전과 그에 도전하는 진보적인 총체적 비전이 격돌하는 양보 없는 진영간 투쟁으로 변화한다.

그러나 이러한 투쟁을 통해 성취한 민주화된 정치 환경에서는 민주화라는 단일 목표를 위한 최대 연대가 계속 자동적으로 유지될 수 없으며, 그들에게 요구되는 행동 원리는 급진적으로 달라진다. 여기에서는 평화적인 선거를 통해 다수표를 획득하기 위한 경쟁이 기본 원리가 된다. 어떻게 최대 다수 연합을 유지할 것인가? 이제 문제는 민주화 투쟁을 주도했던 운동권이 민주화된 이후에는 그 단일성과 일체성을 유지하기 어렵다는 데 있다. 민주화 최대 동맹은 민주화된 이후에도 단일 동맹을 유지한다는 암묵적 동의에 기반한 것이 아니다. 이후 그들이 무엇을 할 것인가는 완전히 열려 있는 문제다. 최대 동맹은 민주주의를 어떻게 이해하느냐에 따라, 그들 각각의 사회경제적 지위와 역할에 따라, 계층적 이해관계에 따라, 북한 문제를 바라보는 관점에 따라, 문화적 가치에 따라, 출신 지역과 지방의 배경에 따라, 사회공동체의 성격을 어떻게 이해하느냐에 따라 분열될 가능성이 높다. 특히 수많은 요인들 중에서도 대중들의 실제 삶에 가장 직접적인 영향을 미치는 사회경제적 이해관계와 계층적 지위 및 역할에 따른 이익의 차이는 이러한 분열을 불가피하게 만드는 요인이다. 우리는 이를 갈등이라고 말하며, 민주주의는 간단히 정의하자면 폭력을 배제한 갈등과 타협에 기초한 정치체제다. 갈등을 어떻게 조직하고, 어떤 정당과 정당체제를 통해 이를 정치적으로 대표하며, 이들이 어떻게 선거에서 경쟁 내지 대립 축을 형성하는가 하는 문제는 민주주의 정치의 성격과 방향을 결정짓는 관건이다.

우리가 갈등과 타협의 과정을 정치라고 정의할 때, 민주주의는 공정하고 주기적인 선거와 이에 참여하는 정당간 경쟁을 통해 이러한 갈등을 표출하고 타협하고 해소하는 정치체제로 이해할 수 있다. 이러한 조건에서 운동권의 중요한 언술로 회자되는 "초심으로 돌아가자"라든가 "운동 본연의 도덕성과 연대성을 회복하자"는 구호들은 민주화 최대 동맹의 해체를 부정하거나 외면하는, 즉 과거의 경험을 되살리려 하거나 지키려 한다는 의미에서 퇴행적 성격을 갖는다. 그럼에도 불구하고 민주화 최대 동맹의 해체는 민주화 이행과 함께 빠른 속도로 종결되는 것이 아니라, 민주화운동의 전통과 이념, 권위주의적인 요소의 상존과 그에 따른 저항의 필요, 급진적 이념에 대한 열정으로 인해, 또 그것이 사회적 영향력을 가졌던 그 정도만큼 느린 속도로 진행된다. 이와 관련해 2007년 12월 대선에서 노무현 정부와 연계된 집권파의 참담한 패배와 보수적 야당으로서의 한나라당 후보 이명박의 대통령 당선은 이러한 해체가 파국적인 양상으로 나타난 결과로 보인다. 이 점에서 민주화 과정의 첫 번째 사이클은 일단락된 것으로 이해할 수 있다. 민주화 이후 지금까지 대통령 선거와 총선의 가장 중요한 대립 축은 민주화 균열이라고 말할 수 있는 것을 중심으로 전개되어 왔다. 이 균열은 민주 대 반민주, 진보 대 보수, 평화개혁세력 대 냉전수구세력 등의 대립 축을 말하는 것으로 표징되듯 진영간 대립을 강조하는 것이다. 지난 20년 동안 이러한 균열이 유효할 수 있었던 것은 민주화운동 과정에서 구축된 최대 연합의 결집력이 느린 해체의 과정을 통해 그만큼 지속되었기 때문이라고 볼 수 있다.

운동권과 담론 그 자체의 해체는 훨씬 더 빠르게 전개되었다. 오늘의 시점에서 볼 때 한국의 운동권에 대해 제기할 수 있는 질문은 1980년대를 통해 그것이 어떻게 그렇게 광범하고 급진적으로 성장해서 권위주의를 붕괴시켰느냐 하는 것보다, 그토록 격렬하고 광범했던 민중운동이 왜, 어떻게 그렇게 빨리 사라졌는가 하는 점이다. 앞에서 그 요인 가운데 하나를 지적한 바 있다. 민주화 이후의 상이한 정치 조건이 요구하는 규범과 행동 원리가 다르다는 것이 그것이다. 이와 더불어 운동권 담론은 그 자체 내에 멀지 않은 장래에 빠르게 해체될 수밖에 없는 약점을 안고 있었다.

운동권의 이념적 정향, 정조, 수사, 담론 등은 그것이 가졌던 급진성과 전투성에도 불구하고, 구체제의 엘리트들이 구축했던 보수적 지배

체제에 대응하는 현실적이며 지속 가능한 정치세력화와 함께 그 이념과 가치에서 건강한 대안을 발전시키지 못했다. 그러한 대안을 발전시키기에 운동권의 담론과 이념, 열정과 정조는 지나치게 낭만적이고 집단주의적이었으며, 급진적이고 추상적이었고, 민족주의적이고 국가주의적이었다. 이러한 정향, 열정, 정조 속에서 운동권이 민주주의의 주요 행위자로서 또는 정치세력으로서 그 발전에 기여할 수 있는 어떤 것을 제시할 수 있었을지는 매우 의문스럽다. 그들이 관념의 세계에서 현실로 내려왔을 때, 민주화를 가져왔던 세력의 인자로서 정작 민주주의에 기여할 수 있는 것은 별로 많지 않았다. 그들이 대면한 것은 머릿속에서 추상적으로 그려 냈던 민주주의가 아니라 보수적 기득 이익들이 구축해 놓은 헤게모니의 질서였다. 그리고 그들의 이념 정향과 정조가 대응하기 어려웠던 것은 민주주의의 규범과 제도의 작동 원리만이 아니라 변화하는 세계와 시대정신Zeitgeist이었다. 이제 세계는 존재론적으로 자유주의적 개인주의를 지나 신자유주의적 세계화라는 조건에서 포스트자유주의적 이익 추구의 경제적 인간Homo Economicus이 지배하는, 시장 만능과 효율성의 가치에 따라 능력에 근거한 보상이 정당화되는 업적주의와 그것이 과거의 인간적 가치들을 전면적으로 대체해 버린 새로운 (무)도덕관의 출현을 목도하고 있다. 뿐만 아니라 산업화와 경제 발전이 가져온 다원적 사회구조와 세계화된 경제 환경, 아직 다인종 다문화주의를 본격적으로 대면하지 않았다 하더라도 그에 따른 공동체의 성격 변화와 그러한 가치의 수용, 낭만주의적인 민족주의가 시대착오적 이념이 되어 버린 탈냉전과 지역

간 상호 의존의 증대로 인해 민주화 이후의 한국 사회는 운동권 담론이 형성되고 발전했던 시대를 과거로 밀어내면서 새로운 국내외적 환경을 맞이하고 있다.

운동권의 이념적 핵심과 정조가 정치체제를 변화시키는 데는 결정적으로 기여했다 하더라도, 근대화라는 거시적 사회 변화의 수준에서 한국의 전통적 인간형을 새로운 근대적 인간 유형으로 변화시키는 계기 내지 촉매로서 얼마나 기여했는지는 의문이다. 사실상 운동권의 이념과 담론은 낭만적 민족주의와 집단주의적 국가주의를 통해 스스로를 역사적·집단적 주체로 형상화하고자 함으로써 개인적인 주체성과 주관성을 본질로 하는 현대의 자유주의적 인간 유형, 이러한 개인성을 기초로 한 새로운 (탈)현대적 인간관계, 개인의 도덕적 자율성에 입각한 개인적인 내면의식의 중요성을 포괄하는 개인적 인간형으로의 변화를 가져오는 데는 거의 아무런 기여도 하지 못했다. 기본적으로 그것은 역사주의적이고 복고적인 것이었다. 이제 운동권은 민주화된 정치와 사회의 변화를 주도하면서 민주주의 정치체제의 발전뿐만 아니라 그에 부합하는 민주주의적 인간형을 창출하기는 고사하고, 변화를 따라가기조차 바쁜 것처럼 보인다. 예리한 안목을 가진 한 외국인 관찰자는 한국의 민주화는 자유주의적 혁명을 수반하지 못했다고 논평했다. 위에서 언급한 이유에서 그것은 틀린 말이 아니다. 한국의 민주화는 이러한 점에서 자유주의적 혁명도 아니었고, 사회민주주의적 혁명도 아니었다. 1980년대를 통해 민중운동과 그 담론은 폭넓게 확산되면서 보수적 헤게모니를 대체하는 것처럼 보였다. 그러나 현재의 시점에서 운동권은 사회적 비전, 역사의식, 최근의 대통령 선거를 통해 확인된 정치적 평가 등의 여러 수준에서 상실과 패배, 그리고 보수 헤게모니로의 흡수 통합에 의한 해체와 소멸 양상을 드러내고 있다. 이는 부정적인 의미에서 그람시의 헤게모니 효과가 작용한 결과로도 이해할 수 있다.

운동권의 빠른 해체를 설명할 수 있는 또 하나의 요소는 텍스트 해석과 이론을 둘러싼 투쟁이 조직 활동이나 시위만큼 중요했던, 이를테면 과거 중국이나 조선조 지식인 엘리트들이 사서삼경 같은 유교 경전을 학습하고 그 해석을 가지고 논쟁했던 사대부 문화와 유사한 '지식인 엘리트 문화'mandarin culture에서 찾을 수 있다.[2] 그들의 민중적 정향과 가치 지향이 아무리 급진적이고 변혁적이었다 하더라도 그들의 해방적 상상력은 민족국가의 틀 안에서 발현되었으며, 그렇기 때문에 민족국가의 완성, 강국 지향의 국가 발전, 일국 단위의 수량적 경제 발전의 범주를 벗어나지 못했다. 그들은 다른 인간적·사회적 가치를 통해 집단주의적·낭만주의적 민족주의관을 대체하려 하기보다는, 그 틀 안에서 구질서하 보수적인 지배 엘리트들의 헤게모니적 가치를 공유하면서 동일한 목적을 추구하는 가운데 다만 그 목표에 이르는 수단이 보다 민주적이고 민족적이라는 점을 강조할 뿐이었다. 그들은 한국 근대화의 중심 프로젝트인 민족국가 발전의 목표를 보다 도덕적이고, 보다 민주적이며, 보다 자주적이고, 보다 민중 중심적으로 수행할 수 있다는 의미에서 민족주의적 유산의 진정한 계승자임을 언명했고 자임했다.

1980년대 민주화운동에서 반미운동은 가장 급진적인 반체제적 행위가 아닐 수 없었다. 반미운동의 최고조기에 발생했던 '미문화원 점거 농성 사건'은 가장 급진적이면서도 가장 민족주의적인 사건을 상징했던바, 농성자들은 태극기를 휘날리면서 그들이야말로 진정한 애국자임을 보여주고자 했다. 이러한 현상들은 민족주의의 가치 정향과 이데올로기를 수용할 때 귀결될 수밖에 없는 필연적인 결과처럼 보인다. 동학농민운동으로부터 일제하 민족 독립 투쟁, 그리고 해방 후 분단의 위기 속에서 통일된 민족 독립국가 형성을 위한 투쟁에 이르는 혁명적 민족주의 전통의 핵심은, 자주적 근대화의 실패로 인한 국권 상실과 식민지로의 전락이 보수파의 정신적 외상이었다기보다는 그보다 더 강하게 진보파, 혁명적 운동가들에게 열등의식과 정신적 외상을 가져다주었다는 점이다.

1970~1980년대의 민중운동은 강력한 국가 건설과 자본주의적 경제 발전이라는 근대화의 최우선 프로젝트를 건설함에 있어 보수세력에 대응하는 새로운 경쟁자의 출현으로 이해할 수 있다. 이렇게 종류가 다른 두 세력이 투쟁하고 경쟁하는 관계는 4·19 학생혁명, 6·3세대, 민청학년 세대, 1970년대의 반유신 세대, 1980년대의 386세대와 같이 세대로 통칭되는 체제에 도전했던 새로운 운동집단들을 통해 확인할 수 있다. 그러나 이들 운동집단의 부상과 쇠퇴는 냉전반공주의의 이데올로기적 기초 위에서 군부 엘리트, 성장주의를 뒷받침하는 현대적 경제 이론을 교육받은 보수적 지식인 전문가와 관료집단, 권위주의적 산업화를 가져온 기업가집단 등 보수적 엘리트들이 구축해

놓은 체제 내로 운동권 엘리트들이 편입되는 보수 헤게모니로의 통합 과정 이상의 의미를 갖지 않는다. 민주화 이후 한국 사회에서 운동권이 민주주의 발전에 기여하기 어려웠던 한 중요한 원인은, 그들이 실제 민중이 아니라는 중산층적 배경과 함께 현실에서 문제를 도출하고 해결하려 하기보다는 급진적 이념으로부터 그 해법을 모색코자 했다는 사실과도 무관치 않다. 그것은 운동이 관념적이고 추상적인 성격을 가질 수밖에 없도록 제한하는 요소였다.

분단과 한국전쟁을 포함하는 냉전 시기를 통해 반공주의, 반급진주의는 분단국가의 존재 이유를 분명히 하는 기저 이념으로 기능했다. 한국 사회에서 전쟁과 냉전의 가장 구체적인 효과는, 사회과학의 비판 이론으로서든 정치적 실천 이론으로서든 마르크스주의가 어떤 종류의 대안적 이론과 프로젝트를 제공할 수 있는 공간을 사전에 봉쇄했다는 것이다. 그리고 이와 병행해 노동운동의 정치세력화를 위한 공간을 폐쇄하거나 극도로 좁혀 놓았다. 따라서 만약 운동권이 어떤 정치적 프로젝트를 통해 민중의 생활 조건을 향상시키는 데 기여하고자 했다면, 그것은 실제하는 현실 생활에서 문제를 끌어내는 보다 구체적이고 현실적인 비전과 프로그램을 발전시키는 노력으로부터 시작되어야 했을 것이다. 그것은 마르크스주의를 우회하는 어떤 한국적 진보 노선일 수 있을지 모른다. 이 점에서 노동운동을 포괄하는 한국 진보세력의 발전 경로는 마르크스주의를 통해 사회민주주의에 이른 유럽의 경로와는 상이하다. 이러한 근거에서 총체적 대결과 변혁을 표방했던 운동권 담론의 급진성은 현실에서는 허약하기 그지없는 것으로 나타났다.

　재미 학자 이남희가 최근의 역저 『민중의 형성』에서 날카롭게 지적한 바 있듯이 비판적 실천으로서의 민중 프로젝트가 갖는 가장 큰 특징 가운데 하나는 그것의 '비결정성'indeterminacy이라고 말할 수 있다.[3] 운동권 담론의 혁명적 급진성과 그에 기초한 운동이 창출하는 결과 내지 효과에 있어, 즉 그것이 어떤 긍정성을 구현할 수 있는가 하는 문제의 측면에서 볼 때 인과적으로 예측할 수 있는 것이 없기 때문이다. 오히려 그것은 역효과를 가져올 가능성이 더 큰 것이었다. 이 점에서 한국의 운동권은 정서적 급진주의로 특징지을 수 있을지 모른다. 이념의 급진주의는 현실의 민중 문제 및 노동 문제를 실제 정치를 통해 구체적으로 해결코자 투쟁하는 과정에서 발생했다기보다 한국 근현대사에 대한 총체적 재해석에서 도출되었다. 즉 한국의 근현대사에서 나타나는 제국주의의 침탈과 지배, 식민지로의 전락과 분단, 민중의 삶에 대한 핍박 등의 왜곡과 파행은, 민족의 자주성 회복을 위한 투쟁이 역사 발전의 원동력이라는 역사 이해에 관한 총체적 비전으로부터 연역되기 때문에, 그러한 역사 이해는 거시적이고 총체적이며 추상적인 특성을 갖는다. 그것은 이론적 도식으로 구상되었지만 현실 개혁을 위한 정치적 힘의 조직화, 현실의 제약 속에서 실현 가능한 개혁 대안을 만들 수 없었기 때문에 정서적으로는 급진적일 수 있어도 현실 정치의 이념과 프로그램을 포괄하는 내용적인 면에서는 전혀 급진적인 것이 아니었다. 운동권의 중심 이론이었던 마르크스-레닌주의의 경우에도 1980년대 말 동구 사회주의의 해체에 의해 그렇지 않아도 정치사회적 기반이 허약했던 혁명 이론의 영향력은 급속히 쇠락했고, 그것은 동시에 민중운동의 탈동원화를 가속화시키는 효과를 낳았다.

4

운동권의 민주주의관과 산출 중심의 정치 개혁

민주화된 사회에서 '민주주의를 어떻게 이해하느냐'는 그 사회 민주주의의 질적 발전에 있어 중심적인 문제다. 운동권이 민주화운동을 주도하고 나아가 민주화 이행에 결정적으로 기여했다는 사실은, 민주화와 그 이후 정치의 전개 과정에서 그들이 어떤 민주주의관을 갖게 되었는가 하는 문제가 한국 민주주의의 내용과 방향을 형성하는 데 중요한 영향을 미쳤음을 강하게 시사한다. 그리고 긍정적이든 부정적이든 그것이 남긴 유산을 살펴보는 일은 그 자체로 홍미로울 뿐만 아니라 현재의 한국 민주주의를 이해하는 데 있어 매우 중요하다. 앞에서 언급했듯이 한국의 운동권 담론 내지 민중주의는 그 이념 및 가치 정향과 관련해서 역사와 정치에 대한 총체적 비전, 도덕주의, 낭만주의, 국가주의, 민족주의, 성장주의 등을 그 중심 내용으로 포괄하고 있다. 민주주의로의 이행과 초기 공고화 과정을 통해 정치의 중심이 운동권이 주도하는 거리 투쟁으로부터 민주주의제도들이 작동하기 시작하는 선거 경쟁의 장으로 이동했을 때, 이러한 운동권적 문화와 정향은 반정치·반정당적 성향을 강화하는 방향으로 나타났다. 민주주의하에서 사회경제적 이익을 둘러싼 집단들의 지지를 불러일으키고, 이들을 정치적으로 조직하고 대표하며, 또한 후보들을 통해 선거 경쟁에 참여하고, 그 경쟁에서 승리한 경우 국가를 관장하고 통치하는 가장 기본적인 정치 조직 내지 단위는 말할 것도 없이 정당이다. 그러므로 민주주의에서 정치란 곧 정당정치를 의미한다. 물론 운동을 통해서도 사회적 요구와 의사가 표출되며, 이익집단들 역시 공동의 이익을 조직함으로써 정책적 이슈를 형성하고 정부의 정책결정에 영향을 끼친다는 점을 고려할 때, 정당정치가 민주주의 정치의 처음이자 끝이라고 말할 수는 없다. 그럼에도 불구하고 그것이 민주주의에서 차지하는 중심적 위치에 대해서는 이견이 없다.

운동권의 반反 정당적 태도는 그들의 혁명적 정조와 직접적인 연관성을 갖는다. 이는 상호 관련된 두 요인으로 구분해 볼 수 있다. 첫 번째 요인은 역사와 사회 변화에 대한 총체적 비전에 근거한 혁명적 정조를 가진 운동권 활동가들에게, 하늘에서 땅으로 내려와 지극히 현실적인 문제들과 대면하면서 기껏해야 사회의 부분 이익을 대변할 수밖에 없는 정당이란 수단을 통해, 내용적으로도 매우 제한적이고 부분적인 개혁만을 실현할 수 있는 '정당정치의 현실'은 쉽게 수용하기 어렵다는 사실과 관련된다. 혁명적 방법을 통해 총체적인 변화를 추구하는 것은 단기적·전투적·급진적 수단에 의존해 일거에 문제를 해결하는 행위 혹은 경향성을 의미한다. 이러한 운동의 정조는 정당정치의 특징들, 이를테면 더디고, 제한적이며, 불만족스런 타협을 수반하는 정치 과정과는 잘 어울리지 않는다. 이는 진보파들과 민주노동당이나 진보신당 같은 진보정당 내부에서 선거나 대의제 그 자체에 큰 의미를 부여하지 않는 정서를 어렵지 않게 목격할 수 있다는 데서도 잘 나타난다. 또한 민노당과 같은 진보적 군소 정당들이 정부구조, 선거제도, 정당법 같은 정치제도나 그 변화가 자신들의 존립 및 발전과 관련해 사활이 걸린 문제임에도 큰 관심을 갖지 않는 태도는 바로 이러한 정서를 반영하는 것이라 할 수 있다. 그것은 정치로부터 도피해 일종의 반체제적 운동으로 회귀하려는 경향성 같은 것을 느끼게 만드는 부분이다.

두 번째 요인은 민주화가 혁명은 아니기 때문에 민주화 이후 정치의 권력구조와 정당을 제도화하는 데서도 대체로 구체제의 내용이 승계될 수밖에 없다는 사실과 관련된다. 정당과 정당체제뿐만 아니라 주요 정치인들까지 구권위주의체제와 뚜렷한 연속성을 보였으며, 차이는 이들이 참여하는 게임의 규칙이 민주적으로 변했다는 점에 국한되었다. 기존의 정당과 정치인들이 정치 공간을 선점했기에 변화를 주도한 중심 세력의 제도권 참여는 제한적이었다. 이는 새로운 정치적 가치와 개혁 목표를 가진 운동권 세대들이 주도적으로 새로운 정치체제를 만들 수 있는 조건이 마련되지 못했음을 의미한다. 이들의 정치 참여는 극히 제한적이고 개별적이고 부분적이었으며, 그들이 대면했던 정치체제, 정당체제, 선거제도는 구체제로부터 지속된 것이기에 비민주적이고 부패한 부분이 많았다. 따라서 민주화 이후 정치제도와 정치질서는 개혁의 중심 대상으로 부상했고, 그 개혁의 가치와 기준에는 이들 새로이 유입된 운동권적인 요소들이 큰 영향을 미쳤다. 그 내용은 그들의 도덕주의적 정치관을 토대로 정치에서 투명성, 효율성, 그리고 전문성의 가치를 증대시키는 것이었다.

여기서 주목할 만한 점은 운동권의 반정치적 정치관과 보수적인 정치관이 그 동기와 맥락상의 차이에도 불구하고 상호 접맥되는 지점이 존재했으며, 이것이 현실에서 정치 개혁을 실행하는 데 광범위한 효과를 발휘했다는 사실이다. 구질서하에서 기득세력을 구성했던 한국의 보수적 엘리트들이 표면적으로는 민주화에 반대하지 않았다 하더라도 민주화의 효과를 가급적 한정하고자 노력하는 것은 당연하다. 그 내용은 아래로부터의 강력한 개혁 요구에 대해서나 그동안 정치 참여로부터 배제되거나 소외되었던 사회집단들의 참여에 대해 그것의 확대를 최소화하려는 것이었다. 민주화 이후 정치 개혁을 표방하면서 실시된 대표적인 제도 개혁 내지 실천 방안으로는 '부패 방지'를 위한 선거제도 개혁, '당정 분리', '원내 정당화', '국민(참여)경선제', '당내 민주화' 등을 들 수 있다. 이 같은 정치 개혁의 방향과 내용들은 사회의 다양한 갈등과 이익들이 정치에 의해 대표되는 것을 제어했고, 특히 사회적 약자와 시장 경쟁에서 취약한 지위에 있는 계층의 참여를 봉쇄하거나 크게 축소하는 방향으로 전개되었다는 공통점을 갖고 있다. 그것의 결과는 정당정치의 약화와 그에 따른 민주주의의 약화라고 말할 수 있다.[4] 한국의 보수적 엘리트들이 정치 참여를 축소하는 개혁에 이해관계를 가진다고 할 때, 그들의 의도와 행위는 합리적이다. 그러나 역설적인 것은 개혁적인 운동권 역시 이 같은 내용의 정치 개혁을 광범하고 적극적으로 수용했다는 사실이다. 이는 그들의 도덕주의적 정치관과 함께 한국의 민주주의 공고화가 시기적으로 IMF 외환 위기와 이를 통한 신자유주의적 세계화의 급격한 확산과 맞물려 전개된 맥락이 빚어낸 결과다. 곧 사익과 갈등을 초월하는 도덕주의적 정치관과 경쟁과 효율성을 중시하는 신자유주의적 가치가 접맥되면서 정치를 인식하는 지배적인 틀로 자리 잡을 때, 그것은 참여를 통한 투입을 축소하는 반反 정당적 정치 개혁으로 귀결되었던 것이다.

정당을 중심 메커니즘으로 하는 제도화된 정치 과정에서 새로운 사회세력의 참여가 약화 또는 최소화되는 것은 '참여의 평등'이라는 민주주의의 원리에 부합하지 않기 때문에 바람직하다고 말할 수 없다. 하나의 정치체제는 가장 간명하게 '참여의 투입'과 그것이 정치 과정을 통해 처리되어 나타나는 '정책의 산출'이라는 '투입-산출'의 두 측면으로 구성된다. 이러한 기준에서 민주주의는 '참여 투입'의 확대를, 반대로 권위주의는 '참여 투입'의 축소와 '정책 산출'의 확대를 특징으로 한다. 물론 민주주의하에서도 정책의 효율성과 생산성이 높은 것은 바람직하다. 그러나 그것이 민주주의체제의 최고 가치가 될 수는 없다. 민주주의의 제일 가치는 사회의 구성원들이 평등한 참여의 권리를 가지고 가장 광범하게 정치 과정에 참여하는 방법을 통해, 사회의 갈등과 이해관계의 차이 속에서 정책과 법을 만들고 공권력 행사 방법과 내용을 결정하는 투입 과정의 확대에 있다. 만약 민주주의가 '정책 산출'이라는 가치와 기준만을 통해 평가된다면, 그것은 민주주의의 기본 원리와 배치되는 것이 아닐 수 없다.

5

민주주의론의 재구성 : 민중, 시민, 시민권

한국 사회에서 시민은 무엇을 의미하는가? 앞서 살펴본 운동권 담론의 민중과는 어떻게 다른가? 민중과 시민은 대립적인 개념인가, 아니면 연속 선상에서 이해될 수 있는 개념인가? 이런 질문들에 쉽게 답하기란 어렵다. 필자가 이 글을 통해 말하고자 하는 핵심 주장 가운데 하나는 한국 사회에서 시민은 민중의 연속 선상에 있다는 것이다. 그러나 현실에서 민중은 아직 시민권을 얻지 못했으며, 시민이란 개념 역시 그러한 상태. 시민 개념에 대해 현대의 철학적 기초를 마련한 루소Jean J. Rousseau는 『사회계약론』에서 "시민이란 자신을 구속하는 법을 제정하거나 그 과정에 참여하는 자유롭고 자율적인 개인"이라고 정의한다. 이로부터 현대적 시민권의 논리가 파생된다. 시민과 시민권의 핵심 요소는 보편성의 원리다. 왜냐하면 이는 앞선 봉건 질서의 구성 원리인 종교적 신앙, 가족적 배경과 같은 신분적 위계 구조가 주는 차별성에서 벗어나 공동체의 모든 개인들에게 우리가 시민권이라고 말하는 자유와 권리를 공동체의 구성원이 되는 '자격으로서' 보편적이며 평등하게 부여하는 것이기 때문이다. 그렇기 때문에 보편적인 시민권을 향유하는 시민의 개념은 프랑스 혁명이나 미국 혁명의 사례에서 볼 수 있듯이 민주주의 혁명에 의해서 창출될 수 있었다. 물론 프랑스 혁명 이전에도 시민권을 가진 시민은 존재했다. 예컨대 아테네 민주주의나 로마 공화정과 같은 고대 도시국가들과 중세 자유도시 국가의 통치체제하에서도 시민권을 갖는 시민은 존재했다. 그러나 그것은 어디까지나 공동체 구성원 모두에게 부여되는 보편적 권리로서의 시민권이라기보다는 배타적 특권이었다. 흔히 프랑스 인권선언으로 알려진 『인간man과 시민의 권리선언』의 첫 번째 단락은 "단순하며 논쟁의 여지없는 원리에 기초한 시민의 권리"에 대한 요구로 시작된다. 미국 헌법의 첫 번째 구절 역시 "우리, 인민은We the people……"이라는 주어로 시작한다. 이와 달리 최초로 인민 스스로의 통치를 실현한 아테네의 시민들은 표면적으로는 시민권을 갖는 시민이었지만, 그들의 도시국가(들)은 실질적인 의미에서 노예제에 기반한 사회였다. 즉 고대 그리스의 민주주의는 통합적이고 보편적인 사회 구성의 원리에 기초하기보다는 시민권을 갖는 그리스인들 내에서만 구현된 배타적이고 특권적인 정치체제였다.[5] 바로 이 점에서 현대 민주주의의 시민(권) 개념과 고대 그리스 민주주의의 시민(권) 개념은 구별된다.

한국의 시민 개념은 프랑스의 경우와 흡사하다. 프랑스에서 제3신분으로서의 인민이 혁명을 선도해 시민권을 갖게 됨으로써 보편적인 시민권을 향유하는 시민이 탄생했던 것과 마찬가지로, 한국에서 시민의 출현 역시 운동이 주도했던 민주화의 결과물이기 때문이다. 물론 민주화 이전의 한국에서도 시민이란 단어는 존재했지만, 당시의 그 개념은 지극히 애매한 것이었다. 한국의 헌법 제1조에서는 프랑스 인권선언에서와 같이 '시민'이나 미국 헌법에서와 같이 '우리 인민'이 공동체의 주체로 표현되지 않고, '국민'이라는 말로 대체되어 있다. 이를 서양 말의 피플people, 즉 인민으로 또는 시민으로 번역해서 이해할 수도 있겠지만, 그럼에도 불구하고 그것이 같은 말이 아님은 분명하다. 또한 헌법 제1조 1항은 "대한민국은 민주공화국"으로 선언하고 있다. 이것이 현실을 일컫는 말인지, 아니면 그렇게 되어야 한다는 당위를 천명한 말인지는 분명치 않다. 최초의 헌법이 시행된 분단국가 건설 이후 1987년 민주화에 이르기까지 한국 현대사의 대부분이 민주주의가 아니었다는 것은 주지의 사실이다. 이런 점에서 볼 때, 국민이라는 말은 시민을 의미하기보다는 대체로 권위주의적인 성격을 갖는 국가의 구성원이라는 의미를 더 많이 가지고 있음을 알 수 있다. 그렇다면 한국이라는 정치공동체의 주체 또는 주권자는 누구였는가라는 질문을 제기하지 않을 수 없다. 이것은 한국의 정치 현실과 법의 형식적 조문條文 사이에 엄청난 괴리가 있음을 보여주는 단적인 사례다.

민주화가 이루어진 이후에조차 한국의 시민은 수줍은 또는 망설이는 모습으로 매우 소극적으로 표현된다. 그냥 시민이라고 말해지기보다는 더 자연스럽게 민주화운동이 남긴 개념으로서 '민주시민'이라든가, '시민사회'라는 말과 더불어서만 시민이라는 말이 사용된다. 운동권 개념의 범위를 벗어나 시민이라는 말이 학교에서나 언론에서, 그리고 일상 언어에서 사용되는 것을 듣기란 쉽지 않다. 이에 비추어 볼 때, 한국 사회에서 시민은 여전히 말의 시민권조차 획득하지 못한 것으로 느껴진다. 이와는 대조적으로 민중이라는 말은 구체적인 주체와 담론이 있고, 이를 통해 역사 변혁의 주체로서 집단적인 자각과 실체적인 역사를 가지며, 그들이 운동을 통해 이루어 낸 민주화라는 구체적인 현실이 있다. 그러나 시민은 여전히 추상적인 개념으로 우리 앞에 나타난다. 왜 그러한가? 그것은 민주화 이후 사회에서 민주주의의 담지자이자 이를 실천할 주체인 시민의 지위와 역할이 여전히 모호하고 추상적이며 형식적인 의미 이상을 갖지 못하기 때문이다. 민주주의의 작동은 개별 시민들이 가진 능력의 자유롭고 충분한 발전을 전제로 한다. 그러나 이러한 요구는 실제 현실에서 대중매체의 영향, 학교 교육, 민주적 참여를 위한 통로의 부재나 제약, 직장과 작업 현장에서의 권위주의적 조건, 그리고 국가·정부의 일방적 정책이나 행위 등의 여러 요인으로 인해 제약받고 있다.

시민의 의미가 명확하게 정의되지 못한 채로 부유하고 있다는 사실은 한국에서 시민권의 개념이 제대로 정착되지 못했다는 것에 다름 아니며, 이는 시민권이 현실에서 구체적으로 실천되지 못한 것의 결과다. 이와 관련해 이미 1950년대에 현대 민주주의 사회에서 시민권의 패러다임이 되는 이론을 제시했던 영국의 저명한 사회이론가 T. H. 마셜이 공식화한 시민권 개념을 통해 한국의 조건을 살펴볼 수 있겠다. 그의 논의는 한국 사회에서 구현할 수 있는 시민권의 구체적인 내용과 아울러 이를 위해 시민이 해야 할 역할이 무엇인가를 보여주는 좋은 준거가 된다는 점에서 의미가 있다. 마셜의 시민권 개념은 영국의 역사적 경험을 모델로 민주주의가 발전하는 과정에서 세 가지로 구분 가능한 시민권, 즉 18세기의 시민적 권리, 19세기의 정치적 권리, 그리고 20세기의 사회적 권리가 순차적이면서도 누진적으로 발전했다는 논리를 핵심으로 한다.[6] 시민권의 누진적 발전이라는 논리의 요체는 무엇보다도 민주주의의 전개와 자본주의 시장경제에서 발생하는 계급·노동의 문제를 연관시킴으로서 민주주의가 시민권을 확대하는 과정을 통해 발전하면서 동시에 사회를 통합해 왔다는 것을 강조한 데 있다. 민주주의는 우선적으로 민주주의의 가치와 원리를 담은 제도적 절차, 즉 우리가 '절차적 민주주의'라 부르는 것을 핵심으로 하는 통치체제지만, 이를 통해 구현되는 내용적 측면 역시 시대를 따라 변해 왔고, 그 방향에서 꾸준히 진전되어 왔다고 할 수 있다. 바꿔 말해, 하나의 민주주의가 어떤 사회경제적 결과를 가져왔는가를 평가하는 데 있어 그 가치와 평가의 기준 또한 변화, 발전해 왔다는 것이다. 그러나 시민권 개념과 관련한 한국의 현실은 역사적으로 단계 지어지고 진전되어 온 마셜의 개념과는 사뭇 상이한 양태를 보인다. 먼저 한국에서 시민권의 세 개념은 매우 중첩적인 특성을 가진다는 점을 지적할 수 있다. 이런 차이와 더불어 한국 사회의 가장 두드러진 특징은 사회적 시민권의 개념이 거의 존재하지 않을 뿐만 아니라, 시민적 권리와 정치적 권리의 부족에 의해 제한되어 왔다는 점이다. 이와 같은 사회적 시민권의 부재가 한국 민주주의의 내용을 빈곤하게 만들고, 그 발전을 제약하는 핵심 요인이 되고 있음을 부인하기는 어려울 것이다.

한국 사회에서 시민권에 기초를 둔 민주주의관은 무엇인가? 이를 논의하기에 앞서 현재 한국 사회에서 민주주의를 이해하는 헤게모니적 관점을 살펴보는 것이 필요하다. 여럿 가운데 서로 결합되어 있는 세 관점, 즉 ① 도덕주의, ② 민족주의-국가주의, ③ 신자유주의는 현재의 민주주의를 이해하고 실천하는 중심적인 가치이자 기준으로 특기할 만하다. 이들 세 관점의 결합은 보수적 민주주의관과 민중운동의 전통으로부터 전수된 진보적 민주주의관이 상호 교차하는 영역에서 지배적 관점으로 자리 잡았으며, 반정치적 가치와 태도를 강화해 급기야 민주주의의 핵심인 참여의 투입을 축소하고 이에 비례해 효율적인 정책 산출 중심의 체제를 만들어 내는 효과를 보이고 있다. 보수적인 관점의 도덕주의적 정치관은 조선 시대 유교적 정치 문화에서 전수된 권위주의적·가부장적 권위 관념과 그에 따른 온정주의적 덕의 실현으로 정치를 바라보거나, 냉전반공주의의 이념을 구현하는 일종의 십자군적 실천의 관점에서 정치를 바라보는 것으로 이해할 수 있다. 다른 한편, 운동권적·진보적 관점의 도덕주의에서 민주주의는 사회적 평등과 인간 해방을 위해 부패하지 않고 사익을 초월하면서 국가와 민족 전체의 이익에 봉사하는 체제이며, 이에 반하는 권위주의는 반자주적이고 억압적이며 부패하고 타락한 체제로 이해되고, 그 과정에서 사익을 부정하는 반정치관을 촉발하게 된다. 민족주의-국가주의가 불러내는 집단적 가치와 이념, 정조들이 민주주의의 가치와 양립할 수 없다고 말하기는 어려울지 모른다. 그러나 그것은 다원주의적 가치와 사회구조를 특징으로 하며, 신자유주의적 세계화로 인해 강화된 시장 경쟁 속에서 한편으로 자신의 개별 이익을 추구하는 동시에 다른 한편으로는 보편적 시민권을 확보하고자 하는 시민들로 구성된 사회와는 잘 어울릴 수 없는 것이다. 그것은 무엇보다도 민족과 국가, 전체 사회의 이름으로 단일한 목표를 설정하거나 그에 대한 합의를 이루어 내기 쉬운 자원을 제공하며, 이를 통해 정치권력과 이데올로기적·문화적 권력집단들이 위로부터 전체 사회를 일정한 방향으로 동원하기 쉬운 조건을 창출한다. 민주주의는 개인적 시민권과 사회의 특수 이익들이 표출되고 조직되어 정치적으로 대표되는 체제임을 감안할 때, 개인에 우선하는 국가와 민족의 가치나 개인의 사적 이익과 그것의 집합으로서 사적 이익들 간의 결합에 우선하는 전체 이익에 대한 관념은 민주주의의 좋은 토대라고 말하기 어렵다. 그것은 전체 사회와 국가 또는 어떤 공익의 이름으로 헤게모니적 합의에 대한 반대의 목소리를 허용치 않고, 사회적 갈등을 억압하며, 사회 저변층에 위치한 계급·계층·사회적 약자나 소수자의 요구를 억압하는 가치의 전체주의적인 환경을 조성하기 쉽다.

최근년에 이르러 반정치관을 조장하는 가장 강력한 힘은 신자유주의적 경제 발전의 가치이자 이념이다. 이는 시장 근본주의나 시장 포퓰리즘의 형태로 시장 경쟁의 원리와 효율성이 다른 모든 인간적인 가치들을 초월해서 존재하는 것이 당연한 듯이 여겨지는 이데올로기

적 환경을 조성하고 있다. 인간의 존재 이유는 삶의 의미와 행복을 보
장하는 다양한 인간적 가치를 추구하는 데 있으며, 그 가운데 한 부분
이 경제적인 가치고 이를 실현하는 중심 메커니즘이 시장 경쟁이나
효율성이라고 말할 수는 있다. 그러나 이제 신자유주의적 시장 경쟁
의 조건하에서 인간의 삶의 의미와 목적은 수단과 목적의 전치 현상
이라 말할 정도로 시장 경쟁, 효율성, 경제 성장, 그에 따라 경쟁의 승
자를 숭상하는 업적주의 사회meritocracy의 실현 그 자체가 목적이자
규범이 되는 사회로 나아가는 것처럼 보인다. 이러한 이념과 가치가
실현될 때 나타나는 현상은, 현대 신고전경제학의 개척자인 폴 새뮤
얼슨이 미국 부시 정부의 조세정책을 비판하면서 미국의 민주주의를
비꼬아 말했던 금권통치체제plutocracy로의 퇴행이며, 이는 민주주의
와 양립하기 어려운 것이다.[7] 2007년의 대선에서 우리는 주요 정당,
주요 후보들이 모두 성장률 몇 퍼센트를 외치면서 경쟁하는 모습을
볼 수 있었다. 한국의 민주주의는 이러한 성장률을 이 체제를 통해 누
가 더 잘 구현하는가 하는, 성장의 목표에 복무하는 수단적 체제로 왜
소화, 주변화되는 양상을 보이고 있다. 위의 세 요소가 결합해서 만들
어 내는 오늘날 한국 정치의 현실은 민주주의의 다운사이징으로 요약
할 수 있다.

　정치권의 정치인들, 그 주변의 전문가들과 선거시장의 전략가들,
국가·정부의 정책결정자들, 선관위를 비롯한 사법부의 법률 전문가
들, 운동권의 활동가들, 신문 방송의 언론인들을 포괄하는 한국 정치
의 중요한 행위자들 다수는 일상의 정치 담론과 언어를 생산하는 데

크든 작든 반정치관을 공유함으로써 이를 헤게모니적인 것으로 만들어 왔다. 민주화 이후 여러 차례에 걸친 정치제도 개혁은 깨끗한 정치를 실현하고, 정책 정당으로의 발전을 통해 정책결정의 효율성을 높이는 데 초점이 맞추어져 왔다. 정치인들, 전문가들, 선관위의 인사들을 포함해 일각에서는 매니페스토운동이 낙후된 정당체제를 정책 중심의 정당체제로 발전시킬 수 있다고 말해 왔다. 여러 정치인과 기업계, 언론계의 많은 사람들은 경제 성장을 실현하기 위한 신자유주의적 정책과 방도를 말하는 가운데서도 사회 양극화와 빈부 격차의 문제점을 지적하면서 복지의 중요성을 말하기도 한다. 대선 이후 야당이 된 상대적으로 개혁적인 정치인들은 물론 보수적인 언론에서도 약자에 대한 보호와 그들을 위한 정치적 대표 문제에 대해 그 중요성을 말하는 소리를 들을 수 있다. 이는 민주주의를 생각하는 데 있어 진일보한 현상으로 볼 수도 있다. 그럼에도 불구하고 이러한 소리들에서 민주주의의 질적 수준을 향상시키는 데 필요한 근본적인 문제들이 언표화되지 않고 있음을 발견하게 된다. 우리는 이를 '민주주의의 근본'이라고 말할 수 있다. 그것은 민주주의의 가치와 참여의 확대를 가능케 하는 제도 개혁과 그 실천이다. 그것은 정책 산출output의 가치를 우선시하는 것이 아니라, 시민의 참여를 확대할 수 있는 참여를 통한 투입input의 확대를 실현하는 제도이며 그 실천이다. 그리고 이를 통해 선출된 정부가 대표하기로 되어 있는 시민–유권자들에 대해 책임을 지는 대표–책임의 연계를 강화하고 이를 실천하는 일이다. 민주적으로 선출된 정부가 정책 산출을 향상시키기 위해 많은 위원회를 설치하고 수많은 전문가들을 참여시키는 것이 민주적 참여의 확대를 의미하는 것은 아니다. 민주 정부라면 사회적 갈등을 표출하고 대표할 수 있도록 하고, 그들이 필요로 하는 정책 요구들을 수렴할 수 있는 정책결정 과정의 통로들을 확대하는 데 보다 많은 노력을 기울여야 한다. 정당이 정책상의 차이를 가지고 경쟁하는 체제를 만들기 위해서는 정당법으로 정책연구소를 설립하도록 규정할 것이 아니라, 원내정당이나 국민경선제를 통해 정당과 사회의 소통 공간을 축소하거나 왜곡할 것이 아니라, 정당이 보다 많은 사회적 이익과 갈등의 대중적인 접점을 갖도록 그 사회적 기반을 확대해야 한다. 요컨대 시민-유권자의 삶의 현실에서 나오는 요구가 정당이 제시하는 정책 대안의 근본적인 소재가 되어야 한다. 이는 사회에 실재하는 이익과 이들 이익간 갈등이 경쟁하는 정당간의 차이로 전환된다는 것을 의미한다. 하나의 정부가 성장에만 치중하지 않고 약자를 보호하고 사회복지 예산을 증액했다고 말하면서 스스로를 진보적 또는 개혁적이라고 자임할 때, 이를 평가하는 기준은 사회복지 예산의 일정한 증가라기보다는 수혜자가 되어야 할 사람들 내지 그들의 대표가 그러한 정책결정 과정에 실제로 참여하고 있는가의 여부다.

6

보편적 시민권에 기초한 민주주의의 길

앞에서 필자는 현대 시민권의 발전은 마셜의 개념을 통해 이해할 수 있다고 말했다. 이 시민권 개념은 어떠한 시장가치나 원리에 의해, 어떤 그럴싸한 성장주의적 담론에 의해 대체되거나 타협될 수 있는 것이 아닌, 인간의 근본적인 가치를 함축하는 것이다. 무엇보다 한국 사회는 사회적 시민권의 부재, 그것이 민주주의의 근본적 가치라는 가치의식의 부재로 특징지을 수 있다. 개혁세력임을 자임했던 김대중-노무현 정부하에서 노조 조직률이 사상 최저인 10퍼센트로 떨어졌다는 사실은 어떤 변명이나 이유로도 정당화되기 어렵다. 불평등과 빈곤의 심화, 비정규직의 대규모 증가 등 노동과 고용의 권리가 약화된 것도 마찬가지다.

앞서 살펴보았듯이 사회학자 다렌도르프Ralf Dahrendorf는 마셜의 시민권이 갖는 정치적 의미를 해석하기 위해 '물질적 급부'provisions와 사회적 성장으로부터 배분받을 '권리 부여/획득'entitlements이라는 두 개념을 구분한 바 있다. 마셜이 말하는 사회적 시민권의 개념은 어디까지나 후자의 것으로, 그것은 "이를 필요로 하는 요구자의 시장가치에 비례하지 않는 실질적 소득에 대한 보편적 권리"로 정의할 수 있다.[8] 한국의 노동·복지 개념은 여전히 전자의 경우에 머물러 있다. 그리고 그것은 민주주의의 근본 가치로서의 시민권 개념이 아니라, 한국의 조선조부터 권위주의 시기에 이르는, 그리고 민주화 이후 20년이 지난 현재까지도 지속되는, 또는 영국의 14~17세기 초 구빈법의 정신이 되었던 빈자에 대한 온정주의적 구제의 가치관에 입각한 것이라 할 수 있다.

양극화를 말하고 사회복지를 말하고 약자에 대한 보호를 말할 때, 말하는 자는 언제나 의식적이든 무의식적이든 스스로를 온정을 베푸는 자혜로운 엘리트로 생각하곤 한다. 민주적 시민이 문제를 보는 방식은, 보편적 가치를 향유해야 할 사람들 스스로가 정치 과정에 참여하고 있느냐 아니냐의 관점에 바탕을 둔다. 그렇지 못한 경우라면 이들이 어떻게 참여할 수 있는가 하는 문제를 해결하고자 노력한다. 이러한 시민적 민주주의관이 저절로 획득되는 것이 아님은 물론이다. 민주주의를 위한 개혁이 필요하다면, 그것은 다른 무엇보다도 민주주의를 직접 경험하고 이를 학습하는 교육과 실천의 기회를 넓히는 일이며, 이를 위한 제도 개혁이라고 하겠다.

주

1 1980년대의 민중운동과 민중 담론의 구체적인 내용에 관해서는 박현채·조희연 편, 『한
   국 사회구성체논쟁 1·2·3』(죽산, 1989/1991); 정용욱·김창호 외, 『한국민중론과 주
   체사상과의 대화』(풀빛, 1989) 참조.

2 Lee Namhee, *The Making of Minjung: Democracy and the Politics of Representation
   in South Korea* (Cornell University Press, 2007), 296~297쪽.

3 Lee Namhee, 앞의 책.

4 이 문제에 관한 상세한 논의는 최장집·박찬표·박상훈, 『어떤 민주주의인가』(후마니타
   스, 2007) 참조.

5 Robert A. Dahl, *Democracy and Its Critics* (Yale University Press, 1989), 22쪽.

6 Thomas H. Marshall, *Citizenship and Social Class and Other Essays* (Cambridge
   University Press, 1950).

7 Paul A. Samuelson, "Parlaying Deregulation into Panic", *International Herald
   Tribune* (2008/1/18).

8 Ralf Dahrendorf, "The Changing Quality of Citizenship", in Bart van
   Steenbergen (ed.), *The Condition of Citizenship* (Sage Publications, 1994), 39쪽.

5장

광주항쟁의 세 가지 의미

민주화 이후 20년의 시점에서

I

들어가는 말

사람들은 보통 광주항쟁을 한국 민주화의 원천이라고 말한다. 그것은 정확한 말이다. 오늘날 한국의 민주화는 실로 광주항쟁에 힘입은 바 결정적이라 할 수 있다. 한국의 민주화가 이렇듯 움직일 수 없는 역사적 원천을 갖게 된 것은 민주주의 발전을 위해 하나의 축복임에 분명하다. 광주항쟁을 기리는 사람들은 그것이 민주주의의 산 경험과 가치로 교육되고 전수되기를 바란다. 단순히 지나간 과거 역사로서가 아니라 오늘의 민주주의를 발전시킬 수 있는 정신적 힘의 원천으로 기능하길 기대하는 것이다. 따라서 광주항쟁을 어떻게 이해하느냐 하는 문제는 오늘날 한국 민주주의의 성격과 내용뿐만 아니라, 미래 한국 민주주의의 발전 방향에 커다란 의미를 지닌다.

이러한 문제의식에서 필자는 광주항쟁이 어떻게 이해될 수 있는가

하는 질문을 초점으로 오늘의 시점에서 과거를 되돌아보고 향후 한국 민주주의의 지향점을 찾아보려 한다. 그것은 과거, 현재, 미래라는 시간적 계기를 따라 광주항쟁의 의미를 짚어 보는 것인데, 이는 시간적 계기를 따라 배열한 것이기는 하나 광주항쟁을 한국 민주주의의 전개 과정에서 제기되었던 중심 문제를 통해 재해석하려는 접근이기도 하다. 생각해 보면 광주항쟁이 발생한 지도 한 세대가 지나고 있다. 광주 항쟁은 한국 민주주의의 이념과 가치, 이상과 목표를 되새기고 실현하는 데 있어 끊임없는 자원으로 역할하기 때문에, 그 의미는 역사적으로 고정된 것이 아니라 시기마다 또는 시대마다 현실이 요구하는 퍼스펙티브에서 해석, 재해석되지 않으면 안 된다고 생각한다.

2

광주항쟁은 민주주의로의 이행에서 무엇이었나?

광주항쟁은 신군부로 대표된 군부 권위주의세력과 국가 폭력에 맞서 그에 저항한 시민세력 간 무장 충돌로서 민주화를 향한 결정적인 전기를 만들었다. 여기에서 제기되어야 할 문제는, 두 세력 간 힘의 정면충돌이 아니고서는 민주주의로의 이행이 불가능했는가 하는 것이다. 군부를 중심으로 국가 강권력을 장악한 권위주의 엘리트들이 스스로 국가권력을 민주화세력에 이양할 수 있었다고 생각하는 것은 현실적인 가정이 아니다. 1960~1970년대 박정희 정부 및 유신 시기 동안 국가 주도의 산업화를 통해 경제적·사회적 자원의 엄청난 성장을 실현함으로써 권위주의 국가기구는 그 이전과 비교할 수 없을 정도로 강고해졌다. 이 시기의 산업화는 국가의 팽창을 가져왔지만, 동시에 시민사회의 성장과 민주화세력의 등장을 가져오는 계기가 되기도 했다. 이 점에서 당시 상황은 강력한 국가의 성장이 앞서고, 그에 맞서는 시민사회의 성장이 뒤따랐던 것으로 이해할 수 있다. 강력한 국가 강권기구를 보유하고 대규모의 물질적 자원을 관장하면서 광범한 사회적 지지 기반을 갖게 된 권위주의 국가가 평화적인 방법으로 시민사회의 민주적인 부문에 권력을 이양해야 할 이유는 없다. 이 점에서 1980년의 광주항쟁은 1960년의 4·19 학생혁명에 비교될 수 있다. 이승만 정부의 권위주의 국가체제는 1980년의 국가에 비해서는 매우 허약했으며, 시민사회의 성장 역시 미약했다. 1960년의 조건에서도 권위주의 정부와 민주화세력 간 힘의 충돌은 대규모 유혈사태를 가져왔고, 그 결과 정권은 붕괴되었다. 그 이후 20년 동안 한국 사회는 엄청나게 성장했고, 군부 권위주의의 강권력도 함께 성장했다. 이에 맞서기 위해서는 시민사회의 성장이 필요했고, 그 과정은 빠르게 성장해 온 국가의 강력한 통제와 대면하는 것을 불가피하게 만들었다. 결과적으로 군부 권위주의와 민주화세력 간 힘의 균형이 민주화로의 이행을 가능케 할 때까지 무력 통제와 유혈 항쟁의 전개 과정을 거치지 않으면 안 되는 것이 당시의 구조적인 조건이었다. 광주항쟁은 이러한 구조의 산물로서 1980년대를 통해 전국적인 민주화운동을 촉발시키고 민주적 가치와 의식을 전 사회적으로 확대하는 데 결정적인 계기로 작용했다. 동시에 군부 권위주의의 힘의 기반과 그 정당성에 결정적인 타격을 가한 사건이기도 했다.[1]

광주항쟁은 두 측면의 결과를 낳았다. 한편으로 광주항쟁의 결과는 곧바로 민주화를 가져오지 못했다는 사실이고, 그럼에도 불구하고 다른 한편으로 끝내 군부 권위주의의 해체와 민주주의로의 이행을 가져오는 결정적 계기를 만들었다는 사실이다. 즉 광주항쟁은 5공 군부 정권의 집권 7년이 지난 뒤의 '지체된 민주화'로 이어졌지만, 그것이 미친 영향은 결정적이었다. 지금 우리는 1987년 6·29 선언 직전 전두환 정부가 군사력 동원을 진지하게 고려했고, 당시 레이건 행정부의 반대가 아니었더라면 현실화될 가능성도 존재했다는 사실을 알고 있다. 그때 군사력 동원이 가져올 결과가 무엇인지를 말해 주는 것이 광주항쟁이었다. 군사력 동원은 필연적으로 대규모 유혈사태를 초래하고, 그 결과 감당할 수 없는 정치적 비용을 요구하는 결정이 아닐 수 없었다. 당시의 조건에서 그 경우 1980년 광주의 수십 배에 달하는 저항과 희생을 가져올 것이라는 사실은 누구의 눈에도 분명했다. 7년 전의 광주는 전두환 정부의 결정을 어렵게 하고 미국의 개입을 가능케 했던, 결정적으로 중요한 역사적 제약 조건으로 작용했다.

여기에서 한국 사태에 대한 미국의 개입과 관련해서 1980년과 1987년의 차이를 살펴보는 일이 필요하다. 1980년은 카터 행정부의 집권 말기로 여전히 냉전체제가 유지되던 상황이었고, 1987년은 레이건 행정부의 말기이며 미소 경쟁에서 미국의 확실한 힘의 우위와 더불어 냉전이 급속하게 해체되는 시점이었다. 제2차 세계대전 후 냉전 초기에 미국이 남한에 분단국가를 만들었다는 사실은 두 성격을 가진 국가 역할을 부과했다고 할 수 있는데, 하나는 동아시아 반공 보루로서의 역할이고, 다른 하나는 그럼에도 분단국가의 정치체제는 민주주의여야 한다는 것이었다.[2] 이후 미국은 냉전 시기를 통해 국가 건설의 이 두 목표 가운데서 대체로 전자를 우선시해 왔다. 광주항쟁 시 미국의 개입은 위에서 말한 두 목표가 위태롭게 경합할 때 비용을 지불하고라도 전자를 선택한다는 것을 분명히 보여주었다. 그러나 한국 사회에 대한 미국의 헤게모니적 역할이라는 측면에서 볼 때, 그러한 선택의 결과는 위험스럽고도 감당하기 어려운 비용을 요구하는 것이었다. 광주항쟁의 유혈 진압이 한국에서 '반미'의 본격적인 시발점이 된 것은 그 한 예라 할 수 있다. 어쨌든 1987년에 다시 사태가 되풀이되었을 때 미국은 더 이상 같은 일을 반복하지 않았다. 1989년 동독의 주요 도시로 대규모 민주화 시위가 확산될 때 동독 군사력을 사용할 수 없도록 한 고르바초프Mikhail S. Gorbachyev의 결정은 곧 베를린 장벽의 붕괴와 동독의 종언을 의미하는 것이었다. 마찬가지로 전두환 정권이 군사력을 동원할 수 없었을 때, 그것은 곧 그 정권의 붕괴를 의미했다. 1980년 광주의 희생은 1987년 6월항쟁이 유혈사태를 수반하지 않은 민주화 이행으로 이어질 수 있는 길을 닦았다고 할 수 있다.

필자는 한국 사회의 지역감정, 지역주의는 '반호남주의'를 그 핵심으로 한다고 말해 왔다. 무엇이 이를 만들었나? 광주항쟁과 지체된 민주화가 그 핵심 요인이라 생각한다. 광주항쟁이 기존의 지배적인 질서와 그에 반하는 민주적인 힘 간의 정면충돌이라고 할 때, 그것은 기존 질서에 대한 유보 없는 안티테제를 의미했고, 그럼으로써 그것은 냉전반공적 지배 질서의 맥락에서 민주주의를 위한 투쟁이라는 의미보다 혁명적 반체제 급진주의를 대변하는 것으로 채색될 여지가 큰 것이었다. 다른 한편 전두환 정부는 피 묻은 정권 수립을 정당화해야 할 부담을 안고 있었다. 이 시기는 권위주의 집권세력이나 시민사회 보수세력의 경우, 광주항쟁이 민주항쟁으로서보다는 혁명적 급진주의의 온상으로 이해되기를 바라고 적극적으로 그렇게 이해시키려는 의도가 강했던 시기였다. 나아가 1987년 민주화에 따른 대통령 선거 및 총선은 구 권위주의세력과 기득층에게 엄청난 위기로 이해되었다. 이들은 위력적인 힘으로 다가오는 민주화세력을 약화시킬 수 있는 이데올로기적 내지는 사회심리적 기제를 필요로 했다. 냉전 시기를 통해 강고해진 냉전반공의 헤게모니는 국제적 냉전 해체와 더불어 그 영향력이 약화되었고, 그 이념은 군부 권위주의를 상징하는 것으로 인식되었기 때문에 민주화 이행기에 들어 더욱 약해질 수밖에 없었다. 이러한 환경에서 어떤 비이성적, 집단 심리적 혐오심이 유발될 수 있다면 이는 매우 효과적인 것이 아닐 수 없었다. 기존의 권위주의적 보수세력에게 광주로부터 발원하는 강력한 민주적인 힘과 그 힘을 대변하는 세력이 선거를 통해 집권하는 것은 커다란 두려움이 아닐 수 없었다. 민주화 이행 시기 반호남 지역주의의 심리는 이 두려움에 기초를 둔 것이었다. 그것은 냉전반공주의의 민주화 이행기 버전으로, 민주화세력을 분열시키고, 정당체제를 왜곡하며, 광주항쟁의 의미를 국지화해 축소시키는 효과를 갖는 것으로 나타났다. 한국의 지역주의는 '지역의 문제'가 아니라 민주화와 사회 변화에 대한 안티테제로서 작위적으로 동원되고 불러들여진 것이다. 지역간 편견과 감정의 존재를 강조하고 옛날에도 그런 지역 정서가 있었거니 없었거니 말이 많지만, 한국 지역주의 문제의 본질은 여기에 있다.

광주항쟁은 민주화 이행으로부터 공고화를 포함하는 전체 민주화 시기를 통해 지속적인 영향력을 갖는 이념과 거대 담론들을 창출했다. 민주화운동 세력이 군부 권위주의 국가기구를 공격하고 그와 정면으로 맞서 투쟁하는 것은, 자기희생적 헌신과 희생을 마다하지 않는 격렬한 투쟁과 참여를 요구하는 것이었고, 민주화는 이러한 강력한 집단적 열정과 에너지를 창출하지 않고는 불가능한 것이었다. 구질서에 대한 총체적 안티테제로서 대안적인 질서를 모색하는 과정에서 요구되었던 것은, 최대한 포괄적인 갈등을 표현하는 단일하고 지배적인 언어였다. '민주 대 반민주' 혹은 '반독재'가 그것인데, 광주항쟁은 그 핵심 구성 요소이자 가치로서, 민족·민주·민중이라는 세 개의 중심 언어를 창출했다. 민족은 분단국가라고 하는 근원적이고 역사적인 문제에 대한 비판적 인식을 대변하는 언어다. 민주화 과정에서 새로이 부상한 '민족'은 한반도에 냉전반공질서를 수립하고 분단국가를 창건하고 분단 상황을 지속시키는 국제정치질서와 이를 주도했던 미국의 역할에 대한 비판적 비전을 제시하는 것이었지만, 그러나 그것이 완전히 새로운 언어는 아니었다. 왜냐하면 해방 후 분단국가에 대한 대안적인 이념을 대변했던 혁명적 민족주의의 전통을 민주화 과정에서 상당 정도 복원코자 하는 시도의 일환으로 이해할 수 있기 때문이다. 민족 담론은 민주화의 문제를 최대한 거시적이고 역사주의적이고 구조적인 문제 틀로 이해하려는 경향을 반영하는 것으로, 그것은 한국의 민주화 자체가 해방 이후 분단국가의 역사와 사실상 동일한 것으로 이해토록 하는 담론이었다. 이러한 관점에서 볼 때 '민주'는 민족주의가 정치체제적 수준에서 발현된 상황과 대면하는 것으로, 냉전반공주의 시대를 지배했던 불의와 억압, 부정의와 부패를 정치적으로 실현했던 권위주의체제에 대한 부정을 의미하는 동시에 정치적 자유를 쟁취해 선거와 대표의 방법으로 민의를 실현하고자 하는 열망으로 이해된다.[3] '민중'은 미해결의 민족 문제 해결과 권위주의체제하에서 정치적으로 억압되고 경제적으로 성장의 혜택으로부터 배제된 민주화를 수행할 집단적 행위 주체로서 제시된다.

광주항쟁은 민주주의의 공고화에서 무엇이었나?

　　필자의 관점에서 볼 때 광주항쟁이 창출한 세 개의 중심 언어 가운데 가장 중요한 것은 민주화 투쟁 과정에서 그렇게 인식되고 스스로 자각한 사회집단으로서의 '민중'이다. 그들은 민주적 가치와 이상을 담지하고, 그 실현을 통해 시민권의 획득과 쟁취를 지향하면서 민주화 투쟁에 참여하는 사회집단을 대변한다. '민중'은 한국 역사상 최초의 대규모적인 시민-민중 또는 민중-시민의 출현이라는 의미를 지닌다. 그것은 프랑스 혁명과 더불어 역사상 처음으로 정치 무대에 출현한 제3신분으로서의 인민peuple 내지는 시민citoyen에 비견되는 사회집단이라 하겠다. 한국판 데모스demos로서의 '민중'은 이제 한국 사회에서도 민주주의를 지지하고 실행하려는 주체가 등장했으며, 이로써 한국 민주주의의 미래를 전망할 수 있게 되었음을 의미한다. 이 점에서 1980년대의 민주화는 그 이전 1960년대 초의 민주화나 해방 직후 상황과 구분된다. 4·19 당시의 민주화가 지속되기 어려웠던 까닭은, 이를 '4·19 학생혁명'이라고 부르는 것에서도 알 수 있듯 민주화운동의 주역들이 대학생과 도시의 교육받은 중산층으로, 그들이 전체 사회에서 상대적으로 작고 상층 엘리트에 해당하는 사회 부문이었다는 사실과 깊은 관련이 있다. 해방 후 사태 역시 그 자체가 민중이 주도했던 민주화운동은 아니었다. 당시 인민으로 불렸던 그들은 민주주의를 목표로 사태에 참여했다기보다 통일된 민족 독립국가 건설을 목표로 했고, 분단국가 건설에 따른 목표의 좌절에 저항하기 위해 운동에 참여했다.

민중의 의미는 두 가지 구성 요소를 내포한다. 하나는 정치적 수준에서의 민주시민을 의미하는 것으로, 권위주의 국가에 의해 억압받고 제약받았던 개인적 자유와 권리를 회복하고 정치 참여의 평등을 향유하며 인민 주권을 실현해 오늘의 정치체제가 민주주의가 될 수 있도록 하는 전체 사회공동체의 구성원으로서의 요소다. 다른 하나는 사회적 수준에서 사회경제적 시민권을 향유하는 개인이자 개인의 집합으로서 공동체의 구성원이라는 요소다. 여기에서 말하는 사회적 시민권은 공동체 구성원의 자격으로 전체 사회의 사회경제적·물질적 발전의 성과를 향유할 수 있는 권리를 일컫는 것으로, 다렌도르프의 개념 구분을 빌려 말하자면 물질적 급부provisions를 받는다는 수동적 의미에서가 아니라 자율적인 도덕적·정치적 주체로서 사회 발전의 성과를 마땅히 향유하고, 이를 통해 자아를 실현할 능동적 선택이 가능

한 능력을 가질 수 있는 사회적 권리entitlements를 의미한다.[4] 광주항쟁
이 정치 무대에 등장시킨 민중은 구질서가 창출해 낸 사회질서의 두
가지 부정적인 측면, 즉 권위주의 정치체제와 권위주의적 산업화가
만들어 낸 사회경제적 시민권의 부재와 불평등의 확대라는 어려움을
안게 된 사회집단을 의미하며, 그렇기 때문에 민중의 의미는 곧 정치
민주화의 주체이자 동시에 사회경제적 시민권을 강하게 욕구하는 사
회집단이라 하겠다. 그러나 여기에서 '민중'이 갖는 의미는 정치적 수
준에서의 시민으로서보다 사회경제적 수준에서의 시민권 획득과 확
대가 핵심 요소를 이룬다고 할 수 있다. 왜냐하면 민족–민주–민중,
세 언어 가운데 정치적 수준에서 민주주의 실현을 의미하는 것은 '민
주'라고 볼 수 있기 때문이다. 광주의 시민들과 그들을 뒤따라 한국의
전체 시민들이 광주항쟁을 '5·18 민중항쟁'으로 규정했던 것은 광주
를 중심으로 하는 호남 지역이 권위주의적인 산업화 과정에서 사회경
제적으로 더 많은 차별과 소외를 경험했고, 불균등 산업화의 희생자
들이라는 인식을 표현코자 했기 때문에 민중적 요소를 전체 항쟁의
중심 언어로 설정하게 되었다고 생각한다.

민주화 이후 이들 '민중'은 어떤 상황에 놓이게 되었나? '민중이 주
체가 된 민주주의'는 얼마나 실현되었고, 민주주의를 통해 '민중'으로
호칭되는 보통 사람들의 사회경제적 삶의 내용은 얼마나 향상되었나?
우리는 이러한 질문에 얼마나 긍정적으로 답변할 수 있나? 사실상 사
회경제적인 삶의 향상 문제는 민주화 이후 더욱 중요한 정치적 사안
이 된다. 민주주의를 정치체제 내지는 통치체제의 한 형태로 이해한

다면, 정당간 경쟁이 중심이 된 주기적이고 공정한 선거, 대표의 선출과 정부의 구성, 정치적 의사 표현 및 결사의 자유와 참여의 평등이라는 요건이 구비되었다고 할 때, 그만큼 우리는 이를 민주주의라고 말할 수 있을 것이다. 민주화 20년을 지나는 동안 한국 민주주의의 발전을 위해 절차적 민주주의의 요건들이 훨씬 더 많이 실현되어야겠지만, 현재의 수준으로도 이를 민주주의라고 말할 수 있는 조건은 일정하게 충족되었고, 그럼으로써 민주주의는 공고화 단계를 지나 안정화되었다고 말할 수 있다. 그러나 민주주의가 공고화되었음에도 불구하고 보통 사람들의 삶의 내용에 개선된 것이 없다고 한다면, 민주주의를 통해 우리는 얼마나 행복해질 수 있을까? 불행하게도 '민주화 20년의 열망과 절망'이라는 한 책의 제목이 말하듯이, 민주주의에 대한 실망을 넘어 절망이 사회 전반에 확산되어 있는 것이 오늘의 현실이다.[5] 민주화를 만들었던 광주항쟁을 포함하는 민주화운동 전반에 대해, 개혁과 진보를 지칭하는 일체의 담론이나 언어에 대해, 그 운동에 참여했던 인사들과 세력 전반에 대해, 그럼으로써 민주주의 전반에 대해 실망과 혐오가 팽만해 있는 것이 오늘날 우리가 대면하고 있는 한국 사회의 현실이다. 그 실망의 정도가 지나치게 강해서 반동화의 위험이 느껴질 정도다. 그것은 민주주의가 무엇을 만들어 내지 못한 데 대해서, 또 기대했던 것과 현실로 나타난 것 간의 커다란 격차에 대해서, 나아가 그 내용과 결과가 공허한 것에 대해서 갖게 되는 불만이자 비판이다.

불만의 원인은 개혁세력과 보수세력 양측 모두에서 온다. 한편으로 가장 중요한 요인이라 할 수 있는 민주화 이후 집권세력들의 무능력과 무책임이 있다. 이들은 민중이 선출한 대표로서 그들의 삶을 개선하기 위해 어떤 정책을 만들어야 하고, 이를 어떻게 시행할 것인가에 대해, 그리고 이 목적을 위해 방대하고 잘 발달된 국가 관료체제를 어떻게 민주적으로 관리할 것인가 하는 문제를 해결하지 못했다. 다른 한편으로 민주주의를 적극적으로 지지하지 않는 구 기득 이익들이 민주주의를 폄하하는 담론을 무분별하게 동원했고, 이것이 민주 정부의 무능력과 접맥되면서 강력한 설득력을 갖게 되었다. 공적 영역만 보더라도 오늘날 민주적 정치 리더십은 찾아보기 어렵고, 민주주의의 중심 메커니즘으로서의 정당은 해체되고 있으며, 지난날 권위주의의 통제하에서 성장하고 기능했던 방대한 국가기구는 민주적 통제력이 부재한 가운데 각기의 기능 영역에서 지대추구rent-seeking 행위에 몰두하고 있다. 지금 우리가 갖는 의문은 오늘의 민주주의에 대한 불만을 넘어 과연 민주주의체제가 계속 유지, 존립할 수 있을 것인가 하는 불안감과 관련된 것이다.

민주주의의 공고화는 운동의 탈동원화 내지는 정치의 일상화 과정이기도 하다. '운동의 정치'로부터 정당으로 조직된 정치세력간의 일상적인 선거 경쟁의 장으로 정치적 힘의 중심은 이동했다. 민주주의를 실천하는 문제의 어려움은 이행과 공고화라는 두 과정이 서로 다른 논리를 통해 실현된다는 데 있다. 공고화 과정에서는 민주화 투쟁 과정에서와 같은 대규모 대중 동원, 그에 수반되는 열정의 분출과 낭만주의적인 정조, 그것이 요구하는 이상주의적이고 추상적인 거대 담론이 별다른 효과를 갖기 어렵다. 공고화에서 가장 중요한 것은 집단적 요구로 표출된 민중적 에너지를 어떻게 정당으로 조직할 것인가 하는 문제고, 이러한 새로운 형태의 대중정당이 촉발하는 변화의 충격이 구질서에서 형성되고 제도화되었던 보수 양당적 정당체제를 어떻게 변화시킬 수 있느냐에 대한 문제다. 이 과정에서 요구되는 것은 뜨거운 가슴에서 우러나오는 열정과 정서가 아니라, 어떻게 민중의 소외와 차별을 가져왔던 사회경제적 불평등을 완화하면서 성장과 조화시킬 수 있는 현실적 대안들을 만들고 이를 실제 정책으로 풀어 나갈 것인가 하는, 정치와 리더십의 능력을 창출하는 데 있다. 그리고 이 과정에서 요구되는 것은 뜨거운 열정이 아니라 '차가운 열정'으로서의 냉철하고 합리적인 사고라 하겠다.

두루 알다시피 민주화 이후 정당체제는 유권자의 지지 분포가 지역을 중심으로 분절화된, 이른바 '지역 정당체제'로 나타났다. 그러나 겉으로 드러난 이러한 행태적 양상과는 별개로 민주화 이후 나타난 새로운 정당체제는 민주화 이전 체제와의 비교에서 그 연속성과 단절성을 확인할 수 있다. 무엇보다도 민족 문제가 중심을 이루는 남북한 관계에서 냉전반공주의의 틀은 세계적 수준에서의 냉전 해체에 힘입어 크게 변화했다. 화해 협력—평화 공존의 원리로 남북한 간 공조를 강화하고 남북한 간 데탕트를 적극적으로 추구하느냐, 아니면 냉전반공주의의 연장 선상에서 대북 강경 정책과 전통적인 한미 공조를 더욱 강화하느냐를 둘러싼 갈등의 등장은 새로운 균열 형성으로 이해되는 변화임에 분명하다. 그러나 다른 한편 사회경제적 이슈 영역에서 민주화 이전과 이후의 정당체제에 있어 그 연속성은 특기할 만한 것이다. 1960~1970년대 박정희식 성장 모델, 즉 국가-재벌의 강력한 동맹을 견인차로 하면서 성장 이외의 노동·복지·분배의 가치를 완전히 배제했던 성장지상주의는 민주화 이후 신자유주의적 세계화의 환경 하에서 지속되었다.

특히 IMF 외환 위기 이후 민주 정부는 신자유주의적 시장 근본주의에 대한 대안을 형성하는 데 실패함으로써 경제 운용의 기본 틀에서 권위주의와 구별되는 어떠한 차이도 만들어 내지 못했다. 민주화 이후 소득분배구조의 악화와 경제적 약자의 소외 및 박탈을 심화시킨 신자유주의적 성장제일주의가 권위주의 시기보다 더 강한 헤게모니로 자리 잡았다는 사실은 커다란 역설이 아닐 수 없다. 기본적으로 지역당 구조가 전국적·기능적·계층적 이해관계를 대표하고 조직하는 데 적합할 수 없었던 것은, 지역이라는 지리적 분획이 지역을 관통하는 전국적인 수준에서 사회경제적 이익의 수평적 연대와 조직보다는 전통적이고 위계적이며 연고주의적인 이익 표출을 만들어 내는 데 훨씬 더 기능적이었기 때문이다. 지역당체제는 기본적으로 민중의 이익과 의사를 대변하기보다 지역적 기반과 연고를 동원할 수 있는 정치 엘리트들에게 기능적으로 더 적합한 구조였다. 이는 앞에서 말했던 '민중' 개념을 구성했던 두 요소, 즉 정치적 민주화 요구와 경제적 시민권 요구에서 후자는 정당제도 속으로 들어오지 못했음을 의미한다. 요컨대 정당체제의 틀 속에서 사회경제적 문제를 개혁하고 개선할 수 있는 정치적인 방법을 발전시키지 못한 것은 한국 민주화의 치명적인 약점으로 지적될 수 있다.

　광주항쟁의 유산은 한국 민주주의에 어떤 영향을 미쳤고, 민주주의 공고화에 무엇을 기여했나? 한국 사회에서 민주주의의 공고화 과정과 보수 헤게모니가 복원, 강화되는 과정이 동시에 병행되었다는 것은 특기할 만하다. 민주화운동이 고조되었던 시기 민주화세력은 냉전반공주의와 권위주의 산업화를 통해 성장한 강력한 보수적 기득세력을 압도했고, 그들에게 정치적 민주화가 사회경제적 시민권의 확대로 심화될지 모른다는 두려움을 안겨 줄 만큼 강력했다. 운동의 탈동원화와 더불어 보수 기득세력의 헤게모니가 복원되고 강화되면서 힘의 균형추는 다시 보수의 방향으로 기울어졌다. 보수로의 역진逆進이 시작된 것이다. 이 역진의 과정을 위력적이게 만든 데는 외부 환경에서 나타난 두 가지 변화와 그 힘의 유입이 기여한 바 크다. 하나는 1990년대 말 IMF 외환 위기의 충격과 더불어 한국 사회에 밀어닥친 신자유주의적 세계화의 영향이다. 다른 하나는 2000년 미국 부시 공화당 정부의 등장과 더불어 나타난 신냉전의 영향이다. 신자유주의적 세계화가 가져온 중요한 결과 가운데 하나는 1970년대 유신체제하에서 그리고 민주화운동 과정에서 중심 세력을 형성했고, 이후 민주주의의 제도화 과정에서 중요한 사회세력으로 부상하기 시작했던 노동운동에 가해진 치명적인 악영향이다. 혹자는 영국의 사례를 들면서 한국의 노동운동도 신자유주의적 세계화의 조건에서 한국 경제의 지속적 성장을 위해 약화될 필요가 있다고 주장할는지 모른다. 그러나 영국의 대처 혁명이 유럽에서도 정치적으로 가장 강력한 세력으로 성장한 전후 영국 노동운동의 비대화를 삭감하는 것이었던 반면, 한국의 민주 정부들에 의한 반노동정책은 정치화 이전 초기 단계의 노동운동을 사실상 궤멸시키는 효과를 보였다. 또한 시장 근본주의적 가치에 입각한 신자유주의는 시장의 효율성과 경쟁의 원리를 모든 사회적 가치의 최우선에 두고, 민주주의적 가치를 그 하위 가치로 수용함으로써 민주주의 원리와 정면으로 충돌했고, 그 발전에 해악적인 효과를 미쳤다. 다른 한편, 부시 정부의 출현은 데탕트의 진전을 제약하고 국내적으로 냉전보수세력을 재강화하는 데 결정적으로 기여했다.

광주항쟁의 유산은 여기에서 더욱 분명해진다. 압도적인 보수 헤게모니가 관철되었던 사회에서 1980년대 말 이래 민주주의가 진전될 수 있었던 것은 광주항쟁을 경험한 호남이라는 확고한 민주주의의 지지 기반이 존재했기 때문이다. 1987년, 1992년, 1997년, 2002년의 대통령 선거와 그 사이의 총선은 한 발짝 한 발짝씩 전진하는 민주화의 과정이었다. 특히 1997년 대선은 당 대對 당 정권 교체를 내용으로 했다는 점에서 결정적이었다. 그 밖에도 민주화로부터 2004년에 이르는 모든 선거는 이른바 '광주의 선택'이 그 향배를 가늠했다. 특히 1997년, 2002년의 대통령 선거와 2004년 총선에서 광주와 호남의 결집된 지지표 없이 민주화세력이 승리할 수 있었다거나, 보수세력의 지지를 견제할 수 있었다고 상상하기는 어렵다. 주목할 만한 점은 시민사회에서 보수세력의 헤게모니가 최고조에 이르렀던 시점에서도 선거 경쟁에 관한 한 승리는 민주화 개혁세력에게 돌아갔다는 사실이다. 그리하여 시민사회는 재벌과 언론이 중심인 보수 헤게모니의 지배적인 영향하에 있었지만 국가는 선거를 통해 성립한 민주 정부의 관할하에 들어가는 체제, 즉 보수와 개혁 세력 간의 일종의 '힘의 균형'이 성립될 수 있었다. 이 상황은 우리가 지금까지 경험했던 것보다 더 나쁜 방향으로 민주주의를 후퇴시킬 수 있는 역진과 반동화가 저지된 것을 의미하고, 이를 가능케 한 배후에는 강해질 대로 강해진 보수세력에 대한 확고한 견제 세력으로서 광주와 호남이라는 기반이 존재했기 때문이다. 이 점에서 우리는 이른바 지역당체제에 대한 새로운 이해를 필요로 한다.

많은 사람들은 지역당 구조를 '망국병'亡國病으로까지 규정하며, 일반적으로 이를 부정적으로 이해한다. 필자의 관점에서 그것은 분명 많은 부정적인 요소를 갖지만, 한국적 조건에서 이를 부정적이라고만 말할 수는 없다. 지역당 구조에 대한 비판의 표적은 호남 지역과 호남 출신 유권자들이 보여주는 결집된 투표 정향에 두어진다. 이 지역에 기반을 갖는 정당의 지지도는 다른 지역에 비해 현저하게 높다는 것이 그 중심 논거다. 그러나 그것은 그들이 광주항쟁을 경험하고 민주화의 선봉에 선 바 있었다는 자긍심과 아울러, 권위주의적인 산업화 시기를 통해 정치적·경제적으로 철저하게 소외된 바 있었던 역사적 경험, 상존하는 사회적 편견과 차별, 그리고 다른 지역 출신 투표자들에 비해 사회경제적 위계에서 더 많은 저변의 저소득층을 구성한다는 동질성을 바탕으로 한 민중적 욕구의 표현으로 이해할 수 있다. 게다가 광주항쟁의 동인은, 광주든 호남이든 지역의 이익을 위해 투쟁한 것이 아니라 민주주의의 대의大義를 위한 것이었음을 상기할 필요가 있다.

과거 광주항쟁의 주역이자 오늘날 호남과 그 지역 출신 시민들은, 한편으로는 광주가 민주주의의 원천 또는 '성지'로 칭송되면서 다른 한편으로는 지역주의의 원인 제공자처럼 회자되는 이상한 현실을 자주 대면하게 된다. 무엇이 잘못된 것인가? 오늘의 지역당 구조는 민주화 이행 과정에서 민주화운동 세력이 헤게모니를 갖지 못한 결과, 달리 말해 민주화의 원천이었던 광주항쟁이 국지화된 결과물이다. 그리고 이 지역당 구조는 발생 시기부터 현재까지 변형을 거듭해 왔다. 첫 번째 단계는 광주항쟁으로부터 세례받은 세력이 민주화와 더불어 정치권력화하는 것에 대한 권위주의 기득 이익들의 두려움과 반호남주의의 동원으로 특징지어진다. 다음 단계는 선거 경쟁에서 지역 대 지역의 경쟁을 부각시킴으로써 지역간 투표 행태가 갖는 차이를 동질화시키는 과정이 뒤따랐다. 마지막으로 현 단계는 지역주의가 완화되는 중요한 계기로 작용한 김대중 정부의 등장 이후 상황이라 할 수 있다. 현 단계의 핵심적 특징은 사회경제적 이슈에 대한 인식의 중요성이 커짐과 동시에 지역 투표적 경향이 상대적으로 약화되었지만, 아직 정치 경쟁과 투표 패턴에서 어떤 새로운 형태의 균열이 나타나지 않은 상황으로 요약할 수 있다. 현 단계는 '지역주의 때문에' 문제인 것이 아니며, 지역주의 투표 패턴은 한국에만 특수한 것도 아니다. 앞에서도 지적했듯이 지역주의 정치는 민주화 이행기 냉전반공주의가 만들어 낸 효과인 동시에, 민주화운동 세력이 사회경제적 이슈에 대한 주도권을 갖지 못한 상황에서 지역이라는 차이가 기존 정치 엘리트들에 의해 동원되어 정당체제로 제도화되었던 한국의 현실을 반영하는 것일 뿐이다. 이제 그간 균열 축으로 형성될 수 없었던 사회경제적 이해관계의 차이가 기존 지역 균열 축에 얼마나 파열 효과를 가질 것인가 하는 것이 향후 정당체제의 변화와 관련해 중심 문제가 되었다. 한국 정치의 지역주의 현상을 있어서는 안 될 어떤 '암적 존재'라고 과장하거나 모든 것이 다 '지역주의 때문에' 문제라는 식의 극단적인 '반지역주의' 자체가 더 강한 이데올로기적 성격을 갖는다는 사실을, 오늘의 시점에서 더욱더 강조하지 않을 수 없다.[6]

시간의 경과와 더불어 광주항쟁은 역사적 사건이 되었으며, 그에 따라 역사적 사건으로서 해석, 재해석되는 것은 필연적이다. 광주는 민주화의 성지로, 광주항쟁은 민주화의 정신으로 경배되면서, 그것은 피할 수 없는 '역사의 의식화'ritualization of history 과정을 밟게 된다. '역사의 의식화'는 정치적 용도를 갖는다. 비록 유해한 것이 아니라 할 수도 있겠지만, 그렇다고 그것이 난관에 처한 오늘의 한국 민주주의에 얼마나 새로운 활성화의 계기를 제공할 수 있을지에 대해 말해주는 바는 거의 없어 보인다. 광주항쟁으로부터 누가 무엇을 불러내는가 하는 문제는 오히려 오늘날과 같은 한국 정치 현실의 중요한 측면을 드러낸다. 그리고 그것이 기념되는 방법과 내용은 오늘날 광주항쟁이 향리적으로 해석되고 국지화되었던 원인을 함축한다. '역사의 의식화'는 민주화 투쟁의 상징에 대해 끊임없이 립 서비스할 기회를 부여한다. 그들이 진보적 정당이든 보수적 정당이든, 정부 여당이든 야당이든 정당과 정치인들은 저마다의 목적에 따라 광주와 호남 유권자들의 표 결집에 대해 지지를 호소하고 끊임없이 구애한다. 그러나 표를 겨냥한 정치적 호소는 차라리 무해할지 모른다.

유해한 것은 광주항쟁의 대변자임을 자임하고 그것과 일체화하면서 그것을 그들의 정치 자원으로 삼았던 정당과 정치 엘리트들이 위로부터 역사를 동원하는 경우다. 왜냐하면 항쟁은 이상과 가치를 천명했고, 그것은 한국민 전체가 공유할 보편적 가치이자 자산이지만, 광주를 정치적으로 대표하는 정당과 정치 엘리트들이 광주와 그들의 정치적 이해관계를 일치시키고자 했을 때, '민주화의 원천'으로서 광주는 파당적 이익과 사적 이익을 추구하는 정당과 정치 엘리트들에게 내려지는 비판과 중첩되는 위치에 놓이기 때문이다. 나아가 광주항쟁에 대한 해석 역시 이를 대변하는 것으로 자임하는 정치 엘리트들의 협애한 비전과 정치적 행위에 의해 상당 정도로 제약될 수밖에 없다.

여기서 필자가 말하고자 하는 요지는 오늘의 정치적 조건에서는 항쟁의 핵심 요소였던 '민중'이 자리 잡을 수 있는 여지가 크지 않다는 것이다. '항쟁의 의식화'는 그 사건의 역사적 의미 해석의 틀을 폐쇄적으로 만드는 효과를 갖는다. 광주항쟁이 기존 질서에 대해 총체적인 비판을 표현하고 상징화했다고 할 때, 기념과 의식을 통한 해석 내용은 오늘의 현실에서 진정성을 갖기도 어렵고 현실에서 광범하게 공인되고 익숙해지고 어느 면에서는 헤게모니가 된 담론의 테두리를 맴돌 것이기 때문이다. 이러한 '역사의 의식화'를 통해 오늘날 약화되고 있는 민주주의의 가치를 일깨우는 정치적 효과를 얼마나 기대할 수 있는가? 광주항쟁이 의식儀式이 될 때, 민주화 투쟁기 항쟁의 정신과 오늘날과 같은 민주주의에 대한 실망 시기 광주항쟁 기념 의식의 소비 사이에, 그리고 광주항쟁이 민주화의 주역으로 등장시킨 민중과 역사를 정치적으로 동원하는 사람으로서의 엘리트 사이에 넓어진 간극을 발견하는 것은 어려운 일이 아니다.

광주항쟁은 오늘의 시점에서
어떻게 이해할 수 있나?

　앞에서도 말했지만 광주항쟁은 향후 민주화된 사회가 지향할 비전과 내용을 민족, 민주, 민중이라는 세 중심 언어로 제시했다. 그것은 민주주의가 지닐 수 있는 가치이자 목표였고, 총체적 담론으로서 이상적인 성격을 띠었기 때문에 현실에서 곧바로 이들 모두를 실현할 수 있는 것은 아니지만, 그러나 여전히 그것은 우리의 현실을 평가하는 가치 척도로 기능할 수 있다고 믿는다. 무엇이 이들 가치에 근접할 수 있었고, 무엇이 그렇지 못했나? 오늘날 광주의 시민들은 그들의 도시가 민주주의를 상징하는 도시이며, 그 가운데서도 '평화와 인권'이 커다란 진전을 이루었다는 사실에 자긍심을 갖고, 그들의 도시가 이를 상징하는 도시가 되기를 바란다. 전체 시민들 가운데서도 광주 시민들의 이러한 생각에 동의하지 않는 사람은 많지 않을 것이다. '평화와 인권'은 이 세 언어 가운데 특히 '민족'과 직결된 말이다. 해방 이후 현재에 이르기까지 이데올로기의 양극화, 남북 분단과 한국전쟁, 이후 지속적인 남북한 간 대결, 그리고 탈냉전에도 불구하고 중동과 더불어 세계 분쟁의 진원지로 남아 있는 북한–북핵 문제 등은 한국민 전체에 대해 평화와 생존을 위협하는 요인이다. 냉전반공주의가 남긴 남북한 간 적대와 증오를 대체할 수 있는 것은 화해 협력, 평화 공존이라는 탈냉전 시기의 가치라는 것도 분명하다. 한국의 민주화가 분명한 결과로 남긴 것이 있다면 '햇볕정책'으로 본격화된 데탕트의 진행이 미국 부시 공화당 정부에 의한 대북 강경 정책에도 불구하고 역진될 수 없을 만큼 구체화되어 냉전반공주의를 약화시키고 '평화'의 가치를 뿌리내리게 했다는 데 있다. 이 점에서 민족(문제)은 '평화' 사상의 중심에 위치한다고 하겠다. 다른 한편 '인권'의 의미가 사회경제적 시민권을 포함하는 시민권 전체를 지칭하는지는 애매하다. 오히려 한국 현실에서 그 말은, 권위주의와 냉전반공주의 시기를 통해 사회 전체에서 광범하게 경험된 바 있던 이념적 공격과 인권 침해에 대한 것으로 이해된다. 이 점에서 '평화'와 '인권'은 연결어임에 분명하다.

　오늘날 많은 사람들이 한국 민주주의에 대해 강한 실망감을 갖는다는 사실을 부정할 수는 없다. 민주주의에 대해 무엇이 그토록 큰 실망감을 안겨 주었나? 민주화 이후 경제적 시민권의 부재, 민주주의에도 불구하고 보통 사람들의 사회경제적 삶의 내용이 개선되지 못했다는 사실은 이 광범한 실망의 중심에 위치한다. 민주주의하에서 '민중' 스스로가 직접 통치하지는 못한다 하더라도 민중이 체제의 주인이라는

'민주'의 의미가 무색해졌고, 그 결과 민중의 생활이 향상되지 못하고 피폐화되었다는 것은 분명 커다란 아이러니임에 분명하다. 특히 IMF 금융 위기 이후 한국의 민주 정부들은 성장주의와 시장 경쟁의 원리를, 경제뿐만 아니라 사회 전체의 최우선 목표와 원리로 확대하면서 이른바 '정글 자본주의'를 세계의 그 어떤 나라보다도 과격하게 실천해 왔다. 사회적 약자에게 그 효과가 훨씬 더 가혹한 것이었음은 말할 필요도 없다. 오늘날 정부의 이와 같은 경제정책은 민주주의의 사회적 기반을 약화시키고 한국 사회의 공동체를 유지시켜 주었던 인간관계와 사회구조의 연결망들을 근본에서부터 빠른 속도로 해체하고 있다. 여기에서 이 거대한 사태 변화에 대응하는 민주주의와 정치의 역할은 발견되지 않는다. 광주항쟁이 제시했던 '민주-민중'이라는 말은 오늘의 한국 현실에서 이렇다 할 역할을 갖지 못하는 것처럼 보인다.

앞에서 우리는 한국 정치와 정당체제의 모든 잘못을 지역당 구조로 환원시키는 이해 방법이 얼마나 이데올로기적인가 하는 것과 아울러, 그렇게 규정하기를 즐겨 하는 사람들이 얼마나 '지역주의'적 이데올로기에 사로잡혀 있는가에 대해 지적했다. 중요한 것은 민주화 이후 한국의 정당체제가 신자유주의적 시장경제가 초래하는 한국 사회의 가장 중요하고도 근본적인 사회경제적 문제를 다룰 수 있는 정치 조직·행위자로 발전하지 못했다는 사실이다. 지역주의를 알리바이로 이 사실이 감추어져서는 안 된다. 한국의 민주주의는 시장경제가 보통 사람들의 현실 생활에 직접적이고 강력한 부정적 효과를 만들어 내는 사회경제적 문제를 정치적으로 대변하는 데 적합한 정당과 정치적 메커니즘을 갖고 있지 못하다. 즉 사회경제적인 약자들이 대표되지 못하고 정치적으로 방치되고 있는 것이다. 민주화 20년이 지난 현재에도 사회경제적 시민권과 관련해서는, 사실 '개념의 시민권'조차 없는 것이나 마찬가지다. 1980년대 민주화운동이 만들어 냈고, 그 후 널리 사용되었던 '민중'이라는 말은 이제 듣기조차 어려워졌다. 이를 사용할 때면 오늘의 시장경제적 환경과 조화되지 않는 구시대의 말이거나, 시대에 맞지 않는 급진적인 용어처럼 느껴지는 것이 현실이다. 이러한 상황은 오늘날의 민중이 공동체의 성원으로서 차지하는 정치적 위상을 반영한다. 정당과 정치인들은 바로 이 민중과 대화하지 않고, 이들의 현실과 정조를 이해하지도 느끼지도 못하고 있다. 민중과의 접촉점을 상실해 버리고 만 것이다. 이로써 정당을 중심으로 하는 정치의 대표체계는 중산층에 기반한 정치 엘리트의 독무대가 되었다. 이들의 계층적·직업적 배경이 그러하고, 사회경제적인 문제를 생각하는 이해 방법이 그러하다. 뿐만 아니라 이들이 의정 활동과 정책결정 과정을 통해 보여주는 내용과 역할 또한 그러하다. 정당간 갈등과 경쟁이 아무리 치열하다 하더라도, 그들이 공통적으로 신자유주의적 독트린에 입각한 성장제일주의를 경제의 유일 가치요 최우선 정책으로 생각하는 데는 차이가 없다. 성장률 6퍼센트 달성이니 7퍼센트 달성이니를 둘러싼 경쟁, 무분별하게 동원되는 국가 경쟁력 제고 논리, 동아시아 허브론, 한미 FTA를 중심으로 해서 유럽과의 자유무역을 확대하자는 통상국가론, 행정복합도시 건설 또는 '대운하 건설' 같은 국가 주도의 메가 프로젝트 등 지금까지의 정책 슬로건을 통해 드러나는 것은 국가주의적이고 발전·성장주의적인 이데올로기와 거대 담론이 헤게모니적 영향력을 더욱 강화하고 있다는 사실이다.

여기에서 제기되는 질문은, 왜 민주 정부·정당·정치인들이 발전주의 이데올로기와 거대 담론에 입각한 국가 주도의 거대 프로젝트에 엄청난 재원을 쏟아붓는 데만 관심이 있을 뿐, 국민 일반의 경제생활과 민중의 피폐화된 경제생활을 향상시키는 데 더 많은 관심을 갖고 여기에 거대한 국가 자원을 투자하는 방향으로 접근하지 않는가 하는 것이다. 왜 경쟁하는 정당과 정치인들은 기존의 헤게모니적 정책에 대한 대안을 제시하고 거기에 헌신하지 않을까? 그동안 민중의 지지에 힘입어 선거에서 승리한 개혁파 정부들은 왜 민중의 생활 향상, 노동과 사회복지에 관심을 갖기보다 성장의 양적 지표 달성에만 전념하는가 하는 것이다. 오늘날 정당들과 정치인들은 매우 협애한 이념적 스펙트럼 내에서 거의 차이를 갖지 않는, 다만 위에서 말한 국가 중심적인 발전주의 헤게모니의 담지자 이상이 아닌 것으로 나타난다. 이러한 상황이 수반하고 또 만들어 내는 결과는 필연적으로 정치적 대표체계에서 엘리트와 민중 사이의 괴리가 심화되는 것이 아닐 수 없다.

그동안 '평화', '인권' 같은 거대 담론들이 실제로 광주항쟁이 표상했던 '민족(주의)'의 가치를 정치화하는 데 기여한 바 컸다 하더라도, 그것이 얼마나 보통 사람들의 실생활에 직접적으로 기여했고 할 수 있는지는 확실치 않다. 광주항쟁을 둘러싼 담론 형성에서 평화와 인권, 민주의 측면은 더욱 부각되었지만, 다른 한편에서 민중 생활의 개선으로 연결되는 가치를 창출하는 과제는 거의 강조되지 않았다. 민족, 민주, 민중 가운데서도 민중적 요소는 특별히 약한 것처럼 보인다. 거대 담론은 삶의 현실에서 발생하는 미세하고 구체적인 문제를 다루기에는 지나치게 거시적이고 추상적이다. 그것은 특정 정치 지도자나 정당에 의해 불러들여지든, 진보적 운동에 의해 표방되든, 결국은 위로부터 정치 엘리트들에 의한 대중 동원이라는 성격을 띤다. 또한 평화나 인권과 같은 거대 담론은 일상의 현실에서 언제나 문제가 되는 것도 아니다. 한반도의 평화는 그 어떤 이슈보다 중요하고, 그러므로 정부는 평화를 유지하기 위해 노력해야 하지만, 한반도에서 전쟁이 발생할 가능성을 일상적으로 강조하는 것은 현실이기보다 이데올로기일 경우가 많다. 현실과 거리가 있는 이슈가 집단적 정치 행위의 가장 중요한 이슈로 설정될 때, 그것은 공허하고 상투화되는 수사로 전락하고 만다. 평화의 이슈가 진보파와 보수파 사이에, 대북 강경파와 대북 온건파 사이에 담론과 수사 수준에서 격렬한 대립을 불러일으킬지는 몰라도, 실제 이들의 정치 갈등이 평화 대 전쟁이라는 양자택일을 둘러싼 것일 수는 없다. 평화의 이슈는 사태의 가공이 아니라면, 과장된 현실에 기초한 갈등이 되기 쉽다. 정치 경쟁의 많은 에너지와 관심사가 추상화될 때 구체적인 사회경제적 문제가 그만큼 중요한 정치 이슈로 제기되기는 어렵다. 추상적인 정치 이슈를 둘러싼 갈등과 경쟁은 지역당 구조로 통칭되는 한국 정당들의 조직 형태와 한국 민주화 과정의 유산으로서의 '운동의 전통'과 병행한 것이기도 했다. 지역 정당 구조는 지역 엘리트의 역할을 확대시키는 폐쇄적인 지역 연고주의의 틀에 갇힐 가능성이 높기 때문에, 기능적으로나 공간적으로 훨씬 광범하고 전국적이며 일반적인 이슈를 정치화하는 데는 분명 적합하지 않다. 그럼에도 불구하고 이러한 구조에서 거대 담론은, 한편으로 지역주의 정당과 정치인들이 전국적 수준에서 정치 동원을 하기 위해 필요했고, 다른 한편으로 지역 연고주의 정책 패키지를 실현하려는 욕구가 표면화되지 않게 하려는 전략적 의도에서도 필요했다. 지역주의와 거대 담론이라는 질적으로 매우 상이한 두 요소의 결합은 이런 구조에서 기능적으로 부합했다. 동시에 거대 담론은 대규모 대중 동원의 경험을 가졌던 민주화운동의 일정한 유산이자, 다시 한번 대규모 대중 동원의 꿈을 실현해 보고자 하는 욕구의 표현이라고도 할 수 있다. 문제는 어느 측면에서 보든, 구체적인 삶의 현실을 정치의 중심 이슈로 두는 데는 별로 도움이 되지 않는다는 것이다.

거대 담론을 대중 동원의 중요한 자원으로 삼았던 운동에 의한 민주화가 민중의 정치 참여라는 관점에서 볼 때, 민주화 이후 오늘의 시점에서 시민의 수동적인 측면을 강화하는 데 기여한 점이 크다는 것은 커다란 아이러니다. 한국의 조건에서 민중은 언제나 민주화를 위해 투쟁하는 진보적 민주화세력으로, 또한 민족사의 진보적 발전에 복무하는 역사 발전의 집단적 수행자로 인식되었던 집단적인 행위 주체였다. 서구의 근대 혁명 과정에서 볼 수 있는 도덕적으로나 정치적으로 개별적이되 완결적인 개인적 자유와 권리의 담지자로서의 시민이라는 개념은, 한국적 맥락에서는 존재하지 않거나 극히 약했다. 민중의 집단적 자기 이해와 그에 대한 사회적 규정은, 민주주의를 이해하는 방법과 이 민주주의를 통해 사회와 역사를 이해하는 방법에 큰 영향을 미쳤다. 한국 사회의 민주화에 대한 일반적인 인식에서 국민에 의해 직접 선출된 대통령, 즉 국민이 직접 뽑았기 때문에 그는 민주적이고, 진보적이며, 개혁적일 것이라는 전제만큼 중요한 것은 없어 보인다. 대통령은 국가 이익을 대변하며, 그는 국가기구를 민주적으로 통제할 것임이 분명하다는 믿음은 역사와 국익과 민족의 이름으로 현재를 해석하고 미래의 비전을 설정하는 거대 담론의 동원이나 역사의 동원과 상보적인 관계를 갖는다. 이러한 맥락에서 국가기구를 어떻게 민주적으로 관리하고 통제하느냐 하는 문제는 남의 일, 정치 엘리트의 일에 지나지 않는 것, 즉 민중의 손을 떠나 선출된 정치 엘리트와 선출되지 않은 국가 관료 엘리트들이 관장해야 할 일로 여겨진다. 민주주의에 대한 이러한 인식은, 민중이 참여를 통해 스스로가 그들의 의사와 요구를 정치적으로 조직하고 그들이 선출한 대표를 통해 국가를 운영하고 정책을 만드는 체제가 곧 민주주의라는, 민주주의 본래의 의미와는 거리가 멀다. 여기서 강조되어야 할 것은, 민중의 정치 참여를 강조한다고 해서 민주주의가 직접 민주주의로 나아가야 되고, 대의제 민주주의적인 성격은 부정되어야 한다는 말은 아니라는 점이다. 대의제 민주주의를 강조한다 하더라도 투표자로서의 민중이 선거를 통해 대표를 선출하는 시점부터 국가를 운영하는 주체와 역할이 선출된 대표에게 이양되고, 민중 스스로는 타자 의존적인 상태에 놓이는 것이 아니라는 말이다. 정부를 선출한 뒤에도 선출된 대표는 그를 선출해 준 시민에게 책임을 져야 하며, 그 반대 방향에서 시민 또한 선출된 대표를 감시, 감독할 수 있는 책임성의 연계로 강하게 묶어

둘 메커니즘을 발전시키지 않으면, 민주주의는 곧바로 선출된 엘리트 정치인들의 과두정으로 전락하고 만다. 이 점에서 대표의 책임성은 민중이 민주주의를 움직이는 능동적인 측면을 강조하는 것으로 이해할 수 있다. 요컨대 민주주의는 민중 스스로가 정부를 어떻게 운영하고 정부권력을 어떻게 사용하느냐에 대해 민주적 통제력을 갖고자 하는 노력과 투쟁 없이는 그 장점을 실현하기 어려운 체제다.

한국 민주주의의 문제는 민주화를 거치는 과정에서 민중의 정치적 역할이 갖는 적극적인 측면에 대해 이해하지 못했다는 데 있다. 필자는 평소 진보파 일각에서 민주주의에 실망하고 그에 대한 대응 방법으로 '더 많은 운동'과 '운동의 급진화'를 강조하면서 운동의 중요성을 다시 불러들이는 전략에 대해 비판적으로 논평해 왔다.7 여기에서 비판의 논거는 민주주의 정치 과정에서 운동이 중요하지 않다거나 그 역할이 부정적이라는 뜻을 포함하지 않는다. 현재 운동을 대안으로 제시하는 주장들은, 정당을 메커니즘으로 선출된 민주 정부가 그들이 제시했던 비전과 정책 프로그램으로 국가기구를 직접 운영·관리 하는 방법으로서가 아니라, 정치 외부로부터 운동을 통해 정부에 영향을 행사하고자 하는 접근에 기초를 두고 있다. 이는 민주주의를 이해하는 방법과 관련된 것이기도 하다. 거대 담론을 다시 불러들이고 개혁의 대중적 에너지를 동원하는 것을 내용으로 하는 운동 방법은, 민중의 참여를 정치와 국가 밖의 시민사회에 한정하고, 민중을 정당을 매개로 국가를 운영하는 주체가 아닌 수동적 비판자로 규정하는 인식의 결과로 보인다. 운동을 통한 민주주의 활성화 전략은 국가와 시민사회 간의 경계와 분리를 암묵적으로 전제하고 시민사회를 민주주의의 중심 영역으로 설정한다. 그리하여 '운동 정치'라는 독특한 용어가 상징하듯, 이들에게 정치는 시민사회의 운동에 의해 수행되는 어떤 것이자 선출된 대표가 국가를 운영하는 문제에 대해 외부의 비판자로서 행하는 역할로 부각된다. 이로써 시민사회의 경계를 넘어선 국가 운영 문제에서 민중은 전적으로 타자 의존적인 상황에 머물고 만다. 역설적이게도 운동에 의한 민주주의의 실천은 민중을 국가에 대한 소극적 비판자 이상의 역할을 갖지 못하게 하는 효과를 낳는 것이다. 필자가 말하는 일상 속에서의 민주주의 실천은 민중의 주체적이고 적극적인 역할을 기대하는 것이다. 이와 같은 관점에서 국가와 시민사회 간의 경계는 상호 분명하게 구분되기보다 서로 중첩되어 있다. 정당이 그 중심 수단이요 행위자인 민중의 정치 참여는 국가 운영의 영역까지 확대된다. 정당을 매개로 통제되고 관리되는 국가를 통해 거꾸로 시민사회를 지배하는 헤게모니적 힘의 관계를 변화시키고, 그 변화와 함께 시민사회 안에서 헤게모니에 대응하는 대안 담론들의 창출을 기대할 수 있는 것이다.

한국 사회의 민주주의 실천 과정에서 부족하거나 결여되어 있는 것은 시민이 일상생활에서 정치 참여를 통해 민주주의를 실천하는 일이다. 현재 민주주의에 대한 일반적 인식에서 드러나는 특징은, 정치라는 수단을 통해 국가를 민주적으로 관리하는 문제가 결코 남의 일이 아니라 시민들 스스로가 조직된 정치의 힘으로 할 수 있고 해야 한다는, 적극적인 민주주의 실천에 대한 이해와 관심의 부족이다. 여기에서 정치 참여는 필수적이며, 일상적인 정치 참여 메커니즘으로서의 정당 또한 필수적이다. 과거 노무현 정부는 스스로를 '참여정부'라고 호명한 바 있다. 그들은 이 호명을 통해 민주주의의 가장 핵심적인 요건과 가치를 실천하고 있음을 천명코자 했을 것이다. 그러나 필자가 말하는 일상생활에서의 정치 참여는 지난 정부의 인사들이 말하는 참여의 의미와는 근본적으로 상이하다. 민주화의 진행과 더불어 정치 및 정책결정 과정에 대한 참여의 폭은 지속적으로 확대된 것이 사실이다. 그러나 그 참여는 어디까지나 정부의 정책 방향이 제시된 연후에 정책결정과 관료적 집행 과정에서 기술의 합리성을 높이는 전문가, 지식인 집단의 참여 확대가 중심을 이룬다. 정당간의 경쟁이 정책적인 차이를 결여하고 있다는 여론이 비등하고, 정책 아이디어가 중요해짐에 따라 최근년에 이르러서는 이를 만드는 전문가 집단이나 싱크탱크가 각광을 받고 있으며, 저명인사들이 중심이 되어 정치 과정 외부에서 정치를 평가하는 매니페스토운동이 나타나기까지 한다. 이러한 참여가 의미하는 바는, 정책과 관련해서는 정치적·사회적 엘리트들이나 전문가 집단들이 가장 '합리적이고 이상적인' 정책 패키지를 만들 수 있고, 이렇게 만들어진 정책 프로그램을 통해 정책 메뉴들은 위로부터 부과된다는 것이다. 이 과정에서는 누군가에 의해 이미 정해진, 또는 기존의 헤게모니가 가리키는 방향과 비전, 가치와 목표에 따라 정책이 만들어지고, 투표자들에게는 이들 가운데 무엇인가를 선택하는 수동적인 역할이 부여될 뿐이다.

　필자가 여기에서 말하는 참여는 선거 시에 투표하고, 전문가들이나 엘리트들이 위로부터 제시하는 정책 대안을 선택하는 시민의 수동적인 참여를 말하는 것이 아니다. 또한 여기에서 말하는 참여는 거대 담론을 기치로 대중이 동원되는, 그럼으로써 대중은 여전히 능동적인 시민으로서의 위상과 역할을 갖기 어려운 운동을 통한 참여도 아니다. 운동은 단일 이슈를 중심으로 참여자들에게 양자택일의 이분법적 선택을 강요하며, 장기간 지속적이기도 어렵고, 보통 사람들이 참여하기에는 자기희생과 비용이 너무 크다는 문제점을 갖고 있다. 일상 속에서 실천할 수 있는 정치 참여의 중심 메커니즘은 정당이라는 사실을 다시 한번 강조하는 것이 필요하겠다. 정당은 현실 생활에서 발생하는 민중들의 사회경제적인 문제를 구체적 이슈로 해서 보통 사람들의 참여가 이루어지는 네크워크와 연대를 형성할 수 있고, 상위 수준에서 정당 리더 및 활동가들과 현장에서의 사회경제적 요구들이 접맥될 수 있는 접점을 형성할 수 있다. 이는 정당이 사회의 구체적인 현실에 접맥되고, 사회경제적인 문제를 다루면서 이를 대표하고 조직하고 이슈화해 이 문제를 해결하는 정치 조직으로 성장할 수 있음을 의미한다. 이러한 조건에서는 운동 또한 정당의 풀뿌리 기반으로 통합될 수 있다.

민주주의의 가치와 목표는 추상적이고 이상적으로 규정되는 먼 곳에 있는 어떤 것이 아니다. 같은 맥락에서 선출된 정부의 정책과 국가에 대한 민주적 통제는 민주주의에 대한 타자 의존적 이해에 바탕한 선출된 대표들의 관장 사항일 수 없다. 민주주의는 주권자로서의 인민 혹은 시민이 삶의 현실과 현장에서 발생하는 문제를 가지고 정치에 참여하고, 정당이 이를 대표하고 조직해서 정책을 만들고 국가를 운영할 수 있다는 인식의 전환을 상정한다. '적극적인 시민'의 모습은 이와 같은 민주주의에 가깝다. 이렇게 이해되는 민주주의는 투표자들과 선출된 대표들 간에, 선출된 대표들의 조직인 정당과 국가를 민주적으로 통솔하고 정부권력을 사용하는 선출된 정부 간에 거리의 가까움 내지 높은 직접성을 상정한다. 민주주의의 수준은 보통 사람들이 일상생활에서 민주주의의 제도들을 실제로 얼마나 활용하고 실천하는가 하는 정도에 의해 측정될 수 있다. 오늘날 한국 민주주의의 두드러진 특징은 민주 정부들과 정치 엘리트들이 민중적 여망으로부터 크게 이탈해 있다는 사실이다. 즉, 한국 민주주의가 선출된 정치인들의 민주주의로 정착되고 있는 동안 민중들은 그로부터 광범하게 소외되는 것을 특징으로 한다. 1960년대 말 서독 사민당 당수였던 빌리 브란트Willy Brandt의 캠페인 슬로건은 "더 많은 민주주의를 감행하자"mehr Demokratie wagen는 것이었다.[8] 오늘의 한국 사회에서 우리가 더 많은 민주주의를 요구할 수 있다면, 그것은 제도권의 정치 엘리트 수준에서가 아니라 민중들의 삶의 현장, 일상생활에서 실천되는 민주주의 수준에서 적용될 수 있는 말이다.

5

맺는 말

　광주항쟁은 한국 민주화와 민주주의 발전에서 고갈될 수 없는 원천으로, 그리고 이를 표상하는 시대정신으로 이해된다. 한국 민주주의의 발전을 여망하는 많은 사람들은 광주항쟁의 정신을 기리는 데 인색할 수 없다. 그러나 광주항쟁의 정신이 민주화 이행 과정에서나 그 이후 공고화 과정에서 제시된 바 있던 운동과 그것이 수반하는 투쟁적인 이미지를 갖는 중심적 언어·담론들과 연결될 필요는 없다. 민족, 민주, 민중이라는 세 개의 중심적 거대 담론은 민주화운동의 탈동원화와 일상화 과정에서 현저하게 쇠퇴할 수밖에 없다. 그러나 오늘의 시점에서 민중 담론은 민주화 20년의 경험이라는 오늘의 구체적 현실 속에서 새롭게 해석될 필요가 있다. 민중이 정당을 매개로 일상속에서, 사회적 삶의 현장에서 민주주의를 실천할 수 있을 때, 민주주

의는 보통 사람의 사회경제적인 삶의 문제를 다룰 수 있고 이를 향상
시키는 데 기여하는 정치체제로 작동할 것이다. 오늘날 한국 사회에
광범하게 확산된 민주주의에 대한 실망은 한국 민주주의의 공고화가
실제로 반동화의 역풍을 통해 역진되지 않고 안정화될 수 있을 것인
가 하는 심각한 우려를 낳게 한다. 그것은 신자유주의적 세계화의 조
건하에서 민주주의가 민중적 삶의 문제를 개선하지 못하는 데 근본적
인 연원을 갖는다. 광주항쟁의 정신과 역사적인 의미가 민중이 주체
가 되는 민주주의의 실현이라고 할 때, 광주항쟁의 의미를 민주화 이
행과 공고화 시기에 필요한 역할로 한정하거나 고착시키는 것만으로
는 충분치 않다. 광주항쟁의 의미와 정신이 민중적 삶의 문제를 민주
적인 방법으로 개선하는 데 영향을 미칠 수 있고, 그럼으로써 정치적
민주화가 사회경제적 시민권의 진전에 기여할 수 있는 방향으로 발전
할 때, 그것은 긴 유산으로 남을 것이다.

주

1 Shin Gi-Wook & Kyung Moon Hwang (eds.), *Contentious Kwangju* (Rowman & Littlefield Publishers, 2003); 5·18 기념재단, 『5·18 민중항쟁과 정치, 역사, 사회』 1 ~5권(심미안, 2007).

2 박찬표, 『한국의 국가 형성과 민주주의: 냉전 자유주의와 보수적 민주주의의 기원』(후마니타스, 2007).

3 불평등과 부정의에 대한 저항의 정치에서 열망, 열정(passion)의 적극적인 역할을 강조한 논의는 Michael Walzer, *Politics and Passion: Toward a More Egalitarian Liberalism* (Yale University Press, 2004), 110~130쪽을 참조. 이와는 반대로, 열정의 과도함을 제어할 수 있는 물질적 이익과 그에 기반한 갈등의 사회통합적 기능을 강조한 논의로는 Albert O. Hirschman, *The Passions and the Interests: Political Arguments for Capitalism before Its Triumph* (Princeton University Press, 1977/1997); Albert O. Hirschman, "Social Conflicts as Pillars of Democratic Market Societies", in *A Propensity to Self-Subversion* (Harvard University Press, 1998) 참조.

4 Ralf Dahrendorf, "The Changing Quality of Citizenship", in Bart van Steenbergen (ed.), *The Condition of Citizenship* (Sage publications, 1994), 12~13쪽.

5 경향신문 특별취재팀, 『민주화 20년의 열망과 절망』(후마니타스, 2007).

6 박상훈, 「지역주의, 무엇이 문제이고 무엇이 문제가 아닌가?」, 『오마이뉴스』(2005년 9월 12일).

7 최장집, 「민주화 '운동'이 민주 '정치'로 이어지지 못한 이유는?」, 『여럿이 함께: 다섯 지식인이 말하는 소통과 공존의 해법』(프레시안북, 2007).

8 Thomas A. Koelble, "Trade Unionists, Party Activists and Politicians: The Struggle for Power over Party Rules in the British Labour Party and the West

German Social Democratic Party", *Comparative Politics* Vol. 19, No. 3 (1987), 257쪽.

6장

이명박 정부의 등장을 이해하는
하나의 방법

I

17대 대선을 어떻게 이해할 것인가?

정치나 민주주의에 대해 규범적인 견지에서 이러저러해야 한다고 주장하기보다는 민주화 이후에 일어난 사태 변화들 중 중요한 측면을 객관적이고 압축적으로 요약하는 것이 더욱 필요하다고 판단한다. 이 주제와 관련해 2007년 12월의 대통령 선거는 중요한 기점이 될 듯하다. 지금 시기는 한국 민주주의의 중요한 기점이었던 1987년과 더불어 또 하나의 중요한 변화 시점이 아닌가 한다. 그 변화의 방향은 과거의 특징들이 그대로 되풀이되는 것일 수도 있고, 전혀 새로운 형태의 민주주의 제도나 실천들을 드러낼지도 모른다. 기존 사이클의 반복이든 새로운 순환의 시작이든, 지금 시기는 앞으로 전개될 변화의 중대 계기가 될 것이다.

지난 17대 대선을 어떻게 이해할 것인가 하는 문제는 오늘 얘기를 시작하는 좋은 출발점이라고 생각한다. 그러나 이미 신문과 여러 매체를 통해 많은 분석들이 제시되었고 누구나 전문가 못지않은 논평을 하고 있기에, 여기에 특별히 뭔가를 추가해서 말하는 것이 조심스럽게 느껴지기도 한다. 결론부터 말하자면, 이러저런 분석들 가운데 후마니타스 박상훈 대표가 이번 대선을 노무현 정부로 대표되는 집권 민주파의 정치적 실패에 대한 '유권자의 복수'로 정의한 설명이 가장 짧으면서도 적절한 해석이라 생각한다.[1] 그런데 이것은 다수의 견해가 아니다.

이번 선거를 해석하면서 '회고적 투표'라는 말이 쓰이는 경우가 많다. 회고적 투표는 대체로 현임 정부의 경제 업적에 대한 평가가 반영된 투표를 말한다. 이와 관련해 약간의 보충 설명을 하자면, 투표 결과를 분석하는 정치학의 여러 설명 모델들 가운데 투표자들이 투표 시에 갖는 태도에 초점을 맞춘 두 가지 설명이 있다. 하나는 현임 정부가 지난 임기 동안 잘했나 못했나를 되돌아보면서 그 업적을 평가하는 설명인데, 이를 회고적 투표retrospective voting 모델이라고 한다.[2] 다른 하나는 현임 정부가 지난 임기 동안 수행한 업적에 대한 평가를 제쳐두고, 앞으로 당면할 정치적·경제적 현안들을 어떤 후보나 정당이 더 잘 다룰 수 있는가를 기준으로 유권자들이 투표를 할 수 있는데, 이런 측면을 강조하는 설명을 전망적 투표prospective voting 모델이라고 부른다. 특히 회고적 투표라 할 때는 그 평가가 주로 경제적 업적을 중심으로 이루어지기 때문에, 보다 정확히 말해 회고적 투표는 '회고적 경제 투표'retrospective economic voting를 가리킨다고 말할 수 있다. 언론에서도 자주 회고적 투표를 언급하는데, 이 역시 그간 현임 정부가 얼마나 좋은 경제정책을 입안했고, 그 결과로서 성장률 등 거시 경제지표들에서 얼마나 좋은 성적을 기록했는가에 대한 평가가 중심이 된다는 점에서 회고적 경제 투표를 말하는 것이다. 최근 한국의 보수파들이 즐겨 사용하는 '잃어버린 10년'이란 담론 또한 여러 다른 의미가 있을 수도 있지만, 무엇보다도 지난 민주 정부들의 경제적 실패에 주안점을 둔 평가라는 점에서 회고적 경제 투표의 개념에 부합한다.

　한 가지 사례를 소개하면, 이 개념에 대한 이해에 도움이 될 듯하다. 회고적 투표 모델은 1984년 미국 대통령 선거에 대한 분석을 통해 소개되고, '회고적 경제 투표'란 개념으로 정립되었다고 말할 수 있다. 회고적 투표는 다시 두 가지 성격, 즉 보상적 성격과 징벌적 성격을 갖는다. 보상적이라 함은 말 그대로 현임 정부가 잘한 것에 대해 투표자들이 재임을 시켜 주는 것을 의미하고, 징벌적이라 함은 못한 책임을 물어 반대당을 당선시키는 것을 말한다. 왜 1984년의 미국 대선이 전형적인 회고적 경제 투표의 사례가 되냐 하면, 전망적 견지에서는 반대당의 직무 수행에 대한 기대가 현임 정부보다 더 높았으며, 대외 정책 등 다른 이슈에서도 현임 정부가 부정적인 평가를 받았음에도 불구하고 레이건 정부의 재선은 지난 4년간의 경제 업적에 대한 보상으로 해석되었기 때문이다. 이번 한국 대선의 경우는 이와는 반대로 현직이 잘못해서 야당을 찍었다 할 수 있는데, 이는 징벌적 성격이 압도한 사례로 해석할 수 있다.

민주주의 원리 훼손에 대한 정치적 징벌

그렇다면 회고적 경제 투표라는 지배적 해석은 얼마나 타당한지, 그리고 다른 해석은 가능하지 않은지를 살펴보도록 하자. 한 가지 주의할 점은, 앞서 언급했던 박상훈 박사의 '유권자의 복수'라는 해석이 큰 틀에선 회고적 투표의 범주에 들어간다 해도 이는 경제적 업적이 아닌 정치적 측면의 실패를 강조한다는 점에서 전혀 다른 해석이라는 사실이다. 무엇보다 '정치적 징벌'이란 설명은 노무현 정부가 그처럼 혹독한 평가의 대상이 되고, 참담한 패배로 귀결된 까닭이 현 정부의 경제 운용 실패나 저성장만으로는 설명될 수 없다는 판단에 근거를 두고 있다. 왜냐하면 성장률 등의 거시 경제지표들은 이전 정부들과 비교해 크게 나빠졌다고 볼 수 없기 때문이다. 따라서 사태를 이렇게 만든 보다 중요한 이유는 시민들, 특히 5년 전 노무현 정부를 지지했던 세력에 속한 유권자들이 자신들의 바람과 요구를 실현하지 못한 것에 대해 자신들의 지지를 철회하고 반대당에 표를 던진 징벌적 투표에서 찾을 수 있다. 집권 여당 후보의 전례 없는 참담한 패배landslide는 민주주의의 근간이 되는 원리의 훼손, 즉 책임지지 않는 정부에 대한 유권자들의 심판 결과라고 말할 수 있다. 요컨대 필자는 지난 대선은 경제적 견지의 회고적 투표 모델에 바탕한 설명보다는 정치적인 측면의 회고적 평가로서 더 잘 설명될 수 있다고 생각한다.

여기서 회고적 경제 투표가 아닌 대안적 해석을 지지하는 정치학 이론을 하나 소개할까 한다. 사실 회고적 경제 투표가 가정하듯이 경제적인 업적에 대한 성공과 실패로 투표자의 행위를 설명하는 것은 지나치게 단순하고 순진한 설명이라 할 수 있다. 왜냐하면 경제적 업적이 유권자에게 어떻게 인지되고 해석되는가에 따라 얼마든지 다른 해석이 가능하기 때문이다. 유명한 정치학자 중 한 사람인 아담 쉐보르스키 교수는 경제 실적에 대한 유권자의 판단에 있어 이념적 헌신 ideological commitment의 영향을 강조한다.[3] 그의 선거 분석 모델에서는 현임 정부의 경제 업적이 좋은가 나쁜가는 크게 중요하지 않을 수도 있다. 왜냐하면 설령 업적이 나쁘더라도 현임 정부와 투표자 간의 이념적 가치와 비전이 일치할 경우 주관적으로 좋은 평가를 내리면서 현임 정부에 대해 다시 지지를 보내는 게 가능하기 때문이다. 즉 단기적 업적의 등락에 쉽게 동요치 않는 유권자들의 특정 정당에 대한 헌신이 중요하다는 말이다. 유권자들이 보여주는 이러한 이념적 헌신은 정부가 자신의 지지자들에게 책임을 지는 정치 행위, 곧 대표와 책임 원리의 실천을 통해 만들어지는 것이다. 흔히 떠올리곤 하는 유럽의 좌파정당과 좌파 성향 유권자들 간의 긴밀한 유대는 이런 모델을 통해 분석될 수 있다.

특히 신생 민주주의 국가들에서 경제 실적과 투표 결과의 관계는 더욱더 단순하지 않다. 이들 국가에서는 공통적으로 그것이 신자유주의적 개혁이든 사민주의적 개혁이든 고통스런 경제 개혁 프로그램의 실행이라는 과제가 부여된다. 그리고 개혁 과정에서 성장률로 대표되는 경제 실적의 일시적 하락은 피하기 어려운 현상이다. 이와 같이 신생 민주주의 국가들에서 경제 개혁이 수반하는 고통의 시기는 흔히

'눈물의 계곡'으로 표현되곤 한다. 만약 개혁을 주도하는 현임 정부가 자신들의 지지자들과 유권자 일반에게 당면한 눈물의 계곡을 지나면 안정적인 성장과 시민들의 전반적인 경제 여건이 회복될 것이라는 전망을 갖게 만들 수 있다면, '회고적 경제 투표' 모델이 상정하는 단순한 심판은 일어나지 않을 수 있다. 즉 특정 정당, 정부에 대한 유권자들의 이념적 헌신이 현재의 경제적 곤궁을 상쇄하거나 능가하는, 개혁이 가져올 밝은 미래에 대한 기대를 만들 수 있다는 말이다. 그리고 이를 가능하게 하는 것은 무엇보다도 장기간에 걸쳐 유권자와 정당 사이에 형성된 일체감이다.

이런 논의를 한국의 경험으로 가져올 때 두 가지 점을 강조할 수 있다. 먼저 IMF 외환 위기 이후 지난 10년 동안의 정부들이 분배와 성장을 동반하는 좋은 의미의 시장 개혁을 했다면, 눈물의 계곡으로 표현되는 일정 정도의 저성장과 실업 증가를 감수했어야 할지도 모르지만, 장기적으로는 안정적이고 건전한 성장구조를 만드는 계기가 될 수 있었다는 것이다. 그러나 지난 두 차례의 정부를 통해 현실에서 실천된 개혁은 이같이 어려운 경로를 통한 구조 개혁보다는, 다가올 선거에서 회고적 응징을 피하는 데 급급해 하면서 임기 내에 가시적인 실적을 보이는 데 강박관념을 가지고 단기적 성장률에 지나치게 몰두하는 양상을 보였다. 그 결과, 개혁 내용은 기득집단의 보수적 압력에 굴복하면서 그들의 우위를 보장하는 방향으로 현실과 타협하는 것이었다. 쉐보르스키의 논의가 시사하는 보다 중요한 두 번째 논점은 민주 개혁 정부가 경제적 구조 개혁을 하면서도 동시에 유권자들로부터 지지를 유지하는 경로가 가능하다는 것이다. 따라서 만약 지난 민주 정부들, 집권 정당들이 자신들의 핵심 지지 그룹들에 대해 끊임없이 설명하고 책임지는 과정을 통해 지지층으로부터 충성과 헌신을 이끌어 냈더라면, 지난 대선과 같은 참담한 실패는 일어나지 않았을 것이라 본다.

지역 구도는 지속되고 있는가?

다음으로 민주화 이후 한국 선거 분석에서 빠지지 않는 이슈라 할 수 있는 지역 구도에 대해 말해 볼까 한다. 대체로 이번 대선에서도 지역 구도가 여전히 상존해 있다는 주장이 지배적 해석인 듯하다. 그러나 필자는 줄곧 한국 선거의 결과를 지나치게 지역 구도 내지 지역주의의 문제로 환원하는 것에 대해 비판적 입장을 견지해 왔다. 특히 이러한 접근은 일면적이고 피상적인 분석에 그쳐 설명해 주는 것도 많지 않을 뿐만 아니라, 보다 중요한 측면의 다른 변화를 보지 못하게 하는 효과를 갖는다는 점을 지적해 왔다. 그리고 지역 구도가 유지되는 까닭은 지역주의가 강화되어서가 아니라 계층적 균열이 정당 대안을 통해 정치적 통로를 찾지 못한 결과로 이해할 것을 주장해 왔다. 최근 계급성과 지역성이 중첩되어 나타나는 서울 강남 지역은 이와 관련해 흥미로운 사례라 생각한다. 많은 이들이 강남의 투표 행태를 강남-강북이란 새로운 종류의 지역 구도 출현으로 설명하곤 한다. 이는 앞서 말했듯 지역 구도에 지나치게 주목함으로써 정작 중요한 변화를 못

보게 만드는 좋은 예라 할 수 있다. 즉 강남의 투표 현상은 강남-강북이란 새로운 지역 구도로 설명될 것이 아니라 민주화 이후 꾸준히 진행되어 왔고, 이번 대선에서 더욱 명확해진 한국 상층 계급의 계급 투표적 경향의 강화로 보다 잘 설명할 수 있다. 요컨대 이번 대선에서 그리고 다가올 총선에서 지역 구도가 다시 재현되었다면, 이는 지역감정과 균열의 부활이 아니라 투표자들에게 주어진 선택지에서 계층적 균열을 대표할 만한 대안 정당이 부재하기 때문이다. 그리고 그 해법 역시 다시 '망국적 지역감정론'을 불러들여 개탄하거나 국민의식개혁운동을 전개하는 것이 아니라, 진보적인 성향의 유권자와 노동자, 서민 계층 유권자들의 지지를 모을 수 있는 정당 대안을 마련하는 데 강조점이 두어져야 한다.

한국의 유권자들은 보수화되었나?

이번 대선 결과를 두고 "한국의 유권자가 상당히 보수화된 것이 아닌가"를 묻거나 그렇게 생각하는 사람들을 쉽게 만나게 된다. 그리고 대선 전에 실시된 여러 여론조사 등에서도 우리나라 유권자의 이념 성향이 오른쪽으로 이동하고 있다는 식의 보도를 자주 접했다. 그러나 이러한 접근 방법 역시 문제를 피상적으로 보는 것이다. 거칠게 말하면 이런 식의 주장은 "5년 전 선거에서는 진보적인 열린우리당과 후보를 선택한 것으로 봐서 한국의 유권자들이 진보적이었는데, 이번에 보수적인 한나라당이 선거에서 압도적 다수를 차지했으니 유권자가 보수화되었다"라는 식으로 선거 결과를 굉장히 단순하게 해석하는 것과 다르지 않다. 그러나 정치학적으로 유권자들의 보수·진보 이념 성향이나 그것의 변화를 말하기 위해선 치밀하게 설계된 설문 조사와 이를 뒷받침하는 이론적 근거를 결합해야 할 뿐만 아니라, 오랜 기간에 걸쳐 검증과 수정 과정을 거친 분석 결과를 제시해야 한다. 이것이 아니라 한 번의 선거에서 집합적으로 드러난 결과를 중심으로 피상적으로 문제를 보면, 한국 유권자의 이념적 정향은 5년을 주기로 또는 쉽게 왔다갔다 하는 게 된다. 그러나 유권자의 이념 성향이 그렇게 짧은 주기로 쉽게 바뀐다는 해석은 한국뿐만 아니라 어느 나라에서도 찾아보기 어려운 주장이다.

요즘 정치학에서는 주요 현상이나 행위자의 행태를 설명하는 데 경제학적 설명이나 모델을 빌려 오는 경향이 강하다. 이런 경향은 선거 분석에서 정당간 경쟁이나 유권자의 투표 행태를 설명하는 데서도 마찬가지인데, 대표적인 것이 선거에서 후보와 정당을 선택하는 유권자를 마치 시장에서 상품을 고르는 소비자에 비유하는 경우다. 정치 현상에 대한 경제학적 비유는 현상에 대해 명쾌하고 강력한 요약을 제공한다는 점에서 장점을 갖지만, 정치 현상과 경제 현상 간의 본질적인 차이를 간과함으로써 설명 대상이 되는 정치 현상의 중요한 특징을 놓치게 만들기도 한다. 선거시장의 유권자와 상품시장의 소비자가 보이는 행태는 그들에게 주어진 선택 구조의 측면에서 상당히 큰 차이를 가지고 있다. 소비자들이 시장에서 물건을 사는 경우, 시장에 가기 전에 이미 무엇을 살지를 결정한 후에 시장에 가서 물건을 선택하게 된다. 말하자면, 선택에 대한 결정이 시장에 들어가기 전에 이미 결정된다고 볼 수 있다. 이와 달리 선거시장에 참여하는 유권자는 외생적인 결정을 가지고 선거시장을 찾는 것이 아니라, 이미 주어진 후보나 정당 대안들 가운데서 선택을 할 수밖에 없다. 이런 까닭에 선거시장에서 유권자의 선택은 내재적인 속성을 띤다고 말할 수 있다. 이를 지난 선거와 관련해서 살펴보면, 유권자들이 보수적이어서 보수적인 정당을 선택하는 것이 아니라 선거시장에 나와 있는 정당 대안들이 압도적으로 보수적이기 때문에 그것을 선택할 수밖에 없었다고 설명할 수 있다. 대선 직후 일부 민주파 인사들로부터 국민들이 압도적으로 보수적 정당과 후보에 표를 던지는 현상에 대해 투표자의 무지와 비합리성, 그리고 비민주성을 개탄하고, 심지어 질타하는 발언들을 듣곤 했다. 그러나 앞서 언급했던 유권자 선택의 내재적 속성을 감안하면, 이런 식의 이해는 매우 잘못되었을 뿐만 아니라 위험하다는 생각을 지울 수 없다. 문제는 유권자가 보수화된 측면보다 선택의 구조를 형성하는 정당체제에 있다. 따라서 누군가 이 사태에 책임을 져야 한다면 이는 일차적으로 정치인들과 정당을 운영하는 사람들의 몫이지, 주어진 것에서 선택할 수밖에 없는 유권자들의 몫은 아니다. 아마도 지난 대선처럼 투표장에 서는 것 자체가 난감하고 많은 고민을 강요당한 선거도 많지 않을 것이다. 유권자가 아무리 합리적이고 이성적으로 선택하고자 하더라도 그들의 선호에 부응하는 대안이 주어지지 않는다면, 그들도 어쩔 도리가 없는 것이다.

투표율 저하의 문제와 의미

마지막으로 지난 대선과 관련해서 빼놓지 말아야 할 중요한 문제로 투표율 하락에 대해 짚고 넘어가겠다. 비록 언론을 통해 나타난 선거 분석에서는 드물게 언급되는 요소지만, 정치학자의 입장에서 지난 대선의 가장 큰 특징은 무엇보다 저조한 투표율이 아닐 수 없다. 사실 17대 대선의 63퍼센트라는 투표율은 다른 선진 민주주의 국가들과 비교할 때 가장 낮은 축에 해당하는 수치다. 아마 한국보다 더 낮은 나라로는 미국 정도가 있을 듯하다. 미국에서 1990년대 중반 이후 투표율은 50퍼센트대로 떨어졌으며, 이는 미국 민주주의와 정치체제가 건강하지 못하다는 사실을 보여주는 중요한 징후로 이해되었다. 뚜렷한 이념 차이에 기반한 정당체제를 갖는 유럽 민주주의의 경우 투표율은 무척 높다. 가장 낮은 축에 속하는 영국도 70퍼센트를 상회하고, 독일은 87퍼센트, 네덜란드는 84퍼센트 등 대체로 매우 높은 투표율을 유지하고 있다. 혹자는 한국의 투표율이 그래도 미국보다 높다고 자위할는지 모르겠다. 그러나 이러한 견해는 한국이 쉽게 투표장에 가서 투표를 할 수 있는 거의 최적의 환경을 제공하는 반면, 미국은 가장 투표하기 어려운 제도를 갖고 있다는 사실을 간과한 것이다. 한국에는 잘 알려져 있지 않은 사실이지만, 미국에서는 유권자들이 선거 한 달 정도 전에 미리 등록을 해야만 투표를 할 수 있는 '유권자 등록제'를 실시하고 있으며, 선거일이 공휴일로 지정되어 있지도 않다. 이런 제도들은 흑인 등의 소수 인종, 저학력·저소득층 유권자들이 투표하기에 어려운 장애 요인으로 작용함은 물론이다. 그러나 버락 오바마 정부를 탄생시킨 2008년 11월 미국 대통령 선거에서의 투표율이 61.6 퍼센트라는 점을 지적할 필요가 있다. 두 가지 조건, 즉 1930년대 대공황 이래 최대의 불황이 몰고 온 경제 위기라는 중대 이슈의 등장과 이를 해결할 수 있는 새로운 지도자에 대한 여망이 결합해 만들어진 폭발적 정치 관심의 증대가 1964년 대선 이후 최대의 투표율을 기록했다는 점은 특기할 만하다. 이와 비교할 때 한국의 환경에선 최소 80 퍼센트를 상회하는 투표율이 정상적인 수치일 것이다. 그렇다면 왜 투표율이 이처럼 낮은가를 진지하게 질문하지 않을 수 없다. 무엇보다 그 답은 보수 일변도로 치우친 한국 정당체제의 성격과 깊이 관련되어 있다. 많은 선거 연구들은 정당체제의 이념적 분화의 정도, 즉 정당간 이념적 거리가 좁을수록 투표율이 떨어지는 경향을 갖는다는 인과관계를 경험적으로 입증해 보였다. 알다시피 한국의 정당 대안들은 하나같이 보수적이다. 한나라당이든 여타 다른 정당이든 이념적 기준에서는 사실상 유사한 위치에 놓여 있기에, 유권자들이 굳이 투표장에 가서 자신의 가치 기준에 부합하는 정당을 선택할 유인이 작은 것이다. 외국의 경우 정당이란 서민 대중의 이념이나 가치를 실현하는 대표적인 정치 수단이자 조직이라 할 수 있는데, 한국에서는 노동과 소외 계층을 수용하는 정당은 사실상 존재하지 않는다. 물론 민주노동당이 서민과 노동자의 정당으로 자임하고는 있으나 그들의 핵심 지지층은 도시의 교육받은 중산층, 화이트칼라 노동자에 집중되어 있다는 사실을 부인하긴 어렵다. 요컨대 이번 대선의 저조한 투표율은 정치적으로 소외된 계층을 대표하는 통로가 약해졌기 때문이며, 그 결과 투표할 대안을 갖지 못한 유권자들이 참여의 유인을 갖지 못했기 때문에 나타난 결과다. 이 점에서 현재 한국의 정당체제는 많은 사람들에게 구조적으로 기권을 강요한다고 말할 수 있겠다.

63퍼센트라는 저조한 투표율은 1, 2위 간 압도적인 격차만을 강조하면서 이를 국민적 위임mandate의 근거로 제시하는 이명박 대통령과 한나라당의 아전인수식 선거 해석에도 근본적인 의문을 제기한다. 지난 선거에서 유효 투표자 수 대비 이명박 후보의 득표율은 48.7퍼센트로 거의 과반에 근접하지만, 63퍼센트라는 낮은 투표율이 고려된다면, 즉 분모를 전체 유권자 수로 바꾼다면, 이 수치는 1/3에도 못 미치는 30.5퍼센트에 불과하다. 달리 말해 전체 유권자 가운데 37퍼센트에 달하는 기권자들을(이 수치는 이명박 후보를 지지한 비율보다 7퍼센트나 높은 것이다) 고려할 때, 이번 선거 결과를 두고 마치 국민들로부터 백지 위임장을 받은 것처럼 행동하는 한나라당과 이명박 정부의 태도는 민주주의의 관점에서는 수용되기 어려운 것이다. 아울러 이처럼 취약한 대선 결과만으로 '한반도 대운하' 등의 엄청난 메가 프로젝트를, 추가적인 민주적 여론 수렴과 논의 과정 없이 밀어붙이는 것 역시 민주주의 원리와는 부합하지 않는다.

2

진보파는 어떻게 패배했고,
보수파는 어떻게 승리했나?

지난 대선 결과를 어떻게 평가할 것인가의 문제에 이어 여기서는 그 원인, 즉 진보는 어떻게 패배했고 보수는 어떻게 승리할 수 있었나를 얘기해 보겠다. 이번 선거를 통해 소위 민주파는 새로 출발하기 어려울 만큼 부정적 심판을 받은 파국적인 패배를 맞았다. 그 이유는 앞서 말했듯이 무엇보다도 민주파를 자임한 정당 및 세력들이 민주화운동을 통해 표출된 개혁 요구를 정당과 정부 정책을 통해 대표하지 못한 결과가 아닐 수 없다. 바꿔 말해, 사회 내에 존재하는 여러 갈등과 이익을 정당을 통해 조직하고 대표하지 못함으로써 집권 여당과 전임 정부들은 사회적 기반이 대단히 취약한 상태를 면치 못해 이런 상황을 야기했다고 본다.

먼저 민주적인 정치 과정에 대한 이해 부족에서 비롯된 집권 민주파의 그릇된 정치적 대응을 지적할 수 있겠다. 민주주의 선거 이론에 따르면 한 사람 한 사람의 투표 선택은 어찌 보면 비합리적일 수도 있지만, 굉장히 많은 수의 사람들을 통해 총합적으로 표현되는 집합적 투표 행위는 상당히 합리적인 결과를 만들어 낸다. 현실에서도 똑똑한 소수 몇몇의 판단보다 집단의 판단이 훨씬 더 좋은 결과를 가져오는 사례를 자주 경험하게 된다. 민주주의에서 선거는 대표와 책임 사이의 연계가 실현될 수 있는 가장 분명하고도 중심적인 메커니즘이다. 가장 단순하게 말하자면, 유권자들은 현임 정부가 잘했는지 못했는지 그 업적에 대해 선거에서 투표를 통해 평가 신호signal를 보내고, 정부나 집권 여당은 이를 잘 해석해서 정책 입안과 실행에 반영하는 것이 민주주의의 가장 기본적인 구조다. 이를 염두에 둘 때 노무현 정부 시기, 특히 2005년 이후 수차례 진행된 재보궐 선거, 지방선거에서 집권 여당은 단 한 번도 승리하지 못했는데, 이는 현임 정부의 잘못에 대해 유권자들이 거듭 경고의 신호를 보낸 것으로 해석할 수 있다. 그러나 현 정부는 이런 경고에 반응하기보다는 오히려 '대연정', '개헌' 등을 들고 나오면서 유권자를 가르치려 하거나 순간적으로 판을 바꾸려는 시도로 일관해 왔다. 즉 집권 개혁파가 대표-책임이라는 민주주의의 기본적인 작동 원리를 이해하지 못한 채 자기 갈 길을 내달은 결과, 이번 대선은 사전에 선거 결과가 거의 확정되다시피 했던 것이다.

무엇이 개혁파를 무력하게 만들었나?

그렇다면 왜 386으로 통칭되곤 하는 개혁파들이 대거 정부에 들어갔고, 광범한 민주세력의 지지에 힘입어 집권한 결과가 이처럼 파국적인가를 묻지 않을 수 없다. 왜 그들은 시민들의 요구나 투표자들의 거듭된 경고에 반응하지 않았을까? 여러 설명이 가능하겠지만, 무엇보다 집권세력의 인적 구성상의 특징과 관련된 것으로 생각된다. 주지하다시피 한국의 민주화는 운동에 의해 이루어졌다는 특성을 갖고 있으며, 민주화 이후 과정에서도 운동세력은 가장 핵심적인 역할을 한 사회집단이라 할 수 있다. 그러하기에 그들이 어떻게 정치와 민주주의를 이해하는가 하는 문제는 향후 사태 전개와 관련해 매우 중요한 요소라 할 수 있다. 대체로 민주화운동 세력에서 충원된 이들 집권세력은 정치와 민주주의를 도덕적이고 낭만주의적인 견지에서 바라본다. 사태를 이렇게 이해할 때 사용되는 대표적인 언술들은 대체로 민주 대 반민주, 정의 대 비정의, 도덕 대 부패 등의 이분법적이고 진영간 대립을 표상하는 담론들이다. 아울러 그들의 중심 가치 내지 이념적 정향은 매우 민족주의적이고, 역사주의적이라 할 수 있다. 이런 요소들이 결합되어 구체적인 현실과 만날 때 만들어지는 그들의 정치언어란 존재하지 않는 가상의 현실을 만들어 내고, 이에 따라 현실을 극화劇化하는 방식으로 나타났다. 지위 고하를 막론하고 집권 그룹의 인사들은 "역사가 평가할 것이다"라는 식의 발언을 되풀이해 왔다. 이와 같은 발언이나 수사는 그러한 정치적 이해와 태도를 반영하는 것이라고 할 수 있다. 문제는 이처럼 가상의 현실을 상정하고 극화시키는 언어구조와 담론이 압도할 때, 현실의 생활 문제나 사회경제적 이슈를 중심으로 사회적인 균열과 차이가 만들어지고 정당이 이런 차이를 대표해서 정책화, 입법화하는 데 관심을 두기가 지극히 어려워진다는 점이다. 요컨대 민주주의의 가치나 원리의 관점에서 볼 때, 집권 개혁파들의 정치 언어와 행위에서 어떤 운동권적 유산 같은 것이 발견되며, 그 유산은 먼저 민주주의의 가치나 원리와 충돌하고, 나아가 현실의 정당정치나 정책을 통해 민주주의를 잘 운영하고 실천해서 좋은 결과를 가져오지 못하도록 하는 데 큰 영향을 미쳤다고 판단된다.

운동권적 정치관 내지 민주주의관의 문제를 가장 잘 보여준 사례는 개혁파 정부하에서 전개된 정치 개혁 시도가 아닌가 생각한다. 운동권적 정조와 비전을 통해 정치와 민주주의를 이해하고자 하는 의지와 욕구는 압도적으로 정치제도 개혁에 투사되었다. '당정 분리', '원내 정당화', '국민경선제', 그리고 '지구당 폐지' 등으로 대표되는 선거법 개혁이 그것이다 이런 조처들은 정치제도의 '민주적' 개혁이라는 이름으로 추진되었는데, 앞으로 여러 측면의 직간접적 제도 효과들을 만들어 내겠지만, 일차적으로 그것의 직접적인 효과는 정당을 약화시켰다는 데 있다. 왜 '민주적' 제도 개혁이라고 하는 조치들이 정당의 약화로 귀결되었을까? 그 이유는 이런 개혁 조치들의 준거 내지 목표가 문제를 선출된 정치인과 정당에 국한시켜 이해하면서, 정당의 정책 산출 효율성을 높이는 데만 주안점을 두었다는 데서 찾을 수 있다. 정책결정에서 사회적 요구의 투입과 정책의 산출을 하나의 순환 고리로 사고하지 못한 채 산출 측면에만 초점을 두고 개혁한 결과, 우리 사회에 실제로 존재하는 여러 갈등과 소외 계층 혹은 진보적인 정당의 잠재적 지지자라 할 수 있는 사회적 약자들의 요구는 체계적으로 배제되었다. 즉 정치 개혁과 관련한 제도 개혁 대부분은 유권자와 정당이 접촉하고, 그래서 이들의 요구를 대변하고 조정할 통로를 약화시키거나 봉쇄하는 효과를 만들어 냈다고 판단하기에 필자는 이들 개혁 조치에 대해 매우 비판적이다. 이런 점에서 민주화 이후 일련의 정치 개혁들은 산출 중심의 정치 개혁으로 요약될 수 있으며, 여기에서 정책 산출의 효과 내지 정치 과정의 효율성은 다른 어떤 대안적 가치들보다 우선적인 가치이자 개혁의 목표로 간주되었던 것이다.

물론 정치 과정의 효율성은 현대 민주주의를 운영하는 데 있어 중요한 요소라는 것을 부정하기는 어렵다. 그러나 참여의 투입input, 즉 사회적 갈등이나 이를 통해 표출되는 시민들의 요구가 정치 과정과 정책결정 과정에 투입되고, 이를 통해 참여의 폭이 확대되는 것은 민주주의의 근본적 가치이자 요소가 아닐 수 없다. 만약 산출 측면의 효율성이 보다 중요한 준거가 된다면, 박정희 시대와 같은 권위주의체제가 훨씬 더 효과적일 수 있다. 알다시피 그러한 체제에서 정치 과정이 수반할 수밖에 없는 사회의 다양한 갈등이나 요구들은 자의적이고 억압적인 권력 사용을 통해 효과적으로 제어되기 때문이다. 사실 권위주의체제에서 만들어진 정책이라 해서 마냥 나쁜 것은 아니다. 단순히 정책의 효과성이나 효율성의 측면에서만 볼 때 박정희 정부하에서 실시된 좋은 정책을 찾아볼 수도 있다. 이를테면 의료보험, 산재보험 등은 집권자의 결정에 의해 효과적으로 시작될 수 있었다. 그러나 여기서 강조하고자 하는 바는 만약 정책 산출의 효율성과 효과성만을 중심 가치로 삼는다면, 권위주의와 민주주의의 차이는 사라진다는 사실이다.

한 가지 흥미로운 문제는 민주화 이후의 민주 정부들이 어떤 압력에 놓였기에 경제 성장이라는 전일적 가치에 종속되어, 성장률을 올리는 데 급급하고 정책의 효율성을 제고하는 데 모든 노력을 기울이게 되고, 그 한 결과로서 정책 입안과 집행에서 관료의 역할을 더욱 증대시키는 현상을 야기했나 하는 점이다. 민주주의는 선거를 통해 선출된 대표가 정부를 구성해 국가를 관리하도록 통치를 위임받는 정치 체제라 할 수 있다. 즉 선출된 대표에 의한 국가기관의 관할이 그 핵심에 포함되어 있는 것이다. 그러나 민주화 이후 전개된 사태의 내용은 이와는 크게 다르다. 선출된 대표들이 오히려 관료들에 종속되었고, 거의 모든 주요 정책 영역에서 관료들이 주도하는 가운데 민주화가 만들어 낸 효과는 원천적으로 제약될 수밖에 없었다. 말하자면 앞서 말한 정책 산출의 효율성 기준이 운동권 엘리트들에게 시나브로 수용되는 과정 속에서 보수 야당과 재벌 대기업의 가치나 숙원 과제들이 너무 쉽게 민주 정부에 의해 결정되고 집행되었다고 본다. 참여정부 집권 기간 동안 정부는 조중동으로 불리는 보수 언론과 갈등 관계에 있었고, 대통령을 비롯한 집권세력들은 자주 개혁정책 실패의 책임을 보수 언론 탓으로 돌렸다. 필자는 여러 곳에서 이를 알리바이라 불렀다. 조중동과 끊임없이 싸웠지만 사실 참여정부 출범 시기보다 훨씬 더 강력해진 보수 언론을 만난 것은 정부와 집권 여당의 정치 행태와 정책 실패에 기인한 바 크며, 이후 정부와 언론의 관계는 일종의 적대적 공존으로 이해할 수 있을 것이다. 앞서 언급한 정치 개혁, 정책 효율성, 관료 의존, 언론과의 불필요한 적대 관계, 이런 요소들로 인해 집권 개혁파가 실제로 국정을 운용하는 데 있어 실패를 누적시키는 결과를 만들어 냈다고 생각한다.

그러는 동안 민주화운동 세력의 정체성, 도덕성, 신뢰성도 급격하게 상실되었다. 결과적으로 보면 노무현 정부의 성격은 '보수적 민주주의' 내지 '노동 없는 민주주의'로 특징지을 수 있으며, 그 결과가 이번 대선으로 명확하게 드러났다고 생각한다. 마지막으로 '인지적 불일치'도 노무현 정부의 중요한 특징 가운데 하나라 할 수 있다. 집권 개혁파는 스스로 개혁적이고 도덕적인 정당성을 갖고 있음을 끊임없이 강변하는 한편, 실제 정책에서는 신자유주의적인 정책을 교과서적으로 집행했다. 이런 측면에서 이명박 정부의 출범 역시 정책적 견지에서만 보자면 단절로 보기 어렵다. 대체로 이전 정부 정책 기조의 연속 선상에 놓일 수 있다고 보기 때문이다. 이를 잘 보여주는 현상은 대선 이후 새로운 정부가 들어서기도 전에 참여정부의 핵심 관료들이 스스로 해왔던 것을 번복하고 오히려 반대당 선거 캠프나 인수위의 요직으로 이동한 것이다. 이는 표면적으로는 자기 부정일 수도 있으나 내용적으론 일관된 것일지도 모른다. 요컨대 지난 정부 시기에 쏟아졌던 개혁적, 진보적, 민주적 등의 형용사들은 레토릭과 담론의 수준에 머물렀고 현실이 아닌 것이었기에 너무나 쉽게 포말처럼 사라진 것이다.

　민주파를 자임했던 세력들이 이러는 가운데 보수파들은 어떻게 대처했고 어떻게 집권할 수 있었나 하는 문제는 간단하게 언급하고 넘어가겠다. 우리나라의 보수파들은 권위주의하에서 국가에 의해 대표되고 지원되었다. 그러나 일차적으로 민주화로, 그리고 선거 패배로 자신들의 정부를 갖지 못하면서 그들의 위기감은 고조되었다. 그리고 이는 보수파들이 한나라당을 중심으로 결집하는 효과를 만들었다. 추측건대, 민주화 초기에 보수파들은 스스로 '살아남을 수 있을까'에 대해 상당한 위기감을 가졌다고 생각한다. 그러나 이후 개혁파 정부들이 보여준 일들이 굉장히 엉성했기 때문에, 점점 더 자신감을 회복하고 한나라당을 중심으로 지지를 강화, 확대할 수 있었던 것이다. 시민사회에 대해서 말하자면, 한국의 시민사회는 기본적으로 지난 정부 10년 동안 보수 헤게모니에 의해 지배되었다고 본다. 민주화 이전 보수파들은 국가가 그들의 이익을 잘 대변해 주었기에 결집할 필요도 없고 동원될 필요도 없었다. 그러나 개혁파 정부가 들어선 이후 그들은 자신들의 정부가 아니기에 계속 패배감, 위기감을 느끼면서 어떻게 재집권할 것인가에 대해 많은 고민을 했고, 시민사회에서도 경제적·이데올로기적 기반을 매개로 동원되면서 결집하고 강화되었다고 볼 수 있다. 이러는 사이 앞서 언급했듯이 집권 개혁파와 그 정당들은 정반대로 정당정치를 해체하고 스스로의 정치세력화를 사실상 허물어뜨리는 과정을 거쳤다. 이상이 지난 대선 결과의 몇 가지 원인이라 할 수 있다.

3

향후 어떤 전망을 갖게 되나?

마지막으로 얘기할 주제는 다가오는 4월 총선을 앞둔 시점에서 갖는 전망에 관한 내용이다. 전반적으로 말하자면, 1987년부터 2007년까지의 20년은 한 순환cycle이 종결되는 과정으로 볼 수 있을 것 같다. 즉 민중운동 진영과 야당 정치인들의 결합으로 구성된 '민주파'들이 모든 역량을 결집해서 형성된 '최대 민주 연합'이 두 차례의 집권을 거치면서 유지되어 오다가 2004년을 기점으로 이들 연합의 탈동원과 해체가 시작되었고, 결국 지난 대선이란 파국적 결과로 나타났으며, 다가오는 총선은 그 연속 선상에서 최종판이 되지 않을까 예상하게 된다. 만약 사태의 전개를 그렇게 본다면, 지난 20년간의 한 순환에서 두 가지 역설을 발견하게 된다. 하나는 진보와 민중주의적 레토릭을 말해 왔던 지난 두 번의 정부하에서 내용적으론 노동자, 저소득층을 포함한 서민 대중이 정치 참여와 사회경제적 성장 및 부의 분배로부터 소외되고 양극화와 소득 격차는 더욱 증대됨으로써 상층과 중산층의 헤게모니가 실현, 강화되는 사태를 말한다. 두 번째 역설은 지역 구도와 관련된 것이다. 지난 정부들, 특히 노무현 정부는 지역 정당 극복을 정치 개혁의 최대 목표로 설정하고, 현재 정치 문제나 정치가 제 기능을 수행하지 못하는 모든 책임을 지역주의 내지 지역감정에 귀착시켰다. 필자는 이를 이데올로기화된 지역주의론으로 부르곤 했는데, 한국 정치의 모든 문제를 지역감정으로 돌리고 이를 망국병으로 취급하는 관점이라 하겠다.[4] 결과적으로 말해 지난 대선과 다가올 총선에서는 지역 구도적인 투표 양상이 다시금 상당히 되살아날 가능성이 높다. 앞서 말했듯이 이러한 투표 패턴은 내용적으로 실현 가능한 진보적 개혁정당을 만들지 못함으로써 이념적 차이를 갖는 대안 구조를 만들지 못했기 때문에 나타나는 결과라 하겠다. 다시 한번 강조하지만, 대선 그리고 다가올 총선에서 지역당 구조가 지속되거나 오히려 강해진다면, 이는 지역 균열이 다시 강해졌기 때문이 아니라 기능적 이익 대표와 정당 간 대안 선택의 폭이 좁아졌기 때문이다. 선거 경쟁이란 무언가 차이를 두고 일어나는 것인데, 정책적·이념적 차이가 없는 상황에서 지역이 아니라면 어떤 차이에 의해 투표할 수 있겠는가?

두 가지 역설을 말하면서 민주화 20년을 돌아보니 처음 출발했던 자리로 되돌아간 게 아닌가 하는 느낌을 갖게 된다. 권위주의체제는 종식되었지만 정치, 경제, 사회 대부분은 민주화 이전과 높은 정도의 연속성이 유지되는 가운데, 결국 우리는 무엇을 위해 그렇게 많은 희생을 들여 투쟁했는가를 되묻지 않을 수 없는 상황이다. 그리고 이는 결국 한국이 진보정당 없는 정당체제로 귀착되고 마는 것이 아닌가 하는 문제를 제기한다.

서구학자들은 미국 정치의 가장 큰 특징이자 문제로서 '미국 예외주의'American exceptionalism에 대해 말해 왔다. 미국 예외주의란 노동당이든 사민당이든 노동자와 노동운동을 대표하는 정당이 정치의 중심 행위자가 되는 유럽의 정당체제와 달리 '정당을 통한 노동의 정치적 대표가 없는 민주주의'를 뜻한다. 이 점에서 현재로서는 한국 역시 미국식 경로를 따를 가능성이 매우 높아졌다고 말할 수 있을지 모른다. 그러나 또 다른 관점에서 보자면 한국의 민주주의체제는 미국 모델의 범주에조차 포함되기 어려운 문제를 안고 있다. 유럽과 같은 '사민주의적 전환'을 경험하지 않았다 하더라도, 미국에서는 1930년대 뉴딜연합을 통해 노동운동이 (CIO로 대표되는 새로운 노동조직과 함께) 민주당과 연합해 정치적 대표체제의 중요한 행위자 가운데 하나로 등장한 바 있다. 이와 같은 미국 사례는 자유주의적 시장경제를 유지하면서도 그 틀 안에서 노동운동의 정치적 대표가 기존의 정당에 의해 가능하다는 사실을 보여준다. 미국 정치를 이렇게 이해하면, 한국이 미국과 동일하다거나 유사하다고 보는 것은 현실에 부합하지 않는다. 노동의 정치적 대표성에 있어 한국과 미국의 차이는 크고 근본적이다. 여전히 한국 민주주의는 노동이 이데올로기적으로나 정치적으로, 그리고 노사관계를 포함하는 경제적 차원에서도 배제되는 억압적 구조를 지속시키고 있기 때문이다.

나쁜 순환을 반복할 것인가? 좋은 순환을 개척할 것인가?

앞에서 1987년부터 시작된 지난 20년간의 민주화 경험을 하나의 순환이라고 말했다. 이는 현재 시점에서 한국 민주주의의 전개를 지켜보면서 해석한 것이기 때문에, 편의적인 또는 작업 가설적인 개념화에 불과하다는 점을 강조해야겠다. 문제를 하나의 사이클이라는 관점을 통해 이해한다는 것은 민주화의 전개를 진화적 또는 진보적인 방향으로 나아가는 어떤 단선적인 발전 과정으로 보지 않음을 의미한다. 즉 그것이 진보하느냐 퇴행하느냐는 열려 있는 문제이고, 하기에 따라서 진보할 수도 퇴행할 수도 있다는 말이다. 민주화가 퇴행한다면 현재의 시점은 지금까지의 순환을 다시 반복하는 일의 시작일 테고, 진보한다면 나쁜 순환의 고리가 끊어지면서 좋은 순환을 향해 출발하는 것을 뜻한다. 지난 순환의 반복은 과거의 정치 경쟁구조와 행태를 되풀이하는 것이기 때문에 쉽게 그 방향으로 나아가려는 관성의 힘이 작용한다. 물론 새로운 경로를 개척하는 것이 완전히 불가능한 일은 아니라고 생각한다. 이는 앞선 20년의 경험을 헛되이 하지 않으면서 기존 정당체제를 개혁하고 발전시키는 데서부터 시작될 수 있다. 나쁜 순환을 되풀이하는 것은 쉬운 길이고, 좋은 순환을 개척하는 것은 어려운 길이다. 이 두 경로를 가르는 핵심적인 기준은 한국 민주주의가 좋은 정당(체제)을 발전시키느냐 아니냐에 달려 있다고 본다.

좀 더 구체적으로 말하자면, 진보파 또는 개혁파의 입장에서 예상되는 나쁜 순환의 유형 가운데 하나는 정당을 포함하는 제도 영역을 여전히 등한시하거나 우회하면서 '다시 운동'을 강조하는 것이다. 다시 운동의 초심으로 돌아가자고 주장하거나 운동의 중요성만을 강조하면서 열정을 동원해 문제를 해결하려는 시도를 필자는 나쁜 순환경로의 시작이라고 생각한다. 대선 참패와 보수세력의 집권, 총선 패배의 결과 의회에서 보수 집권세력에 대한 견제력이 매우 약한 상황이 만들어졌다. 이런 상황에 대응하는 과정에서 또는 그에 대응해야 할 필요로 인해 개혁파와 진보파들에겐 운동의 담론이나 정조를 다시 불러들이려는 유혹 내지 경향이 강해질 것으로 예상된다. 차기 집권을 위한 정당의 재조직화, 지난 민주 정부들의 실패에 대한 냉정한 평가, 제도 영역 내에서의 대안적 프로그램 마련 등의 과제를 등한시한 채 운동의 동원에 의존하려는 태도는, 과거를 되풀이하는 나쁜 순환의 경로임을 다시 한번 강조하고 싶다.

여기서 한 가지 주의할 점은 이 글의 주장이 운동의 의미나 역할을 폄훼하는 것은 아니라는 사실이다. 현대 민주주의가 정당이 중심이 되는 민주주의라고 말한다고 해서 그것을 운동의 역할을 부정하는 주장으로 등치시키는 것은 잘못된 이해고, 어떤 면에서는 누군가에 의해 만들어진 '의도적 오해'이기도 하다. 특히 두 가지 점에서 운동의 역할은 중요하다. 하나는 운동이 사회에 존재하는 다양한 소수자들의 입장을 대변하면서 사회의 여러 문제에 관심을 불러일으켜 이를 중요한 정치적 이슈로 만드는 것, 즉 정당이 담당하지 않거나 할 수 없는 정책 투입 기능을 갖는다는 것이다. 다른 하나는 운동 또한 정당의 사회적 기반 가운데 하나로 정당 조직과 활동을 뒷받침하는 역할을 할 수 있다는 점이다. 과거 한국의 정당은 엘리트 또는 명사 정당으로서 사회적 기초가 약했고, 정당조직이 있다 하더라도 지역구의 선거조직을 구성하는 운동원 네트워크 정도가 고작이었다. 이 점에서 민주화 이후 운동의 확대는 정당의 하부 기반으로 사회적 요구를 보다 폭넓게 투입하는 역할을 담당할 수 있다.

필자가 운동의 동원을 강조하는 주장에 대해 비판적으로 말하는 지점은, 과거 급진적인 민주화운동의 한 유산으로서의 운동'론'이며 그에 기초한 민주주의관과 실천 양식이다. 바꿔 말해, 정당으로 압축되는 현대 민주주의의 제도적 장치들을 통해 한국 민주주의와 사회의 주요 문제들을 개선할 수 있는 길이 열려 있음에도 불구하고, 이를 등한시하거나 우회함으로써 오히려 더 많은 대가를 지불하면서도 효과는 미미한 그런 실천 경향성에 대한 것이다. 앞에서도 지적한 대로 운동'론'적 입장에서 보면 민주주의는 매우 지루하고, 이루어 낼 수 있는 것이 적어 성에 안 차는 정치체제일 수 있다. 민주주의에 기반한 정치 과정이란 대개 갈등만큼이나 많은 타협을 요구하며, 이로 인해 개혁의 크기와 속도도 만족스럽지 않고 그래서 별반 극적이지도 않다. 현실의 민주적 정치 과정과 달리 운동권적 민주주의관에서는 운동의 주체들이 민중과 민주주의의 대변자임을 자임하면서, 현실의 정치 과정과 제도적 실천을 초월 또는 우회하는 방법을 통해 민주주의의 이상과 가치를 실현할 수 있다고 믿는다. 이러한 견해에 따르면, 현실 정치는 타락한 이전투구의 장이기 때문에 모름지기 도덕적 인간이나 도덕성을 갖춘 지도자는 그런 영역에 관여하지 말아야 할 것이다. 운동에 내재된 이와 같은 경향성은 자주 문제를 체제 밖으로 끌고 나가, 그들 스스로가 의식하든 의식하지 않든, 정치에 대해 엘리트 편향적이고 도덕주의적이며 나아가 어떤 선지자적 태도를 보여주면서 대중을 계도하려는 권위주의적인 태도를 갖게 한다. 이런 정향이나 태도가 좋은 정치를 만드는 데 기여하기는 어렵다. 이와 같은 정치관은 오히려 민주주의가 허용하는 기회와 가능성을 줄이고 현실과의 괴리를 확대시켜, 결과적으로 엘리트 운동가들의 기득권을 유지하는 데 기여할 가능성이 높다.

민주주의는 결국 정당에 기반한 선거 경쟁을 통해 다수의 지지를 획득코자 하는 집단적 노력을 핵심으로 한다. 아무리 운동을 많이 하고 운동을 통해 집단의 열정을 아무리 많이 동원한다 하더라도 선거에서 패하면 권력을 가질 수도 정부를 운영할 수도 없다. 그렇기 때문에 선거에서 승리할 수 있도록 유권자들을 동원하는 일이 무엇보다 중요하며, 이를 위해 현재의 정당체제로부터 배제되었거나 제대로 대표되지 못하고 있는 유권자들의 지지를 끌어내는 노력, 즉 차근차근 기초를 쌓아 아래로부터 정당을 발전시키는 일이 필요하다.

운동은 정치학의 개념을 빌려 말하자면, '선호의 강도'에 의존해 문제를 해결하려는 방법이다. 예컨대, 노동 문제는 선호의 강도가 굉장히 강한 문제라 할 수 있다. 비록 전체 유권자 가운데 노동자는 소수파일 수 있지만, 노동자 없는 시장경제는 상상하기 어렵다. 그러나 일상적으로 운동을 동원하거나 파업 투쟁을 전개한다 하더라도 선거에서 승리하기는 어렵다. 울산이나 창원 같은 지역에서 진보정당이 의석을 갖기 위해서는 운동 이외의 다른 방법 또한 사용할 수 있어야 한다. 물론 최근 현안이 된 한미 FTA나 한반도 대운하 문제와 같이 사회 여론의 광범한 반대에도 불구하고 정부가 이를 정책으로 추진할 경우, 정당의 힘이나 제도적으로 허용된 방법을 통해 그에 대처할 수 없을 때 운동이 부분적인 수단으로 사용될 수는 있을 것이다. 그럼에도 불구하고 운동이 민주주의 정치의 중심을 구성할 수는 없다. 민주주의란 '갈등의 제도화'로 정의되는 데서 알 수 있듯이, 갈등이 국가나 정부를 중심으로 하는 제도권과 제도권 밖의 운동이 대결하는 방식으로 다루어진다면 그러한 정치체제는 민주주의가 아니라고 말할 수밖에 없기 때문이다. 어떤 이슈가 정당하고 마땅히 제기되어야 한다는 가치판단과 그것이 정치적 이슈로 처리되는 현실의 정치 과정을 혼동하지 않는 인식이 절실히 필요한 때다.

민주주의를 발전시키기 위해 민주주의의 제도화된 정치 과정을 이해하고 이를 바탕으로 정치적 힘을 조직하는 일이 무엇보다 중요하다는 점을 강조하고 싶다. 이를 위해서는 뚜렷한 가치 지향과 정책 목표를 갖되 그것을 실현 가능한 정책과 프로그램으로 구체화할 수 있는 정당의 존재만큼 중요한 것이 없다. 당장의 국면에서 집권 보수 정부에 대한 대중적 열정을 동원하고 또다시 운동에 나서자고 하는 것만으로는 큰 변화를 만들 수 없다. 개혁파 내지 진보파들이 싸워야 할 것은 '어떤 미래를 만들 것인가'에 있지 모든 책임과 잘못을 외부화하면서 자신들이 남긴 '과거의 실패'를 망각하는 데 있지 않다. 다음 대통령 선거와 국회의원 총선거에서 승리하기 위해 어떻게 분명한 대안과 통치 능력을 갖는 정당을 건설할 것이며, 이를 위해 무엇을 할 것이냐에 목표를 두는 일이 오늘의 정당체제를 바꾸고 민주주의를 발전시킬 수 있는 가장 중요한 과제임을 잊지 말아야 한다. 문제는 2008년 총선에서의 패배가 아니라 어떻게 새로운 출발을 할 것인가다. 패배의 원인을 이해하고, 문제에 대한 올바른 인식을 갖는다면, 기회는 얼마든지 올 수 있다. 기회가 왔을 때 그 기회를 잡을 수 없는 것이 정치적으로 더 큰 죄악이란 사실을 깊이 생각해야 한다.

주

1 박상훈, 「유권자의 복수」, 경향신문 칼럼(2007년 12월 21일).

2 Morris Fiorina, *Retrospective Voting in American National Elections* (Yale University Press, 1981).

3 Adam Przeworski and José María Maravall, "Political Reactions to the Economy: The Spanish Experience", in Susan C. Stokes (ed.), *Public Support for Market Reforms in New Democracies* (Cambridge University Press, 2001).

4 박상훈, 『만들어진 현실: 한국의 지역주의, 무엇이 문제이고 무엇이 문제가 아닌가』(후마니타스, 2009년 출간 예정).

참고문헌

- 5·18 기념재단, 『5·18 민중항쟁과 정치, 역사, 사회』 1~5권, 심미안, 2007.
- 경향신문 특별취재팀, 『민주화 20년의 열망과 절망』, 후마니타스, 2007.
- 박상훈, 「지역주의, 무엇이 문제이고 무엇이 문제가 아닌가?」, 『오마이뉴스』(2005년 9월 12일).
- _____, 「유권자의 복수」, 경향신문 칼럼(2007년 12월 21일).
- _____, 「민주화 1단계 종결 이후」, 경향신문 칼럼(2008년 2월 1일).
- _____, 「한국은 '진보정당 있는 민주주의'로 갈 수 있을까」, 한국노동사회연구소 주최 토론회 발표문(2008년 4월 30일).
- _____, 『만들어진 현실: 한국의 지역주의, 무엇이 문제이고 무엇이 문제가 아닌가』, 후마니타스, 2009년 출간 예정.
- 박찬표, 『한국의 국가 형성과 민주주의: 냉전 자유주의와 보수적 민주주의의 기원』, 후마니타스, 2007.
- 박현채·조희연 편, 『한국 사회구성체논쟁 1·2·3』, 죽산, 1989/1991.
- 이대근, 「정권 교체인가, 영혼 교체인가」, 경향신문 칼럼(2008년 1월 31일).
- 이원보, 『한국노동운동사: 100년의 기록』, 한국노동사회연구소, 2005.
- 정용욱·김창호 외, 『한국민중론과 주체사상과의 대화』, 풀빛, 1989.
- 조명래, 「개발주의와 민주주의」, 『비평』(겨울호), 2007.
- 조효제, 『인권의 문법』, 후마니타스, 2007.
- 최장집, 「한국 국가론의 비평적 개관」, 『한국민주주의의 이론』, 한길사, 1993.
- _____, 『한국의 노동운동과 국가』, 나남, 1997.
- _____, 『민주화 이후의 민주주의: 한국 민주주의의 보수적 기원과 위기』, 후마니타스, 2005.
- _____, 「한국 민주주의의 제도디자인 서설」, 『민주주의의 민주화: 한국 민주주의의 변형과

헤게모니』, 후마니타스, 2006.

· _____, 「민주화 '운동'이 민주 '정치'로 이어지지 못한 이유는?」, 『여럿이 함께: 다섯 지식인 이 말하는 소통과 공존의 해법』, 프레시안북, 2007.

· 최장집·박찬표·박상훈, 『어떤 민주주의인가』, 후마니타스, 2007.

· 홍성태 편, 『개발공사와 토건국가』, 한울, 2005.

· Aldridge, Alan, *The Market*, Polity Press, 2005.

· Ball, Terence, "Party", in Terence Ball, James Farr and Russell L. Hanson (eds.), *Political Innovation and Conceptual Change*, Cambridge University Press, 1989.

· Barbalet, J. M., *Citizenship: Concepts in Social Thought*, University of Minnesota Press, 1989.

· Bauman, Zygmunt, *Liquid Times: Living in an Age of Uncertainty*, Polity Press, 2007.

· Bennhold, Katrin, "On the Cusp of Economic History", *International Herald Tribune* (2008/1/22).

· Blond, Phillip, "The Failure of Neo—liberalism", *International Herald Tribune* (2008/1/23).

· Bobbio, Norberto, *The Age of Rights*, Polity Press, 1996.

· _____, *Left and Right: The Significance of a Political Distinction*, University of Chicago Press, 1997.

· Bulmer, Martin and Anthony M. Rees (eds.), *Citizenship Today: The Contemporary Relevance of T. H. Marshall*, Routledge, 1996.

· Coser, Lewis, *The Functions of Social Conflict*, The Free Press, 1956.

· Dahl, Robert A., *Democracy and Its Critics*, Yale University Press, 1989.

· _____, "Myth of the Presidential Mandate", in John G. Geer (ed.), *Politicians and Party Politics*, Johns Hopkins University Press, 1998.

· _____, *On Political Equality*, Yale University Press, 2006.

· Dahrendorf, Ralf, *The Modern Social Conflict: An Essay on the Politics of Liberty*, University of California Press, 1988.

· _____, "The Changing Quality of Citizenship", in Bart van Steenbergen (ed.), *The Condition of Citizenship*, Sage Publications, 1994.

· Duverger, Maurice, *Political Parties: Their Organization and Activity in the Modern State*, Methuen, 1964.

· Elster, Jon, *An Introduction to Karl Marx*, Cambridge University Press, 1986.

· Fiorina, Morris, *Retrospective Voting in American National Elections*, Yale University Press, 1981.

· Flyvbjerg, Bent, *Megaprojects and Risk*, Cambridge University Press, 2003.

· Geuss, Raymond, *History and Illusion in Politics*, Cambridge University Press, 2001.

· Hamilton, Alexander, James Madison and John Jay, *The Federalist Papers*, Penguin Classics, 1987.

· Hampshire, Stuart, *Justice is Conflict*, Princeton University Press, 2001.

· Harvey, David, *A Brief History of Neoliberalism*, Oxford University Press, 2005.

· Heater, Derek, *What is Citizenship?*, Polity Press, 1999/2005.

· Held, David, *Democratic Theory and the Modern State*, Polity Press, 1989.

· Hirschman, Albert O., *The Passions and the Interests : Political Arguments for Capitalism before Its Triumph*, Princeton University Press, 1977/1997.

· _____, "Social Conflicts as Pillars of Democratic Market Societies", in *A Propensity to Self—Subversion*, Harvard University Press, 1998.

· Katzenstein, Peter, *Policy and Politics in West Germany: The Growth of a Semisovereign State*, Temple University Press, 1987.

· Kaviraj, Sudipta, "In Search of Civil Society", in Sudipta Kaviraj & Sunil Khilnani (ed.), *Civil Society: History and Possibilities*, Cambridge University Press, 2001.

· Keane, John, *Civil Society: Old Images, New Visions*, Stanford University Press, 1998.

· Kirchheimer, Otto, "Confining Conditions and Revolutionary Breakthroughs", in Frederic S. Burin and Kurt L. Shell (eds.), *Politics, Law and Social Change: Selected Essays of Otto Kirchheimer*, Columbia University Press, 1969.

· Koelble, Thomas A., "Trade Unionists, Party Activists and Politicians: The Struggle for Power over Party Rules in the British Labour Party and the West German Social Democratic Party", *Comparative Politics* Vol. 19, No. 3, 1987.

· Koo, Hagen (eds.), *State and Society in Contemporary Korea*, Cornell University Press, 1993.

· LaPalombara, Joseph, *Democracy, Italian Style*, Yale University Press, 1989.

· Lee, Namhee, *The Making of Minjung: Democracy and The Politics of Representation in South Korea*, Cornell University Press, 2007.

· Leonhardt, David, "Worries in the U. S. that Good Times were a Mirage", *International Herald Tribune* (2008/1/23).

· Lipset, Seymour M. & Stein Rokkan, "Cleavage Structures, Party Systems and Voter Alignments: An Introduction", in Lipset, Seymour M. & Stein Rokkan (eds.), *Party Systems and Voter Alignments*, The Free Press, 1967.

· Lipset, Seymour M., *Political Man: The Social Bases of Politics*, Johns Hopkins University Press, 1981.

· _____, *American Exceptionalism: A Double-Edged Sword*, W. W. Norton & Company, 1997; 세이무어 마틴 립셋, 강정인 외 역, 『미국 예외주의: 미국에는 왜 사회주의 정당이 없는가』, 후마니타스, 2006.

· Machiavelli, Niccolò, *Discourses on Livy*, Oxford University Press, 2003; 니콜로 마키아벨리, 강정인·안선재 역, 『로마사 논고』, 한길사, 2003.

· Marshall, T. H., *Citizenship and Social Class and Other Essays*, Cambridge University Press, 1950.

· Montesquieu, *The Spirit of the Laws*, Cambridge University Press, 1748/1989.

· Nettl, John P., "The State as a Conceptual Variable", *World Politics* Vol. 20 (July), 1968.

· O'Donnell, Guillermo A. & Philippe C. Schmitter, *Transitions from Authoritarian Rule: Tentative Conclusions about Uncertain Democracies*, Johns Hopkins University

Press, 1986.

· Ober, Josiah, *Mass and Elite in Democratic Athens: Rhetoric, Ideology and the Power of the People*, Princeton University Press, 1989.

· Polanyi, Karl, *The Great Transformation: The Political and Economic Origins of Our Time*, Beacon Press, 1944/2001.

· Prasad, Monica, *The Politics of Free Markets: The Rise of Neoliberal Economic Policies in Britain, France, Germany and the United States*, University of Chicago Press, 2006.

· Przeworski, Adam, *The State and the Economy under Capitalism*, Routledge, 2001.

· Przeworski, Adam and José María Maravall, "Political Reactions to the Economy: The Spanish Experience", in Susan C. Stokes (ed.), *Public Support for Market Reforms in New Democracies*, Cambridge University Press, 2001.

· Reich, Robert B., "Totally Spent", *International Herald Tribune* (2008/2/14).

· Rustow, Dankwart, "Transition to Democracy: Toward a Dynamic Model", *Comparative Politics* Vol. 2, No. 3, 1970.

· Samuelson, Paul A., "Parlaying Deregulation into Panic", *International Herald Tribune* (2008/1/18).

· Scalet, Steven and David Schmidtz, "State, Civil Society and Classical Liberalism", in Nancy L. Rosenblum and Robert C. Post (eds.), *Civil Society and Government*, Princeton University Press, 2001.

· Schattschneider, E. E., *The Semisovereign People: A Realist's View of Democracy in America*, The Dryden Press, 1960/1975; E. E. 샤츠슈나이더, 현재호·박수형 역, 『절반의 인민주권』, 후마니타스, 2008.

· Schmitter, Philippe C., "Still the Century of Corporatism", in Philippe C. Schmitter & Gerhard Lehmbruch (eds.), *Trends toward Corporatist Intermediation*, Sage Publications, 1979.

· _____, "More Liberal, Preliberal or Postliberal?", in Larry Diamond and Marc F. Plattner (eds.), *The Global Resurgence of Democracy*, Johns Hopkins

University Press, 1996.

- _____, "Civil Society East and West", in Larry Diamond, Marc F. Plattner, Yun—han Chu and Hung—mao Tien (eds.), *Consolidating the Third Wave Democracies*, Johns Hopkins University Press, 1997.
- Schui, Herbert, "Nokia's Migration Shows Brussels' Failure", *Financial Times* (2008/2/10).
- Shin, Gi—Wook and Kyung Moon Hwang (eds.), *Contentious Kwangju*, Rowman & Littlefield Publishers, 2003.
- Skocpol, Theda, "Bring the State Back in: Strategies of Analysis in Current Research", in Peter B. Evans, Dietrich Rueschemeyer and Theda Skocpol (eds.), *Bring the State Back In*, Cambridge University Press, 1985.
- Steenbergen, Bart van (ed.), *The Condition of Citizenship*, Sage Publications, 1994.
- Streeck, Wolfgang & Philippe C. Schmitter, *Private Interest Government: Beyond Market and State*, Sage Publications, 1985.
- Tocqueville, Alexis de, *Democracy in America*, University of Chicago Press, 1835/1840/2000.
- Viroli, Maurizio, *Machiavelli*, Oxford University Press, 1998.
- Walzer, Michael, *Politics and Passion: Toward a More Egalitarian Liberalism*, Yale University Press, 2004.

칡잡집